全国高速铁路客运乘务专业规划教材

总主编 鄢向荣

高铁乘务
服务礼仪

GAOTIE
CHENGWU
FUWU LIYI

鄢向荣 罗敏 主编

邓妍 谢曼丽 朱淑靖 副主编

刘亚琼 马国平 默刘娜 参编

旅游教育出版社
·北京·

责任编辑：刘彦会

图书在版编目（CIP）数据

高铁乘务服务礼仪 / 鄢向荣，罗敏主编. -- 北京：旅游教育出版社，2020.6（2024.8重印）
全国高速铁路客运乘务专业规划教材
ISBN 978-7-5637-4106-9

Ⅰ. ①高… Ⅱ. ①鄢… ②罗… Ⅲ. ①高速铁路－乘务人员－礼仪－高等职业教育－教材 Ⅳ. ①F530.9

中国版本图书馆CIP数据核字（2020）第094444号

全国高速铁路客运乘务专业规划教材

高铁乘务服务礼仪

鄢向荣　罗　敏　主　编
邓　妍　谢曼丽　朱淑靖　副主编
刘亚琼　马国平　默刘娜　参　编

出版单位	旅游教育出版社
地　　址	北京市朝阳区定福庄南里1号
邮　　编	100024
发行电话	（010）65778403　65728372　65767462（传真）
本社网址	www.tepcb.com
E - mail	tepfx@163.com
排版单位	北京旅教文化传播有限公司
印刷单位	三河市灵山芝兰印刷有限公司
经销单位	新华书店
开　　本	720毫米×960毫米　1/16
印　　张	17.5
字　　数	231千字
版　　次	2020年6月第1版
印　　次	2024年8月第6次印刷
定　　价	37.00元

（图书如有装订差错请与发行部联系）

全国高速铁路客运乘务专业规划教材编委会

主　　任：

鄢向荣

编　　委：（排名不分先后）

苏　枫	门利娟	舒　忠	黄　芹	王兆杰
粟艾华	刘海田	王亚娟	谢　芳	罗　想
张言纯	罗　敏	邓　妍	谢曼丽	朱淑靖
刘亚琼	马国平	默刘娜	苏　健	高　琳
孙　琳	林　健	朱　艳	钟　瑶	卢　恬
康思超	欧阳剑	陈　曦	胡家莹	赵　倩
陈春梅	张　姝	蓝　穆	胡凤群	

前　言

中华民族是礼仪之邦，礼仪反映了一个国家的社会文明程度，礼仪所适用的范围和场合也十分广泛。随着我国高速铁路的迅猛发展，到2020年预期总长约为3万公里，需要大量的高铁乘务人员，高铁乘务人员文明礼仪素养代表铁路服务的水平，但目前针对高铁服务礼仪的专业教材相对较少。为了更好地培养高铁乘务人员的文明礼仪，特此编撰此书。

高铁乘务服务礼仪是高等职业教育高速铁路客运乘务专业的一门核心课程，本课程针对高铁乘务员不同工作岗位和工作特点设计教学内容，明确各个岗位应达到的礼仪标准和规范。本书为校企合作教材，由学校和企业专家共同编撰，具有较强的针对性和操作性，能够为提高高铁乘务员素质提供参考。全书共分七章，具体内容包括高铁乘务服务礼仪概述、个人形象礼仪、日常交往礼仪、日常接待礼仪、车站服务礼仪、列车乘务服务礼仪以及高铁服务民俗礼仪和涉外礼仪。第一章由武汉交通职业学院鄢向荣编写，第二章由江西环境工程职业学院朱淑婧、罗敏编写，第三章由江西环境工程职业学院罗敏和武汉交通职业学院谢曼丽编写，第四章由武汉交通职业学院谢曼丽编写，第五章由江西环境工程职业学院邓妍编写，第六章由南昌铁路局福州客运段乘务员马国平和铁路工作人员默刘娜编写，第七章由江西环境工程职业学院刘亚琼编写。

在此书的编写过程中，参考了很多专家和学者的研究成果，拍摄了大量乘务员和高铁学生的图片，参考了图书、杂志等资料，在此谨向他们表示感谢！

需要说明的是，由于编者水平有限，加之时间较紧，疏漏与错误之处在所难免，希望广大读者指正。

编　者

目 录
Contents

第一章　高铁乘务服务礼仪概述 ……………………………………… 1
　　第一节　礼仪的概念 …………………………………………… 3
　　第二节　东方礼仪与西方礼仪 ………………………………… 8
　　第三节　高铁乘务服务礼仪概述 ……………………………… 17

第二章　个人形象礼仪 …………………………………………… 37
　　第一节　高铁仪容礼仪 ………………………………………… 39
　　第二节　高铁服饰礼仪 ………………………………………… 51
　　第三节　高铁仪态礼仪 ………………………………………… 60

第三章　日常交往礼仪 …………………………………………… 83
　　第一节　见面礼仪 ……………………………………………… 85
　　第二节　交谈礼仪 ……………………………………………… 103
　　第三节　电话礼仪 ……………………………………………… 112
　　第四节　拜访礼仪 ……………………………………………… 119
　　第五节　馈赠礼仪 ……………………………………………… 125

第四章　日常接待礼仪 …………………………………………… 141
　　第一节　接待礼仪 ……………………………………………… 143
　　第二节　乘车礼仪 ……………………………………………… 146

第三节　礼待宾客 ·· 155

第五章　车站服务礼仪　163
　　第一节　车站客运服务礼仪概述 ································ 165
　　第二节　车站客运员服务礼仪程序及标准 ····················· 167
　　第三节　候车厅服务礼仪 ··· 170
　　第四节　其他岗位服务礼仪 ······································ 174

第六章　列车乘务服务礼仪　181
　　第一节　乘务礼仪 ·· 183
　　第二节　旅客列车服务质量规范 ································ 192
　　第三节　旅客运输作业标准 ······································ 207
　　第四节　动车组列车餐饮服务 ··································· 216
　　第五节　细微服务 ·· 227

第七章　高铁服务民俗礼仪和涉外礼仪　237
　　第一节　国内各地区民俗礼仪 ··································· 239
　　第二节　涉外礼仪 ·· 258

参考文献 ·· 269

第一章
高铁乘务服务礼仪概述

引 言

我国是一个文化灿烂、历史悠久的文明古国,自古就有"礼仪之邦"的美誉。高铁乘务员工作属于服务行业,在日常工作中需要通过规范的礼仪形式为旅客提供专业化的服务,因此,高铁乘务员就要学习一系列礼仪知识和礼仪技能。本章简要地介绍了礼仪的概念、产生与发展,剖析了礼仪的主要功能和基本原则,介绍了东西方礼仪的特点以及东西方礼仪的典型差异,还讲解了高铁乘务服务礼仪的原则、功能及其作用,详细介绍了高铁乘务员的工作特点以及高铁乘务员的素质要求。

学习目标

1. 了解礼仪的基本概念、礼仪的产生与发展。
2. 认识东西方礼仪的特点及典型差异。
3. 认识高铁乘务服务礼仪的原则及功能。
4. 了解高铁乘务服务礼仪的作用。
5. 理解高铁乘务员的工作特点及素养要求。

第一节 礼仪的概念

> ● 引 例
>
> ### 孟子休妻
>
> 战国时期的思想家、政治家和教育家孟子，是继孔子之后儒家学派的代表人物，被后世尊奉为仅次于孔子的"亚圣"。
>
> 孟子一生的成就，与他的母亲从小对他的教育是分不开的。孟母是一位集慈爱、严格、智慧于一身的伟大的母亲，早在孟子幼年时，便为后人流传下了"孟母三迁""孟母断织"等富有深刻教育意义的故事。孟子成年娶妻后，孟母仍不断利用处理家庭生活的琐事去启发、教育他，帮助他从各方面进一步完善人格。
>
> 有一次，孟子的妻子在房间里休息，因为是独自一人，便无所顾忌地将两腿叉开坐着。这时，孟子推门进来，一看见妻子这样坐着，十分生气。原来，古人称这种双腿叉开坐为箕踞，箕踞向人是非常不礼貌的。孟子一声不吭地走出去，看到孟母便对孟母说："我要将妻子休回娘家去。"孟母问他："这是为什么呢？"孟子说："她既不懂礼貌，又没有仪态。"孟母又问："因为什么而认为她没礼貌呢？""她双腿叉开坐着，箕踞向人。"孟子回道："所以要休她。""那你又是如何知道的呢？"孟母问。孟子便把刚才的一幕说给孟母听，孟母听完后说："那么没礼貌的人是你，而不是你妻子。难道你忘了《礼记》上是怎么教人的？进屋前，要先问一下里面是谁；上厅堂时要高声说话；为避免看见别人的隐私，进房后，眼睛应向下看。你想想，卧室是休息的地方，你不出声、不低头就闯了进去，已经先失了礼，怎么能责备别人没礼貌呢？没礼貌的人是你自己呀！"一席话说得孟子心服口服，再也没提什么休妻子回娘家的话了。

一、何谓礼仪

礼仪，是对礼节、仪式的统称。指在人际交往之中，自始至终以一定的、约定俗成的程序方式来表现律己、敬人的完整行为，是人们在社交活动中对他人表示尊重与友好的行为规范和处世准则，并为社会广大公众所普遍认可。礼是仪的本质，而仪则是礼的外在表现。

从表象上看，礼仪涉及的无非是仪表、姿态、谈吐、举止等方面的小事小节，然而小节之中显精神。礼仪，作为一种社会文化，不仅涉及个人，有时甚至关系全局。礼仪不仅是对交往对象表示尊敬、善意与友好的行为体现，更是一个人道德品质、文化素质、教育良知等精神内涵的外在表现，是心灵美的外化。能否自觉遵守礼仪，不仅是衡量一个人道德修养的基本尺度，而且也是衡量一个国家文明水准的重要标志。

二、礼仪的产生与发展

我国是一个文明古国，素有"礼仪之邦"的美称。我国最早的三部礼书《周礼》《仪礼》《礼记》，详细记载了秦汉以前的礼仪。

现代礼貌礼仪源于礼。而礼的产生可追溯到远古时代，自从有了人，有了人与自然的关系，有了人与人的交往，礼便产生和发展起来。从理论上讲，首先礼起源于人类为协调主客观矛盾的需要，为维持自然"人伦秩序"而产生礼，为"止欲制乱"而制礼，被人们普遍尊崇的"圣贤"黄帝、尧、舜、禹等，不仅为"止欲制乱"而制礼，而且还身体力行为民众做典范，因此人们才更加遵礼尚礼；其次，礼也起源于原始的宗教祭祀活动，从祭祀之礼扩展为各种礼仪。

人类最初的礼仪主要是对自然物表示神秘不可知的敬畏和祈求，他们对自然现象充满了神秘感，充满敬畏和恐惧，于是各种宗教、原始崇拜便由此产生，如拜物教、图腾崇拜、祖先崇拜等。为了表达这种崇拜之意，人类生活中就有了祭祀活动，并在祭祀活动中逐渐完善了相应的规范和制度，正式成为祭祀礼仪。随着社会生产力水平的提高，人们的认识能力得以提高，对复杂的社会关系有了一定的认识，于是人们就将"万神致福"活动中的一系列行为，从内容到形式扩展到了各种人际交往活动，从最初的祭祀之礼扩展到社会各个方面的各种礼仪。

在中国则产生了由崇拜自然物转而崇拜人类自身的另一种模式,即由对"龙"的崇敬扩展到对君主的崇敬。随着人类社会活动的发展,人们表达敬畏、祭祀的活动日益频繁,逐步形成种种固定的模式,终于成为正规的礼仪规范。从历史发展的角度看,我国古代礼仪演变可分为四个阶段:

(1)礼的起源时期——夏朝以前。原始的政治礼仪、敬神礼仪、婚姻礼仪等已有了雏形。

(2)礼的形成时期——夏、商、西周三代。第一次形成了比较完整的国家礼仪与制度,提出了一些极为重要的礼仪概念,确立了崇古重礼的文化传统。

(3)礼的变革时期——春秋战国时期。以孔子、孟子为代表的儒家学者系统地阐述了礼的起源、本质和功能。

(4)礼的强化时期——秦汉到清末。其重要特点是尊神抑人、尊君抑臣、尊父抑子、尊夫抑妇。它逐渐成为妨碍人类个性自由发展、阻挠人类平等交往、窒息思想自由的精神枷锁。

辛亥革命以后,西方文化大量传入中国,传统的礼仪规范、制度逐渐被时代抛弃,科学、民主、自由、平等的观念日益深入人心,新的礼仪标准、价值观念得到推广和传播。中华人民共和国成立后,在马列主义、毛泽东思想、邓小平理论、"三个代表"重要思想、科学发展观的指导下,新型人际关系、社会关系的确立,标志着中国的礼仪、礼学进入了一个新的历史时期。

从世界范围看,资产阶级登上历史舞台,在经济基础和上层建筑各个领域进行了深刻的变革,这是礼仪发展的一个重要阶段。今天国际上通行的一些外交礼仪绝大部分就是这个时期形成发展起来的。例如,鸣放礼炮起源于英国,迎送国家元首鸣放21响,政府首脑鸣放19响,副总理鸣放17响,已成为国际上通用的礼仪。

● 知识链接

我国古代礼仪与现代礼仪的差异

从总体上讲,现代礼仪与我国古代礼仪存在三点差异:其一,两者的基

> 础不同。古代礼仪是以封建等级制度为基础的，现代礼仪虽然承认身份差异，但更强调人格平等、社会平等，并且以尊重人作为自己的立足点与出发点。其二，两者的目标不同。古代礼仪以维护封建统治秩序为目的，而现代礼仪则重在追求人际交往的和谐与顺利。其三，两者的范围不同。古代礼仪研究的是"礼不下庶人"，因而与平民百姓无关，而现代礼仪则适用于任何交际活动的参与者。

三、礼仪的主要功能

礼仪之所以被提倡，是因为它具有很多功能，既利己又利人，又利于社会。礼仪的主要功能有。

（一）沟通功能

古人讲的"世事洞明皆学问，人情练达即文章"，其实讲的就是交际很重要。人们在社会交往中发生各种关系，主要是经济关系、政治关系和道德关系。在人际交往中，无论体现的是哪种关系，只要各方都能自觉地遵循礼仪规范行事，就容易沟通相互间的感情，使交际往来得到成功，进而有助于人们所从事的各种事业得到发展。

（二）协调功能

有人讲，礼仪是人际关系和谐发展的调节器，这并非夸张，如果人们在交往中都能按礼仪规范去做，人们之间互相尊重、敬佩、友好与善意，互相理解与信任，这样就可以避免某些不必要的情感对立与障碍，形成一种和谐发展的新型关系。

（三）维护功能

礼仪是社会文明程度的反映和标志，文明程度越高，礼仪规范就越完善。另一方面，礼仪也反作用于社会，它对社会的文明建设产生广泛、持久和深远的影响，就是说，社会上讲礼仪的人越多，社会就越和谐稳定。可见，礼仪在维护社会秩序方面，起着行政权力和法律法规所起不到的作用。

（四）教育功能

礼仪通过评价、劝阻、示范等教育形式，纠正人们不正确的行为习惯，倡导人们用礼仪规范自己的言行，协调人际关系，维护社会正常秩序。这些遵守礼仪的人们起着榜样的作用，无声地影响着周围的人。

四、礼仪的基本原则

学习、应用礼仪时，有一些带普遍性、规律性的礼仪原则，是必须了解和掌握的，礼仪基本原则有以下几条。

（一）尊敬他人

尊敬他人这是礼仪的情感基础。只有尊敬别人，才能换得别人的尊敬。敬人本身包括自尊和敬人两个方面。孟子讲述："仁者爱人，有礼者敬人。爱人者，人恒爱之；敬人者，人敬之。"（《离娄下》），英国作家高尔斯华绥说："尊敬别人，就是尊敬自己。"这些名言告诉我们，人际交往遵循着情感等价交换原则。

（二）约束自我

礼仪是人际交往中一种具有约束力的行为规范，少不了自我克制。约束自我，就是要严格按照一定的道德标准和社交礼节规范自己的言行，并努力坚持"宁可让人待己不公，也不可自己非礼待人"的原则。

（三）诚实守信

人际交往中的品德因素，最重要的莫过于诚实守信。以诚待人是人际交往得以延续和深化的保证，也是社交礼仪的基本准则。诚实与守信有着密切的联系，真诚待人才能赢得别人的理解与信任，失去信用，人就失去朋友。

（四）平等友善

平等而友善待人，利群乐群，是中华民族的传统美德之一。一个人友善待人，人必友善待他，这样就会形成合力，成就事业。在当今，随着经济全球化，每个人都面临着更多的与人交往的机会，更需要以平等、友善的态度处理各种各样的人际关系。

（五）宽容豁达

这是一种博大的胸怀，是人的美德。在人际交往中，人与人的思想感情可以沟通，但人与人之间的差异不可能消除，因此就需要求同存异，相互宽容，"待人要丰，自奉要约，责己要厚，责人要薄。""处事让一步为高，待人宽一分是福。"这些格言告诉我们，与人交往，要有宽广豁达的胸怀，对非原则问题不要斤斤计较。做到严于律己，宽以待人。

（六）入乡随俗

礼源于俗。入乡随俗也是社交的一个原则。由于地域、民族、文化背景的不同，各国各地礼仪习俗有很大差异，这就要求施礼者要入乡随俗，与绝大多数人的礼俗保持一致，有助于人际关系的融洽和人际交往的扩大。

（七）恭谦有度

在人际交往中，沟通和理解是维护良好关系的重要条件，但如果不善于把握感情尺度，结果可能会适得其反。因此在交往中既要彬彬有礼，又不能低三下四；既要热情大方，又不能轻浮诣媚。在接待服务时，既要热情友好，殷勤服务，又要自尊自爱，端庄稳重，体现平等公正，不卑不亢。

（八）严守礼规

礼仪是人们在社交中的行为规范和准则，必须遵守，按规定的礼节、仪式行动，否则，就是失礼、违礼、无礼。严守礼规，一要守法循礼，二要守约重诺。

第二节 东方礼仪与西方礼仪

> **● 引 例**
>
> **吻的是中国**
>
> 东西方人表达感情的方式很不相同，在相互交流时会产生一些尴尬的情形，如何打破僵局，消除紧张气氛，需要相当高超的交际技巧和机智的应变能力。
>
> 诗人严阵和女作家铁凝出访美国。一日，两人在街上散步时，碰到两位美国老人，看到有中国人来，他们便高兴地上前攀谈，老人说，中国是他们非常喜欢的国度。说着说着，其中一位老人上前拥抱铁凝，并亲吻了她一下，以表达自己喜爱中国的感情。然而对于比较保守的中国人来说，这种方式实在太过热情。铁凝顿时感到十分尴尬，不知如何才好。另一位老人意识

到这一点，便抱怨同伴太失礼了，这位老人被他这么一提醒，也十分窘迫。一旁的严阵看见铁凝和老人，一个尴尬一个窘迫，便笑着对老人说："尊敬的先生，您如此喜爱中国，您刚才吻的不是铁凝，而是中国，对吗？"老人听此言，马上朗声笑道："正是这样！我刚才吻的不仅是铁凝，还有我心目中的中国！"

旁边的另一位老人和铁凝也都笑起来，气氛顿时轻松下来，大家在笑声中继续刚才的交谈。

我们今天生活的世界可谓千姿百态，200多个国家中，有不同的种族、不同的民族、不同的语言、不同的文字等，他们分居于世界的不同角落，高铁客运列车的旅客来自我国大江南北和世界各地，他们来自不同国家、不同民族，因其历史文化、语言、文字、活动、区域等不同，以及在长期的历史发展过程中形成的心理素质特征不同，其礼仪都带有本国、本民族的特点。我们高铁乘务员就应该知晓和把握东西方不同国度的旅客在风俗习惯和礼仪上有哪些共同之点和不同之点，以便于为他们提供更有针对性、人性化的礼仪服务，方能让不同的旅客感到满意。

一、东方礼仪及其特点

东方，是指地球东半球的东部，这里有数十个国家和地区，有数百个民族，人口众多，在数千年的历史发展过程中，各国、各民族之间交往频繁，关系密切。所谓东方礼仪，是指东方人在社会交往过程中制定或是历史原因形成并得到共同认可的律己、敬人的完整行为规范，由语言、行为表情、服饰器物这三大最基本的要素所构成。东方礼仪的形成大体上通过两种途径：一是由官方专门规定并要求人们遵守执行的行为规范，比如在中国，秦始皇为了显示皇帝的独尊和权威，以及皇帝同臣民的区别，做出了许多规定；臣僚上奏文书，开头必须称"臣昧死言"，结尾要说"稽首以闻"，公文中提及皇帝或皇帝的名字，必有另起一行顶格书写等，还制定了一套"礼制""纲常礼教"。二是社会公众在长期社会交往过程中自发地形成的，即约定俗成的各种行为规范，这些行为规范在不同的历史时期、不同的国家或地区、不同的民族，其内容各不相同。

东方礼仪内涵丰富，涉及面广，种类繁多，渗透个人生活的每一个细节中，从识人到交人到工作，可以说处处都要应用礼仪。若要归类，大体可分以下几大类：

（1）个人形象礼仪。包括仪容仪态、服饰穿戴、谈吐表情、举止言行等。

（2）日常生活礼仪。包括见面礼仪、介绍礼仪、交谈礼仪、宴会礼仪、会客礼仪、舞会礼仪、馈赠礼仪、探病礼仪等。

（3）节俗节庆礼仪。包括春节礼仪、清明礼仪、端午礼仪、重阳礼仪、中秋礼仪习俗、结婚礼仪、祝寿礼仪、殡葬礼仪等。

（4）涉外交际礼仪。包括迎宾礼仪、交谈礼仪、参观礼仪、会谈礼仪、拜访礼仪、宴会礼仪、送客礼仪等。

（5）商务礼仪。包括会见礼仪、会议礼仪、谈判礼仪、迎送礼仪以及谈判禁忌知识等。

（6）公共礼仪。包括爱护公物、保护环境、尊老爱幼、乐于助人、遵纪守法等。

（7）其他还有公关礼仪、公务礼仪、家居礼仪等。

古老的东方是人类历史的发展地之一，它以富含人情味的传统礼仪向世人展示其悠久的历史文化和无穷的魅力。与西方礼仪相比，东方礼仪的特点包括：谦虚、含蓄，心态平和、满足现状，重视共性、忽视个性，重视长幼次序和血缘关系等，其主要特点有以下三点。

（一）恭谦

东方礼仪蕴藏着热情、亲切、谦逊、文雅。比如在中国的正式场合，时常用"您"，"先生（小姐）"等，而对自己多用谦语"愚""鄙人""学生"等；接待客人时坚持用雅语，如用"贵姓"代替"你姓什么"，用"几位"代替"几个人"等；招待客人吃饭，喜欢谦虚地说："今天没有准备什么好吃的，请随便吃。"或者说："饭菜一般，招待不周，请多原谅。"向客人馈赠礼物时总要谦逊地说："小小礼物，不成敬意，请您笑纳。"又比如在日本，人们不仅注重礼节礼貌，而且文雅恭谦，与人接触时常用的寒暄语是："您好""请休息""晚安""拜托您了""请多关照"等，第一次见面时行"问候礼"是30度鞠躬，分手时行"告别礼"是45度鞠躬。人们对残疾人也相当尊重，忌谈别人的生理缺陷，称盲人为"眼睛不自由的人"，称哑巴为"嘴不自由的人"。又比如泰国人对交往对象友善亲近，与人交谈总是低声细语，若有尊者、长者在座，其他人就坐地或蹲跪，头部不得超过尊者、长者的头部。

（二）含蓄

东方人特别是中国人受传统文化的影响，在社交活动中注重人际关系，运用礼仪时往往是表意含蓄、处事委婉。强调运用礼貌与客气的方式处理有关问题。一般地不当面做出否定的回答，往往是"待研究研究再说"。这样，一来维护对方的面子，避免对方尴尬，二来也是保全自己的面子。例如，曾有一位比利时人到中国来谈生意，在两周时间里，他同中方伙伴谈了数次，还递呈了设想和计划，迫切地等待中方商量后给予答复，可是在他临上飞机前也未等到一个肯定或否定的回答，这使他感到纳闷。回国后，他的一位了解中国文化的朋友告诉他，中方没有答复，十有八九是否定的。后来事实证明，这位朋友的判断是对的。

（三）深沉

东方礼仪的另一个特点就是深沉，包容着机灵与睿智，特别是在遇到一些棘手的问题时，既坚持礼节以礼相待，又运用智慧以理服人。比如有这样一个故事：一次，在一架上海飞往广州的班机上，两位金发碧眼的女郎，一上飞机就态度傲慢，百般挑剔，甚至用英语骂娘。尽管如此，中国空乘人员仍是面带微笑地热情服务。飞机起飞后，空姐为乘客送饮料、点心。两位女郎各要了一杯可口可乐。哪想到还没喝，她们就说可口可乐味道有问题，几句话没说完，其中一个竟将可口可乐泼到了空姐身上，溅到空姐脸上。当时那位空姐强忍着愤怒，脸上仍报以微笑，把可口可乐递给女郎看，然后说："小姐，这可口可乐可能有问题，可是它是贵国的原装产品，也许贵国的这家公司出售的可口可乐都是有问题的，我很乐意效劳，将这瓶饮料连同你们的芳名及在贵国的住址一起寄到这家公司，我想他们肯定会登门道歉，并将此事在贵国的报纸上大加渲染的。"两位女郎目瞪口呆了，她们感到这事闹大了，说不定回国后这家公司会走上法庭告她们诋毁公司名誉。在一阵沉默之后，只好向空姐赔礼道歉，并称中国空姐的服务是世界一流的。

又例如，某饭店，有一位外宾在退房离店时，将客房的针织用品几乎席卷一空，提着塞得满满的编织袋要走。客房服务员清点物品发现后，立即通知前厅部，当时前厅客人较多，为顾及影响，前厅服务员没有声张，而是走到这位客人面前，面带微笑地说："先生，您能下榻本店，已是我们的荣幸了，往洗衣房送这些东西，这是我们服务员应该做的，您就不必代劳了。"经这么一说，客人只得乖乖地交出了饭店的物品。问题解决了，外宾的面子也顾及了。

二、西方礼仪及其特点

西方，是指地球西半球和东半球的西部，主要指北美与欧洲。西方礼仪亦与东方礼仪一样，它是西方人在社会交往过程中，自始至终以一定的、约定俗成的程序方式来表达的律己敬人的完整行为规范。

西方礼仪起源于中古世纪的欧洲大陆，开始它只是封建社会宫廷中的产物，再以国王为中心，向社会上的高层人士传播，又辗转传入英国，经英国官方加以整合，去芜存菁后的礼仪规范又经由"五月花"号传到了美国。这些规范迅速成为殖民地家庭的重要人际关系的行为标准典范，当时有人编著了一本名为《德行学校》的手册，受到大众的欢迎，成为当时殖民社会的礼仪经典。后来又有美国华盛顿等人，著作生活礼仪相关手册，达到教化社会的目的，由此美国社会生活礼仪有了基本的遵循原则。而其中主要部分也成为今日世界国际礼仪的重要内容的依据。

在西方礼仪文化中，尤其强调规范个人的行为，注重良好的教养，如尊重女性、绅士风度、淑女风范等，其特点是崇尚个性自由、遵时守信、遵守社会秩序、强调自由平等开放等，其主要特点有以下四点。

（一）大方

西方人讲究文明礼貌，思想开放，举止大方。比如美国人既讲文明礼貌，又不拘礼节，与人见面时常直呼对方的名字；有时只是笑一笑，说一声"嘿"或"哈喽"。又如意大利人热情、爽快，友人相见通常行拥抱礼，男女见面通常贴面颊。还有女士穿戴，不仅颈背全露，不少人连胸部也是半露着的。

（二）直率

西方大多数人性格开朗，秉性直率，待人处事一般情况下直来直去。比如美国人喜欢直率，对"拐弯抹角"反感。又如法国人喜欢直截了当，在办事、洽谈业务中善于直接触及主题。

(三)幽默

幽默是智慧、爱心和灵感的结晶,是一个人良好修养的表现,它能体现说话者的风度、素养,使人借助轻松活泼的气氛赢得对方的好感,完成公关任务。在西方,幽默一向为众人所欢迎,幽默是西方礼仪的一个鲜明特点,也是大多数西方人的性格特征。在社交场合,人们运用幽默这种高深的说话艺术手段,可以有效地打破僵局,化解矛盾,使看来难以解决的问题能够妥善解决。曾经有人讲过一个"丝毫没有隐瞒"的故事。

第二次世界大战期间,英国首相丘吉尔到美国首都华盛顿拜访罗斯福总统,要求美国对英国给予物资及军火方面的支援,共同对抗德国法西斯。然而,会谈进行并不十分顺利,罗斯福没有立刻答应丘吉尔的请求。

丘吉尔闷闷不乐地回到住处,打算洗个澡,舒缓一下情绪。刚躺进浴盆里,罗斯福突然不宣而至,他看见丘吉尔大腹便便,肚子露在水面上,嘴里还叼着那特大号的雪茄烟,一时间好不尴尬。

丘吉尔不愧是一个沉着机智、风趣幽默、富有交际经验的政治家,他耸耸肩,对罗斯福说:"总统先生,我这个大英帝国的首相在您面前可是**丝毫没有隐瞒**。"

言毕,两人一阵大笑。丘吉尔幽默之语真是一语双关,既掩饰着自己的窘态,又暗示出自己对罗斯福诚实坦白,并无欺瞒。再次会谈时,罗斯福做出决定,支援英国。丘吉尔不负使命,满载而归。

(四)尊女

"女士优先",这是西方礼仪重要特点之一。一般在比较正式一点的场合,"女士优先"这句话处处可以显现出来,无论是行走还是进餐,无论是进入轿车还是步入电梯,都体现出尊重女士的特点,而且男士都是自觉的、主动的、心甘情愿的。比如进入餐厅时,依序是:餐厅领位员—女士们—男士们。待侍者替女士们安顿好座位以后,男士们才可以坐下;若无侍者服务时,男士应先走到女士座位旁,替女士们拉出椅子,摆弄餐巾后,方才走回自己的座位再坐定。如果席间有女士要离席,其身旁的男士也应立即起身为其拉开椅子,以方便她离去,女士返回时也同样如此,这一点在东方人看来好像很麻烦,但在西方人看来,如果那位男士端坐不动的话,一定会被在场的人们视为粗鲁无礼,没有教养。

三、东西方礼仪的典型差异

由于东方西方地理、气候、环境的不同,由此产生的一系列不同的哲学、宗教、审美、民俗等基本文化观念。东方西方不同的文化传统,反映在礼仪上也产生了许多差异,对这些差异若没有充分认识,并加以消除,往往会影响到交往的效果。曾经有一对欧洲夫妇应邀到中国访问,中方热情好客,派翻译全程陪同,两周过去,访问似乎圆满。可在临行前谈及感受时却抱怨他们两周里失去了单独相处的自由时间与空间。这个事例说明,不同文化背景下的人在礼仪上有着不同的认识和需求,处理不好就会影响交际效果。因此了解东西方礼仪的差异,对我们开展涉外旅游服务是有益的。

礼,在东方是刚性的,"夫礼,天之经也,地之义也,民之行也。"礼并不注重于平级之间的交往,更作为一种由上而下的强制的行为规范,用来维护"君君臣臣父父子子"的等级秩序,君以礼祭天,臣以礼祭君,子以礼祭父,条条款款,来不得半点马虎;西方礼仪是柔性的,是建立在人人平等的基础上,所以我们不能理解,为什么西方人可以直呼父母名字,更奇怪的是他们居然没有赡养父母的义务。

礼,在东方是含蓄的,讲究中庸之道,比如我们送东西,会说"这点东西不值钱,希望您笑纳",我们觉得这是谦虚,而西方人就会很奇怪,为什么不值钱的东西你要送给我呢?西方礼仪是直接的,比如中世纪骑士最大的荣耀是亲吻下公主的手背,如果被一个老学究看到,一定会大摇其头。

礼,在东方是烦琐的,讲究细节,最典型的例子就是婚礼,西方人看不懂梁山伯与祝英台,为什么非要什么媒妁之言、父母之命,同窗三年都捅不开那层纸;而礼在西方是简单的,教堂里,双方人到场了,开个公证会就组成一个幸福的小家庭。

礼,在东方是庄重的,神圣不可侵犯的,从耳熟能详的"父母在,不远游""守孝三年""七岁不同席"等操守规定到徽县层层叠叠的贞节牌坊,从天安门庄严而绕的红墙到老幼皆知的二十四孝,被尊为圣人府第的曲阜孔府更让西方人惊叹,为什么中国人守一个祖宗可以守两千多年?而西方礼仪就显得随便多了,没听说过西方人会守孝,白宫作为美国总统的办公场所,很大部分是作为旅游景点开放的,感恩节的时候小孩子们还可以和总统在里面的草地上玩玩游戏，这在中国又是无法想象的。

正是由于东西方关于礼仪有太多差异，所以西方人觉得我们太含蓄，而我们觉得西方人不诚恳；西方人觉得我们嘴里说不的时候心里反而说是，而我们觉得西方人往往太冲了，不懂得谦虚；西方人认为我们事事讲究人情，效率不高，而我们觉得西方人刻板、僵硬、不会变通；西方人觉得我们不懂得注意他人权利，公共场合大声说话，而我们觉得西方人冷漠、无情、没有生气；等等。

再具体地分析，东西方礼仪的差异主要表现在以下方面。（这里的"东方"主要以中国为例）

（一）家族本位与个性本位

中国人有着很强的家族观念。在中国古代社会，人们以家族为本位，每个人作为家族中的一员，视家族利益为根本，可以说除了家族利益外并无个人独立的利益。在他们看来，"国"只不过是"家"的放大，所有的人际关系都是家族关系或者是这种关系的延伸。因此，在家"孝"父母，出外"忠"君主，这二者是一致的。了解了这个特点，也就掌握了中国古代礼仪的基本道理。时至今日，中国人仍然十分看重家庭的作用，家庭、家族观念在中国人心目中仍然占有很重要的地位。

在西方社会，个人本位的观念则占主导地位。他们信奉每个人都是独立的、不依靠任何人而存在，以及个人权利不得侵犯的信条，即使是夫妻关系，也只不过是男女双方订立契约的结果，当事人双方各自为个体，保持着各自的独立性，一般都不干涉对方的社交自由；父子关系的界限也划分明确，儿子帮父母干活，父母照样付给儿子报酬的事例并不鲜见。

可以说，中西价值、道德观念以及与此相适应的礼仪规范的主要区别就在于此，其他的许多差异都是由此派生出来的，即中国人比较重视整体关系，而西方人比较重视个人的独立性。

（二）重人情与求功利

由于上述原因，中国人十分看重人伦亲情，就像许多学者所指出的，中国实在是一个人情的社会。中国人一向把情义摆在利益之上，"君子喻于义，小人喻于利"成了中国人妇孺皆知、代代相传的道德信条。每逢四时节庆，亲朋好友之间总要相互走动，致意问候；遭遇天灾人祸，亲朋好友之间也常常相互扶持和周济。

西方人往往注重功利和实际效益，个人在法律允许的范围内追求各自的利益，绝不会认为这是不道德的，而对别人侵害自己利益的行为也决不姑息。该归我的，即使一个便士也不能少了；该给你的，再多也要算给你，这种"费厄泼赖"的务实精神，一方面激发了人们自我奋斗的激情，但另一方面也导致人们内心的孤独。

（三）重视身份与追求平等

中国的礼仪历来都强调一个"分"字，名位、职责、权利的限度因人而异。"贵贱有等，长幼有序，贫富轻重皆有序"，曾是中国古人追求的一种理想社会境界，即使到了现代，许多人仍然习惯于以身份为据来区分不同人的高低贵贱。

西方社会的阶级、阶层的差异和对立是客观存在的，不同身份的人往往有着不同的社交圈子，但是，在日常交往活动中，每个人都很重视自己的尊严，不喜欢打听对方的身份，一些带有浓重等级色彩的礼仪形式已经被逐渐淘汰，而像自助餐、鸡尾酒会这样一些不讲等级身份的交际形式却日益流行起来。

（四）谦恭自制与情感外露

中国人一向视谦虚为一种美德，因此，在社会交往活动中，中国人很少夸夸其谈。同时，中国人还很善于控制自己的情感，"动于心、发于情、止于礼仪"被视为良好道德修养的体现，所以在交际生活中，中国的夫妻、恋人一般不会在他人面前表现得过于亲昵，即便是老友重逢，热烈拥抱的举动也是少见的。

绝大多数的西方人则与此相反，他们不喜欢过分的谦虚，不害怕锋芒毕露，他们大都性格豪爽、感情炽烈，拥抱礼、亲吻礼、吻手礼等礼仪形式，都淋漓尽致地表现了他们民族的性格特征和文化心理。

（五）崇尚礼仪与法律至上

在中国历史上，礼仪的政治作用往往被提到了无以复加的高度，儒家的德主刑辅、先德后刑的礼治主义，长期受到统治阶级的青睐，把礼仪置于法律之上，或者说礼仪已经包含了法的成分。

相反，西方人虽然也重视礼仪的社会功能，但更强调法律的作用，特别是在资本主义社会，资产阶级在其革命时期就把建立法制社会作为自己政治活动的重要目标。所谓法律至上，就是说在一国范围内居于最高地位、享有最高权威、具有最高效力的是法律，任何社会主体都应遵守法律、依法办事。在西方国家，法制观念远较礼仪观念深入人心，这是西方文明的一个重要特点。

第三节 高铁乘务服务礼仪概述

> ● 引例
>
> 　　重庆开往广州的列车由于躲避过往列车，在中途停车等待。由于天气闷热，列车内立即变得非常憋闷，有些旅客按捺不住着急的心情，开始抱怨起来，甚至有的乘客骂骂咧咧。如果遇到这种情况该怎样处理？
>
> 　　经验丰富的列车长见此情况预计等待的时间不会很短，如果让旅客单调无聊地等下去，可能会因情绪不佳引发矛盾。这时列车长灵机一动，立即召集所有列车员开会，希望通过和旅客良好的沟通化解矛盾，列车员们积极响应号召，为这个列车的特殊服务出谋划策。随后，列车长带领组员们尝试着用更人性化互动的方式与旅客们进行沟通，真诚主动地关注旅客的感受和需求。首先，列车组真诚面对旅客，如实地传递给旅客列车临时停车的原因及等待时间，回答每位旅客的问题。列车长特意打破常规，没有用严谨格式的语言广播信息，而是用平实、通俗的语言如拉家常一样的向旅客及时的通报最近的信息，解释延误原因，此举立刻拉近了列车组和旅客之间的距离，更赢得旅客的理解。而后列车组即兴在列车开展了一个小活动，请旅客品尝列车员调制的"自助饮料"，并猜出是由哪几种果汁混合而成的。旅客表现出极大的兴趣和参与的热情，枯燥无聊的等待立刻变得精彩纷呈，有单独品尝的，也有和朋友、家人一起喝一起猜的，获得奖品的旅客还兴致勃勃的表演了小节目。漫长的等待时间就在一片欢声笑语中悄悄溜走了。当列车长广播还有5分钟列车就要重新开动时，旅客才意识到他们在列车上已经等了近3小时了。当列车组向旅客们表达真诚的谢意时，列车里早已是掌声一片。

一、高铁乘务服务礼仪的原则

高铁乘务员在日常工作生活之中学习和应用礼仪，有必要在宏观上掌握一些具有普遍性、共同性、指导性的礼仪规律，这些礼仪规律，即礼仪的原则，我们把这些礼仪原则灵活地运用在高铁服务工作中，有效指导乘务服务工作，为乘客提供优质满意的服务。

高铁乘务服务礼仪的原则一共有八条。它们同等重要，不可缺少。掌握这些原则，将有助于更好地学习乘务礼仪，在乘务工作中运用礼仪。

第一，遵守的原则。在高速铁路上与旅客交流过程中，每一位乘务员都必须自觉自愿地遵守礼仪，以礼仪去规范自己在工作中的一言一行。列车上的工作人员，不论身份高低、职位大小，都有自觉遵守、应用礼仪的义务。如果不是发自内心地自觉自愿地去遵守礼仪的要求和规律，你与旅客的交流及所提供的服务是很难打动人的，甚至会产生有所偏差或不当的交流，这样，乘务员就会受到旅客的指责，与旅客的交流就难以成功，这就是遵守的原则。

第二，自律的原则。从总体上来看，礼仪规范由对乘务员个人的要求和对待他人的做法两大部分所构成。从对乘务员个人的要求而言，这是高铁乘务服务礼仪的基础和出发点。学习、应用乘务服务礼仪，最重要的就是要自我要求、自我约束、自我控制、自我对照、自我反省、自我检点，这就是所谓自律的原则。古语云："己所不欲，勿施于人。"这是对待他人的做法。

第三，敬人的原则。孔子对礼仪的核心思想有过高度的概括；"礼者，敬人也"。所谓敬人的原则，在高速铁路上要求乘务员在工作中，把对旅客的重视、恭敬、友好放在第一位。敬人之心常存，处处不可失敬于人，掌握了这一点，就等于掌握了高铁乘务服务礼仪的灵魂。

第四，宽容的原则。宽容的原则的基本含义是要求乘务员在乘务工作中，既要严于律己，更要宽以待人。要多容忍旅客，多体谅旅客，而千万不要求全责备，过分苛求，要容许其他人有个人行动和独立进行自我判断的自由。

● 案 例

一只小猪、一只绵羊和一头乳牛，被关在同一个畜栏里。有一次，牧人捉住小猪，它大声嚎叫，猛烈地抗拒。绵羊和乳牛讨厌它的嚎叫，便说：

"他常常捉我们，我们并不大呼小叫。"小猪听了回答道："捉你们和捉我完全是两回事，他捉你们，只是要你们的毛和乳汁，但是捉住我，却是要我的命呢！"立场不同、所处环境不同的人，很难了解对方的感受；因此对别人的失意、挫折、伤痛，不宜幸灾乐祸，而应要有关怀、了解的心情，要有宽容的心！

第五，平等的原则。在高速铁路上乘务员具体运用礼仪时，应该因人而异，根据不同的旅客，采取不同的具体方法。但是，必须尊重旅客、以礼相待，对任何旅客都必须一视同仁，给予同等程度的礼遇。不允许因为旅客彼此之间在年龄、性别、种族、文化、职业、身份、地位、财富以及与自己的关系亲远疏近等方面有所不同，就厚此薄彼，给予不同待遇。这便是高铁乘务礼仪中平等的原则的基本要求。

● 案 例

在美国，一位颇有名望的富商散步时，遇到一位瘦弱的摆地摊卖旧书的年轻人，他缩着身子在寒风中啃着发霉的面包。富商怜悯地将八美元塞到年轻人手中，头也不回地走了。没走多远，富商忽又返回，从地摊上捡了两本旧书，并说："对不起，我忘了取书。其实，您和我一样也是商人！"两年后，富商应邀参加一个慈善募捐会时，一位年轻书商紧握着他的手，感激地说："我一直以为我这一生只有摆摊乞讨的命运，直到你亲口对我说，我和你一样都是商人，这才使我树立了自尊和自信，从而创造了今天的业绩……"

第六，从俗的原则。在列车上乘务工作中，我们会面对来自国情、民族、文化背景完全不同旅客，实际上存在着"十里不同风，百里不同俗"的局面。对这一客观现实要有正确的认识，不要唯我独尊，以我划线，必须坚持入乡随俗，与绝大多数人的习惯做法保持一致，遵守从俗的原则，会使对礼仪的应用更加得心应手，更加有助于与旅客交流与交往。

第七，真诚的原则。礼仪上所讲的真诚的原则，就是要求在与旅客交往中，务必待人以诚，诚心诚意，诚实无欺，言行一致，表里如一。只有如此，自己在运用礼仪时所表达的对旅客的尊敬与友好，才会更好地被对方所理解，所接受。

> ● 案 例
>
> ### "傻瓜等帽子"——"傻帽儿"
>
> 一位在俄罗斯做生意的中国倒爷，刚到哈巴罗夫斯克的时候没有戴皮帽子，当地冬天的气温达到零下30摄氏度，他外出送货的时候冻得不行，捂着耳朵在雪地里跑。这时"啪"的一声，一顶皮帽子扣在了他的头上，他回头一看，一个俄罗斯汉子站在他面前，用生硬的汉语说："明天。"同时又用手指指表，再指一指脚下。
>
> 这个手势语言已把一切表达得很清楚了——"中国小伙子，天这么冷，不戴皮帽子怎么行？先戴上我这顶吧，明天这个时候，来这里还给我好了。"按理说，这个中国倒爷应当弄明白了对方的意思。
>
> 第二天，倒爷不但没去还人家的帽子，还扬扬得意地嘲讽起借给他皮帽子的那个俄罗斯人："你猜'傻帽儿'这个词是怎么来的？傻瓜等帽子——傻帽儿，哈哈……"故事中的中国倒爷辜负了异国他乡的俄罗斯人的无私帮助，并且违背了与俄罗斯人的约定，还嘲笑了俄罗斯人的真诚。这真是他做人的悲哀。

第八，适度的原则。适度的原则的含义，是要求高铁乘务员在服务工作中，必须注意技巧，合乎规范，把握分寸，认真得体。正确地表达自己的自律、敬人之意，真正做到恰到好处，恰如其分。

二、高铁乘务服务礼仪的功能

礼仪之所以被提倡，受到社会各界的普遍重视，是因为它具有多重重要的功能，既有助于个人，又有助于社会。

第一，有助于提高乘务员的自身修养。

高铁乘务员在运用礼仪的服务过程中，不仅反映一个人与乘客交流的技巧和应变能力，而且反映一个人的气质风度、阅历见识、道德情操、精神风貌。可以说礼仪即教养，有道德才能高尚，有教养才能文明。可见，学习、运用高铁乘务礼仪，有助于提高乘务员个人的修养，有助于"用高尚的精神塑造人"，真正提高乘务员个人的文明程度。

第二，有助于乘务员美化自身，美化生活。

乘务员学习、运用高铁乘务礼仪，无疑将有益于乘务员更好地、更规范地设计个人形象、维护个人形象，更好地、更充分地展示乘务员个人的良好教养与优雅的风度。

第三，有助于促进乘务员与旅客交流，改善客我关系。

古人认为："世事洞明皆学问，人情练达即文章。"一个人只要同其他人打交道，就不能不讲礼仪。乘务员在工作中运用高铁乘务服务礼仪，就能够帮助乘务员规范与旅客的交流活动，更好地向旅客表达自己的尊重、敬佩、友好与善意，增进彼此之间的了解与信任，进而造就和谐、完美的客我关系，取得乘务工作的顺利开展。

第四，有助于净化社会风气，推进社会主义精神文明建设。

古人指出："礼义廉耻，国之四维"，将礼仪列为立国的精神要素之本。荀子也曾说过："人无礼则不生，事无礼则不成，国家无礼则不宁。"可见，遵守礼仪，应用礼仪，将有助于净化社会的风气，提升个人乃至全社会的精神品位。当前，我国正在大力推进社会主义精神文明建设，其中的一项重要内容，就是要求全体社会成员讲文明、讲礼貌、讲卫生、讲秩序、讲道德、讲心灵美、讲语言美、讲行为美、讲环境美。高速铁路是旅客出行的重要交通工具，是旅客的临时家园，既是公共服务场所，更是社会的重要组成部分，可见，提倡乘务员加强礼仪的学习、运用，就是有助于净化社会风气，推进社会主义精神文明建设。

三、高铁乘务服务礼仪的意义与作用

在社会生活中，人们往往把是否讲究礼仪作为衡量一个人道德水准高低和有无教养的尺度，同时也把讲究礼仪作为一个国家和民族文明程度的重要标志。高速铁路车厢是来自不同地区、不同民族、不同国家的民众相聚相融的公共交通工具和服务场所，讲究高铁乘务服务礼仪有着特殊意义的作用。

（一）讲究高铁服务礼仪事关高速铁路行业的兴衰

高铁服务的直接目的是为了最大限度地满足不同旅客的正当需求。从迎接旅客上车到列车行驶中的检票、供餐及为特殊旅客提供特殊服务等，都是高铁乘务员应尽的职责。高铁乘务员只有按照礼仪的要求约束和规范自己的言行，尊重和包容旅客，真诚地为旅客提供周到细致的服务，对旅客以礼相待，在高速铁路这个临时大家庭的人们才能顺利交流和沟通，乘务员才能更好地开展各种服务工作。旅客们方能一路顺心，来乘坐高速铁路的旅客才会越来越多，高速铁路才能够取得更好的经济效益，高铁行业才能够更加兴旺发达。

（二）讲究高铁乘务服务礼仪可以直接地提高服务质量

高速铁路的生存与发展、市场与客源，不仅靠的是安全、便捷与舒适，还靠的是向旅客提供全方位的优质服务。调查表明，影响优质服务的主要因素是服务意识与态度，因为"宾客至上"的服务意识与热情友好、真诚和蔼的服务态度，可以直观地使旅客在感官上、精神上产生尊敬感、亲切感，所以说坚持应用高铁乘务服务礼仪，可以有效地提高高铁服务质量，而高铁服务质量的高低，又将直接关系到高铁行业的兴衰和声誉。

（三）讲究高铁乘务服务礼仪可以有效地调节各种人际关系

高铁乘务服务礼仪，可以说是高铁上人际关系的润滑剂和调节器。因为高铁上的旅客来自祖国四面八方乃至海内外旅客，涉及面广，人员复杂，容易产生矛盾和纠纷。针对这一特点，客观上要求高铁乘务员必须讲究高铁乘务服务礼仪，为各类旅客提供优质满意的服务，融洽各种人际关系；而高铁乘务服务礼仪的基本原则是律己敬人，真诚友善，所以它能够融洽与来自不同国家、地区的旅客的感情，架设友谊的桥梁，营造和谐亲善的旅途氛围。即使与旅客之间偶尔发生某种误会、不快或碰撞，通过几句礼貌敬语或一个礼节形式，便会化干戈为玉帛，重新获得彼此的理解和尊重。

（四）讲究高铁乘务服务礼仪可以有效地促进社会文明

荀子在讲礼的作用时说过："人无礼则不生，事无礼则不成，国家无礼则不宁。(《荀子·修身》)"，他把守礼与否看作关系到人的贤愚、事业成败、国家安危的大事。高铁乘务服务礼仪不仅包含乘务员对待旅客应遵循的礼仪规范，也包括了旅客之间的相处之道和旅行中乘客应知晓的礼仪原则和礼仪常识，如遵守秩序、轻声交谈、礼貌用语、衣着规范等，这些并不是哪一个人应有的礼仪习惯，而是国际社会公认的社交修养，也是高铁旅客文明素质的具体体现，当乘务员与所有旅客都能主动自觉地遵守这些礼仪规范，社会的文明程度自然也随之提升，人与人之间也更加和谐友爱。

（五）讲究高铁乘务服务礼仪可以塑造服务队伍良好形象

高铁乘务服务礼仪作为行为规范，对高铁乘务员的服务行为具有很强的约束力。高铁乘务服务礼仪一经制定和推行，便成为服务工作的行为规范和准则，所有的乘务人员都必须服从和遵守，自觉或不自觉地受其约束，如果谁不遵守甚至严重违反礼仪要求，谁就将受到道德的谴责或组织处理。这就迫使高铁乘务员认真学习高铁乘务服务礼仪知识，坚持实践高铁乘务服务礼仪，久而久之，能够很好地提升高铁乘务员的综合素质，从而塑造了高铁乘务队伍的良好形象。

四、高铁乘务员工作特点

随着我国科学技术的不断创新，高速铁路工程的不断发展，越来越多的高速铁路线路得以通车，其硬件设备也在不断地完善，高速铁路建设有了前所未有飞速的发展，高速铁路已经成为中国在全世界的一张重要名片，但是在铁路服务的"软件"方面还存在一些问题。随着高端商务业务的逐渐拓展，高铁客源结构的升级与改变等，对乘务人员的素质也提出了更多、更高的要求。

高铁乘务员是指在高速动铁路上为旅客提供乘务服务的工作人员，乘务工作是高速铁路直接面对旅客服务的窗口，他们是高铁动车旅客运输的一线工作人员，其综合素质的高低，体现的不仅是个人形象和素质，更代表着中国高速铁路交通运输业的整体形象和综合服务水平。

高铁乘务员的主要职责是确保乘客出行的舒适和安全，并及时处理旅途中的各种突发事件，为乘客提供周到、热情和优质的服务。与其他列车乘务员相比，高铁乘务员既要具备较强的服务意识，集中精力为乘客提供细致入微的服务，又要承担高负荷的工作压力，因此高铁乘务员应该具备多方面的综合素质。目前，我国高铁乘务员的工作特点主要表现为以下几个方面。

（一）工作标准高

与普速列车相比较而言，无论是在硬件设施还是在软件服务方面高速列车都要更胜一筹。高铁乘务员的服务质量和工作标准要求相对严格，并且贯穿于日常工作的整个过程。通常来说，在准备阶段，乘务员要按照工作标准整理好个人的仪容仪表，检查对讲机等设备、资料携带情况；列车开车前提前35~40分钟在站台接车，参加出乘会，明确本次乘务任务。在乘务阶段，乘务员几乎全程都保持标准的站立服务或者行走状态，巡视车厢，掌握车内的动态，处理服务过程中的各类问题。对待乘客，乘务员要得体大方，微笑服务，耐心解答旅客的问题。

（二）值乘时间紧

高铁乘务人员的值乘时间平均为八小时，工作时间较长。自高速铁路在我国一些大中城市运营以来，由于其较快的运营速度，往返时间较短，尤其在一些大城市，高铁已经成为人们日常出行首选的交通工具，这些地区就需要增加每天往返值乘的次数和天数，在很大程度上导致了高铁乘务人员值乘时间变得紧张而频繁。

（三）工作节奏快

目前，动车组列车客运乘务人员的配备一般是八辆短编组，按"一长二员"标准配备。高铁乘务员班组较少的人员配备决定了其工作强度相对较大，每个乘务员要兼顾多节车厢的管理和服务工作，加之高铁运行速度快、停靠站点少、停站时间短，乘务员要时刻保持冷静的头脑，具备随机应变的能力，能妥善、有效处理突发事件。此外，高铁乘务员工作节奏快、工作总量大，需要他们具有强烈的责任意识，坚持乘客至上，全心做好本职工作。任何一点失误都有可能给乘客的生命财产安全带来严重后果。

（四）工作内容多

高铁乘务员的工作内容复杂而烦琐，除了规定的日常工作外，他们还要处理旅行过程中的一些特殊情况。诸如乘客投诉事件、突发疾病、旅客食物中毒、列车晚点、列车故障等意外事件或紧急情况。在处理意外事件时，需要做好解释、安抚、善后等工作。有时遇到寻衅滋事的旅客，还需要付出更多的时间和精力，因而乘务员需承受一定的心理压力。

五、高铁乘务员的素养要求

针对高铁乘务工作岗位的特点，在竞争日益激烈的交通运输行业，为了满足快速增长旅客运输需求和高铁行业的高速发展的需要，提高乘务员的综合素质成了提升高铁服务水平的重要因素，对提高高铁的核心竞争力，也具有重要的意义。高铁乘务员的综合素质由以下几个方面构成。

（一）良好的职业道德修养

职业道德是指与人们职业活动紧密联系的符合职业特点所要求的道德准则、道德情操与道德品质。既是本行业人员在职业活动总的行为规范，又是行业对社会所负的道德责任和义务。作为一个优秀的高铁乘务人员拥有良好的职业道德不仅有利于自身的工作，同时也有利于提升高铁动车组列车"一流服务，一流品牌"的良好形象。高铁乘务员的职业道德具体表现在以下几个方面。

1. 吃苦耐劳的精神

高铁乘务员在人们眼中是奔驰于地面的靓女帅哥，是一种令人羡慕的光鲜亮丽的职业。但是在实际的工作中却要承担人们所想不到的辛苦：工作时一天站立八小时以上、高标准的作业要求、空间面积的有限、列车运行中的颠簸、身体容易疲劳、饮食的单调和就寝时间的不定时、不能经常和家人相聚，以及工作中不可避免会遇到旅客的责难和意外情况的发生。一个没有吃苦耐劳精神的乘务员是难以承受这项工作，更不用说提供优质的服务。

2. 遵纪守法的意识

遵纪守法是各个行业从业人员必须遵守的职业道德，高铁乘务人员也应该树立遵纪守法意识。在日常的生活和工作中，高铁乘务员应注重培养良好的道德风尚和道德修养，做到凡是法律法规所规定的，坚决予以维护；反之，坚决予以禁止。作为高铁乘务人员，应该了解有关高速铁路的相关规定、铁路组织，做到有法可依、有法必依，避免一些不该犯的错误。高铁乘务员是铁路客运的一面鲜艳的旗帜，其言行代表着铁路行业，因而，高铁乘务员需要掌握高铁法规，强化法制观念，主动学习有关高铁的法律知识，提高遵章守纪的自觉性。

3. 强烈的责任心

高铁乘务工作与其他服务工作相比，有其工作的特殊性。他们面向的对象为数量众多的旅客群体，与旅客接触的时间长短不一，但在列车运行的过程中各种事情都会发生，且每次遇到的情况复杂多变，这也要求乘务员应该具备强烈的工作责任心。例如，在客运服务中，责任心强的乘务员，往往能从旅客的不自然的面部表情中察觉出一些意外情况或影响安全的因素。一旦观察到惊恐、慌张等不自然的旅客，注意旅客是否携带危险品上车或者其他情况的发生。同时，在列车运行的过程中，乘务员注意观察车厢中的细小事情，从中发现新情况、新问题，或从细微的征兆中发现影响列车安全的一些隐患，有效地阻止一些事故的发生，从而保证旅客的生命财产安全。

4. 良好的服务态度

服务态度，是指高铁乘务人员在乘务工作中对旅客的情感和行为倾向，带有浓厚的职业色彩。高铁乘务员服务态度的好坏直接影响着高速铁路服务质量和企业的形象。其表现出来的行为具有三个特点。一是对待旅客热情耐心。乘务员在与旅客服务的过程中，不管服务工作多么繁忙和琐碎，都要真诚热情地对待客人。即使面对一些旅客的抱怨和不理解也要耐心倾听，心平气和地就旅客反映的问题加以解释，虚心接受旅客的批评。二是主动周到的服务。乘务员在做好本职工作的基础上，结合旅客的心理需求，积极主动地提供各种优质服务。想旅客之所想，能够从旅客的神情、言语、举止中揣测旅客的心理需求，合适把握服务的时机，力求工作的主动、周到，满足旅客的服务需求。三是真诚微笑。善意的微笑是服务中与旅客交流、沟通的美好桥梁，也是乘务员友好诚恳态度的外化表现。眼睛是心灵的窗户，乘务员在乘务工作中，一个微笑的目光，脸上真诚的笑容表现善意、尊重和友好，足以让旅客产生宾至如归的亲切感，有利于做好高铁乘务工作。这种真诚的笑容，会使乘客感到暖暖的温馨和服务的真诚。

（二）良好的身体素质

1. 合格的外形

高铁乘务人员是铁路运输中的一面鲜艳的旗帜，具备良好的外形条件，是做好高铁乘务工作的基本条件。高铁公司在招聘员工时经常对乘务员的外形有着严格的要求。在身高方面，男性身高不得低于1.70m，女性身高不得低于 1.62m；容貌方面，无论男性还是女性，都要求五官端正、容貌姣好；视力方面，无色盲；体型方面，身材匀称，无罗圈腿，无 O 型腿。

2. 良好的体能

高铁乘务作为一种特殊行业，大部分工作是车厢服务。他们常年工作在面积有限的动车车厢内，长期承受动车在运行过程中的震动、噪声、高频电磁场等因素的刺激。同时，高铁列车员工作服务的对象多，一名列车员需要负责四节车厢的旅客服务工作，工作强度大，动车组特殊的岗位要求乘务员必须具备良好的体能。乘务人员只有拥有健康的身体、充沛的体能和旺盛的精力，才能保证为旅客提供优质的服务。因此，乘务员在工作之余，应该多注意休息，不断加强锻炼，拥有健康的体魄。

（三）优良的心理素质

良好的身体素质是高铁乘务员做好乘务工作的基本保证，而优良的心理素质同样也是乘务员应该具备的基本素质。动车组列车服务的工作面广，面对不同文化、职业、年龄、风俗习惯的旅客，乘务员如果没有优良的心理素质，很难搞好客运服务。乘务员在与旅客交往中所形成的心理品质，如情感品质、意志品质和性格品质是客运服务心理的基础。具体表现在以下几个方面。

1. 自我心理调节的能力

高铁乘务员特殊的岗位特点让从业人员难免会出现一些心理压力。那么以什么样的心态面对这些压力呢？作为一名乘务人员，应该以一种阳光健康的心态去面对工作中的压力，提高心理承受力，学会释放和消除心理压力。在工作遇到困难时，不消极懈怠，采用正确积极的应对措施，想方设法解决困难，增强高铁乘务职业的自豪感和使命感。根据个人的实际情况，学会用倾诉法、发泄法、转移法及时有效地缓解和消除心理压力，不让不良心理影响到自己的工作。即使工作中受到委屈，也要自我消化，不被情绪所左右，影响正常的工作。工作中犯错误时，虚心查找自己的缺点和不足，自我及时修正。乘务员在工作的过程中不断寻求自我心理调节的方法和途径，学会克制自己的情绪，提升自己的心理素质。

2. 沉着冷静的心理素质

在高铁运行的过程中，难免会遇到空调故障、车厢卫生、牵引动力设备故障、临时停车、列车长时间晚点、旅客突发疾病等特殊问题和紧急情况,自然也会引发旅客情绪急躁、感情冲动等不良情绪,甚至会说出或做出一些出格的事情。此种情况下,乘务员要具有良好的涵养,首先能够稳定自身情绪,然后按照动车运行相关程序安抚旅客,冷静处理突发事件的发生。此时,如果乘务员心理承受能力有限,遇到特殊情况惊慌失措或思绪混乱,情绪激动就会导致旅客的情绪失控,从而引发矛盾冲突或不安全事件。一些情绪控制能力较强的乘务员则以沉着冷静的心态来面对旅客,心平气和地解决旅客提出的问题,有效地与旅客进行沟通,及时消除旅客的不良情绪。

3.迅速果断的心理素质

在复杂的高铁车厢内,乘务员除了要具备沉着冷静的心理素质外,还要求在遇到紧急情况时,具有果断的心理素质(见图1-3-1)。由于高铁在运行中速度快、停站时间短,对乘务员的应变能力和反应速度也提出了更高的要求。一旦发生紧急情况,结合掌握的业务知识,迅速果断地对特殊情况做出准确的判断:是否需要旅客撤离?采取何种撤离的方法?毫无疑问,乘务员在值乘中需要保持头脑思维的敏捷,快速对危机事件做出正确的判断,果断而正确的决断是实现快速撤离的重要条件。

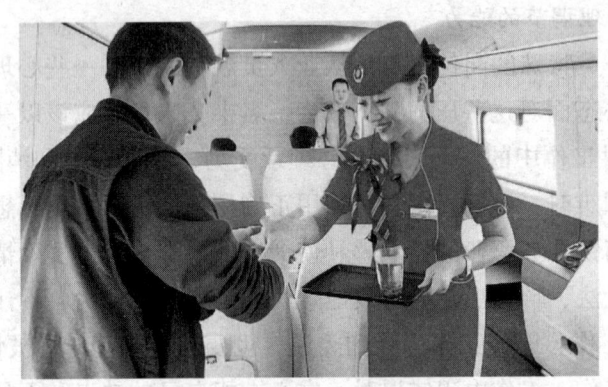

图 1-3-1

(四)专业知识技能

业务知识和技能是乘务员运用业务技术的知识和能力,是提供优质服务的基础。高铁乘务人员在上岗之前一般要通过高铁专业的培训,掌握高铁乘务工作的专业知识和技能，才能正式步入高铁乘务工作。作为一个合格的高铁乘务人员，以下是专业知识技能包含的内容。

1. 较强的专业知识

作为一名高铁乘务员，在高铁上不仅仅是简单的检查车厢动态，而要掌握许多的专业知识。专业知识包括：世界高速铁路及中国高速铁路的发展历程、前景规划及特点等基本的高速铁路知识；了解和掌握高速铁路的相关法律法规和动车组列车的各项客运规章制度；各种型号的动车的车型、车厢内的主要设备以及设备的使用；动车旅客的心理常识；动车乘务人员的工作职责；各种非正常情况的应急处理。

2. 丰富的文化修养和社会知识储备

高铁乘务人员应该广泛涉猎各方面的知识，不断开阔视野，坚强学习，掌握丰富的文化知识和社会知识，以满足广大旅客的不同需求。一是广博的文化知识。随着高铁旅游的日益增多，面对旅客对高铁沿线旅游地信息的需求，也要求高铁乘务员了解并掌握高铁营运线路地方的地域概况、名胜古迹、人文地理、历史文化、风土人情、宗教信仰、饮食文化等多学科的知识，应对旅客对沿途人文地理风情民俗的询问，提供个性化的服务。从某种意义上说，高铁乘务员也肩负起旅游文化传播和旅游地推介的重任。二是急救知识。因为高铁的高速度，一些身体素质比较差的乘客或患有疾病的乘客难免会出现一些突发性的疾病，这也要求乘务员能够果断地进行现场救护，赢得抢救时机。面对危重病人，急需医疗帮助的旅客，乘务员医药自身专业的医学急救知识，保证旅客的生命安全。三是高铁乘务服务礼仪知识。高铁乘务服务礼仪是乘务员在执行列车任务为旅客服务中所遵守的行为规范，也是乘务员应该具备的基本职业素养。它贯穿于为旅客服务的各个环节，从在站台迎接旅客上车，用语言和眼神与旅客进行简短的沟通，到旅行中为旅客提供饮水，再到为有个别需求的客人或特殊旅客提供个别或特殊的服务，最后到与旅客的送别，都有一套完整的服务规范。

3. 娴熟的专业能力

高铁乘务员的工作职责主要是负责高速动车运行期间旅客的安全与服务工作。要做到这两点，高铁乘务员就必须具备娴熟的专业能力。高铁乘务人员要熟悉车厢内的主要设备，像呼叫系统、乘务员控制面板、卫生间设施、厨房设备、影音系统及旅客座位上的服务设备等。高铁乘务员应该熟练使用这些设备并按照有关规定进行管理，确保这些设施的规范使用。在执行列车任务过程中，登车时，乘务员要检验票证，帮助乘客管理随身携带的物品，引导旅客就座并核对乘客人数。在旅途中，观察车厢内的动态，整理车厢旅客的行李，保证旅客行李的安全和通道的畅通；巡视车厢，检查是否有乘客携带易燃、易爆等危险品，排除安全隐患，保证车厢的安全；办理旅客补票及旅行变更手续填写单据报表，请领票据，保管票款；了解旅客的需求，主动了解情况，及时给予回应等（见图1-3-2）；宣传旅行常识，解答旅客问询；保证地板、厕所、桌椅、座椅套的清洁卫生，为旅客提供舒适卫生的服务；对不遵守规定的乘客及其他工作人员违章违纪行为有权制止和劝阻，维持车厢秩序，保证列车的安全。列车到站前提前通报旅客做好下车准备。到站后，在指定车厢边门处（站台）立岗，与旅客微笑道别，协助重点旅客下车。旅客下车完毕，巡视检查车厢，发现旅客遗失物品，及时报告。及时准确填写本岗位各类记录与表格。

图1-3-2

4. 应对危机的能力

车厢安全是高铁服务产品的重要组成部分，乘务员也担负着车厢内部的安全的职责。"安全"是高铁服务行业的服务的前提要求，也是高铁打造铁路品牌、占领交通运输市场的第一要素。高铁是一种安全系数非常高的交通工具，出事率低，但是，并不完全杜绝意外情况的发生。例如，动车组在车站发生火灾或在旅途中爆炸导致火灾事故，电气化铁路发生线路中断，旅客突发紧急病症或食物中毒事件，发生客运异常情况等非正常情况。一旦发生此类意外事件，乘务员应该在列车长的统一指挥下，本着先救人后救物的原则，密切配合司机、随车机械师，妥善处理各种事故，最大限度降低和减少事故造成的损失，尽快恢复旅客运输秩序。"紧急脱离"是列车在万不得已的情况下为避免更大程度的伤亡而采取的安全逃离的方法。乘务员必须经过系统专业的训练才能使自己处变不惊，迅速引导旅客在最短的时间内逃离车厢。

（五）较强的语言表达能力

语言是人类最重要的交际手段。高铁乘务员在乘务工作中，主要通过语言作为媒介与旅客沟通交流，因此，乘务员的语言表达水平往往会影响乘务工作质量。乘务员准确地运用标准规范、真诚柔和、文明礼貌的语言是做好本职工作的内在要求，也是改善和提高高铁乘务工作的必然要求。

1. 温馨的文明礼貌用语

俗话说"良言一句三冬暖，恶语伤人六月寒"，乘务员得体动听的服务语言会使旅客有"宾至如归"的幸福感。对刚上车的旅客，一句友好的问候，悄悄打开了为旅客提供服务的友爱之门。查验旅客车票或打扫卫生，一句："对不起，打扰一下"，足以赢得旅客的支持和理解。遇到旅客对服务工作不满意和投诉时，乘务员真诚地对旅客致歉："对不起，我们会改进工作。"坦诚的态度和真诚的歉意语言无疑会赢得旅客的尊重和理解，及时消除乘务人员和旅客之间的不必要的麻烦（见图1-3-3）。

图 1-3-3

2. 得体的称谓

乘务员与旅客在交流沟通之前往往要打招呼，得体的称呼旅客不仅是服务礼仪的要求，也是和谐高铁温馨服务的体现。由于客人来自五湖四海，成长在不同的国家和地域，习惯了所处地区的惯用称谓。旅客的特殊性自然希望用他们熟悉的称谓来称呼自己。如北京人喜欢称人"师傅"，山东人喜欢称人"伙计"。然而，对于南方人来说，远离红尘的出家人才是"师傅"。"伙计"是对一个人的不尊重，打工的才是"伙计"。同样，国家与国家的称谓也大相径庭，如"爱人"一词。在中国，"爱人"是对配偶的尊称；而外国人则认为"爱人"是婚外恋的情人的意思。在乘务工作中，乘务员一定要了解不同国家和地区的称谓，尽量避免乘客不必要的误会和不满，合理而得体地称呼旅客，以便更好地与乘客进行交流沟通。

3. "因人而异"的讲话技巧

在封闭的动车车厢内，乘务员每天面对不同性别、不同年龄、不同性格的旅客，标准化的规范服务语言不一定适用于一切旅客。这就要求乘务员应该学会"因人而异"的说话技巧。如迎接旅客的问候，标准化的语言是："您好，欢迎乘坐本次列车。"而一个具有良好服务意识的乘务员能够考虑旅客的实际情况，采用不同的问候。如见到多次乘车的老顾客，可以说："李总，您好，很高兴又见到您。"看到年龄小的儿童，可以说："小朋友好，欢迎你坐我们的列车。"见到老弱病残等重点旅客，可以说："您好，欢迎光临，小心脚下。"或者说："您好，欢迎光临，需要帮忙吗？"同样是问候，针对不同的人群，不同的问候问出了不同的味道，满足了不同乘客的心理需求。

综上所述，在当前飞速发展的高铁时代，铁路不仅迎来了设备设施的全面更新和快速升级，更需要服务理念及服务品质的全面提升。高铁时代的服务新理念强调要实现"快捷便利、平稳舒适"的高速度以及"服务优质、文明和谐"的高品质，又呼唤大量高质量、高素质的高铁乘务人员；高铁时代为乘务员这个职业赋予了新的概念，提出了更高的标准；作为高铁形象代言人的乘务员不仅要具备健康的身心素质、良好的职业道德修养，还要具备扎实的专业技能和知识、较强的应变能力，同时还要提高自身的人文素养和气质，为乘客提供优质、舒适和个性化的服务。高铁乘务人员综合素质水平会直接影响人们对高铁出行的满意度，优质的服务礼仪成了高铁企业提高服务质量和增加企业竞争力的一个重要因素，高铁乘务服务礼仪课程也是高职院校提高高铁乘务专业人才培养质量的重点。

本章小结

本章通过对礼仪的概念、特征、原则等一系列基础理论知识的学习，使学生对礼仪的产生与发展有一个基本的了解；通过对高铁乘务服务礼仪的原则、功能及作用的学习，让学生明确学习高铁乘务服务礼仪目的极其重要意义；通过对高铁乘务员的工作特点及素养要求分析，让学生知晓应从哪些方面提高自身人文素养，以解决学生在礼仪意识层面的问题，为后面章节操作层面的礼仪知识的学习和礼仪技能掌握起到打基础和铺垫引导作用。

思考与练习

一、单选题

1. 礼仪正式形成于（ ）。
   A. 原始社会　　B. 封建社会　　C. 奴隶社会　　D. 资本主义社会
2. 人类社会中，差异最大的两种文化传统是（ ）。
   A. 美国文化和中国文化　　　　B. 古印度文明和古埃及文明
   C. 基督文明和伊斯兰文明　　　D. 东方传统和西方传统
3. 对一个国家来说，礼仪是一个国家（ ）的重要标志。
   A. 文化与传统　　B. 文明程度　　C. 古老历史　　D. 整体实力
4. 礼仪是人与人之间在接触交往中相互表示（ ）和友好的行为。
   A. 尊重　　　　B. 友谊　　　　C. 关心　　　　D. 爱护
5. "人无礼而不生，事无礼则不成，国无礼则不宁"的提出者是（ ）。
   A. 孔子　　　　B. 荀子　　　　C. 孟子　　　　D. 韩非子

二、多选题

1. 西方礼仪的特征有哪些？（　　）
   A. 谦虚、含蓄　　　　　　　　B. 崇尚个性自由
   C. 遵时守信　　　　　　　　　D. 自由、平等、开放
   E. 简单实用

2. 我国被后世称道的周代"礼学三著作"指的是（　　）。
   A.《周礼》　　B.《仪礼》　　C.《礼经》　　D.《礼记》

3. 礼仪的功能是多方面的，其中最重要的功能集中体现为（　　）。
   A. 约束功能　　B. 教育功能　　C. 协调功能　　D. 创造功能

三、判断题

1. 礼起源于原始的宗教祭祀活动，并从祭祀之礼扩展为各种礼仪。（　　）
2. 高铁乘务员的工作特点有工作标准高、值乘时间紧、工作节奏快、工作内容简单重复的特点。（　　）
3. 东方礼仪是由官方专门规定并要求人们遵守执行而形成的一种行为规范。（　　）
4. 西方礼仪的主要特点是恭谦、大方、直率、幽默和尊女。（　　）

四、简答题

1. 何谓礼仪？礼仪的主要功能和基本原则是什么？
2. 东西方礼仪的特点和差异表现在哪儿？
3. 高铁乘务员的工作特点有哪些？
4. 高铁乘务员良好的职业道德修养有哪些？

五、案例分析题

案例1

新加坡的国民素质之高赢得了世界的公认，大凡到过新加坡的人，都对这个美丽的花园岛国留下了深刻的印象。这与新加坡长期在国民中大力开展礼仪教育有很大的关系。20世纪70年代后期，当时的新加坡总理李光耀就提出了要把新加坡建成一个"富而有礼"的国家。他们在大力抓国民经济建设

的同时，将以"礼仪"教育为中心的国民素质教育，提高到一个非常重要的位置，甚至将"忠、孝、仁、爱、礼、义、廉、耻"八种美德列入政府必须贯彻的"治国之纲"。在新加坡礼仪教育是每个公民都必须接受的教育内容之一。为规范国民行为，使之养成良好的礼仪习惯，他们甚至运用了法律手段来强化国民的礼仪意识。

思考分析：新加坡的"以礼治国"给我们以什么启示？

案例2

一位英国老妇人到中国游览观光，对接待她的导游小姐评价颇高，认为她服务态度好。语言水平也很高，便夸奖导游小姐说："你的英语讲得好极了！"小姐马上回应说："我的英语讲得不好。"英国老妇一听生气了："英语是我的母语，难道我不知道英语该怎么说？"

思考分析：英国老妇生气的原因何在？

案例3

一次，英国一访华观光旅游团下榻北京国际会议中心大厦。一天，翻译小姐陪同客人外出参观，在上电梯的时候，一位英国客人请这位翻译小姐先上，可是这位小姐谦让了半天，执意要让客人先行。事后这些客人抱怨说："他们在中国显示不出绅士风度来，原因是接待他们的女士们都坚持不让他们显示。"比如，上下汽车或进餐厅时，接待他们的女士们坚持让他们先走，弄得他们很不习惯，甚至觉得受了委屈。虽然我方人员解释，中国是"礼仪之邦"，遵循"客人第一"的原则，对此解释他们也表示赞赏，但对自己不能显示绅士风度仍表示遗憾。

思考分析：英国客人觉得遗憾的根本原因何在？

案例4

某列车开行后，旅客张先生和他的妻子向列车员要了两杯咖啡，因为奔波劳顿，很快就睡着了。当列车员端着旅客的咖啡来到座位时，发现旅客已经睡着了，便将咖啡放在了餐桌上。当旅客夫妇醒来时，一不小心打翻了咖啡，将张先生妻子的貂皮大衣弄脏了，为此旅客夫妇大发雷霆，并且要求经济赔偿。

思考分析：如果遇到这种情况，请问怎样处理？

六、讨论题

结合大学生行为规范进行校园日常礼节、礼貌行为的讨论，养成从我做起、从身边的小事做起、从现在做起的好习惯。

1.为什么说礼仪在我们身边？

2.为什么说教养反映素质，素质体现于细节，而细节又决定一个人的成败？

第二章 个人形象礼仪

引 言

个人形象礼仪是对个人的仪容仪表仪态的塑造，个人形象在职业岗位上也体现了本企业的组织形象。整洁美观的仪容仪表能体现出高铁乘务人员良好的精神面貌和专业素养，也能很好地展示出高铁部门的服务水平。高铁乘务人员应用好个人形象这张名片，增强吸引力、感召力和信任力，打造高铁部门良好的整体形象。

学习目标

知识目标

1. 掌握高速铁路客运服务人员仪容修饰的基本原则与规范。
2. 掌握高速铁路客运服务人员仪表修饰的基本原则与规范。
3. 掌握头发的养护和发型要求。
4. 掌握男士和女士正式着装要领。
5. 掌握高速铁路客运服务人员仪态的基本规范与标准。

技能目标

1. 掌握面部化妆的技巧。
2. 能按照高速铁路客运服务人员的仪表规范进行得体的着装。
3. 掌握服装配饰的搭配原则和技巧。
4. 了解香水的使用规则，掌握肢体的修饰技巧。
5. 能按照高铁客运服务人员的仪态礼仪规范操作，自觉规范自身行为举止，塑造良好的个人形象。

第一节 高铁仪容礼仪

> **引 例**
>
> 小马是某高职院校高速铁路客运服务专业的学生。即将毕业,学校组织了一次国有企业招聘面试。小马心想一定要抓住这次面试机会,于是将自己浓墨重彩地打扮了一番,就像电视剧里的日韩明星一样。当她高高兴兴地来到面试地点,谁知企业招聘人员看到她就皱起了眉头。
>
> 本案例中小马同学虽然十分重视本次面试,但对高铁客运服务工作缺乏了解,没有能够对自己进行得体的修饰打扮,而给企业招聘人员留下了不好的印象。那么作为一名高速铁路客运服务工作者,究竟应该如何修饰自己呢?

仪容,是指一个人的容貌和长相,主要包括面部、头部、颈部和四肢等。是最直观地呈现在交往对象面前,直接反映出一个人的精神风貌、修养和品位。自然、干净、整洁的仪容给人以大方、端庄、干练的感觉,使人赏心悦目;反之,则使人看上去无精打采。

仪容美是高速铁路客运服务人员个人形象塑造的重要组成部分,修饰得当的容貌既表达对他人的尊重,又体现个人良好的修养,塑造企业的美好形象。因此,高速铁路客运服务人员应依据岗位需要对个人容貌进行适度的修饰,以塑造积极的个人形象。

一、面部修饰

面部为仪容之首,是交往对象所注意的重点,向他人传递出人的健康、情绪、精神面貌等多种信息,是构成仪容的主要要素。因而,修饰面部是讲究礼仪的重要前提,主要包括保持清爽和适当化妆两个方面。

（一）护肤

护肤是面部修饰的基础，保持容貌靓丽，最主要的是做好日常的皮肤护理，使面部皮肤与颈部、手部皮肤保持光洁和水分，富有弹性。

1. 清洁

清洁面部应做到早晚各一次。洗脸水的温度以40℃左右为宜。洗脸时，应选用符合自身肤质的洁面产品，涂在掌心用水揉开，然后均匀地抹在脸部、耳朵、脖颈处，从下往上、从内向外打圈揉搓并反复多次，再用清水洗去泡沫。

清洁面部时，还应注意清理鼻腔并保持鼻部无"黑头"，清理口腔并保持口气清新。

2. 护理

洗完脸后，应取适量眼霜涂抹在眼部，取适量爽肤水轻拍面部，然后涂抹适当的润肤产品，以补充皮肤所需养分，保持面部润泽、光洁、清爽。一般而言，润肤油和润肤霜较适合秋冬季使用，润肤乳和润肤露较适合春夏季使用。

3. 保养

除了日常清洁与护理之外，面部保养也非常重要。一般而言，最基础的保养方法如下：①定期敷面膜，以彻底清除面部污垢并为其补充营养；②坚持面部按摩，以活动面部经络，减缓皮肤老化；③保证充足的睡眠，以使面部红润、容光焕发；④养成多喝水的习惯，以保持皮肤水分，使面部光滑润泽；⑤多吃水果蔬菜，以摄取皮肤所需的各种营养成分，使面部看起来健康自然；⑥保持良好的情绪，以使面部看起来精神饱满。

（二）化妆

适度得体的妆容可以展现个人风采，礼敬他人的基本化妆是一门技术，也是一门艺术。高速铁路客运服务女性人员应做到化妆上岗、淡妆上岗。

1. 五官的标准比例

五官的标准比例是"三庭五眼"距离相等。

所谓三庭，是指将面部纵向地分为上庭、中庭和下庭，上庭为从发际线至眉线，中庭为从眉线至鼻底线，下庭为从鼻底线至下颌线。如各庭之间长度不等，需利用化妆手段来修饰。

所谓五眼，是指以一只眼睛的长度为衡量单位，将面部横向分为五眼。利用"五眼"的方法，可以测量出两眼间的距离是否协调。如图2-1-1所示。

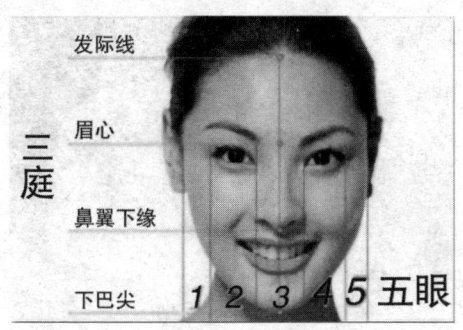

图 2-1-1

2. 女性基本淡妆技巧

女性妆容有日常妆和宴会妆之分。日常妆注重淡雅,主要适于日常工作与生活场合;而宴会妆则较为浓艳,主要适于晚会、宴会、舞会等场合。无论是日常妆还是宴会妆,女士们都需要选择合适的彩妆产品并按照正确的步骤进行。

(1)清洁面部

化妆前必须用洗面奶等清洁类化妆品洗脸后,用水冲净,然后涂上爽肤类或护肤类化妆品,如爽肤水、乳液、护肤霜、美容蜜等,这样不但可以润泽皮肤,而且还能防止带颜色的化妆品直接进入毛孔,起到很好的隔离作用。

(2)基础底色

打基础底色的目的是调整皮肤颜色,使皮肤平滑、细腻、有光泽。打底色时需要注意以下事项:

①粉底应轻薄,并与肤色自然融合,而不可涂抹过多、过厚,以免脸部显得无立体感或看起来像石膏像。

②粉底涂抹应过渡到位,切忌在发际边缘、脸部两侧、脖颈处留下明显的分界线。

(3)定妆

用粉刷醮取少许蜜粉,轻刷于面部与颈部,以降低粉底的油光感并固定底妆,如图 2-1-2 所示。对于油脂分泌旺盛的部位(如额头、眼角、鼻翼、嘴角等处)可多刷点蜜粉。这样可以增强粉底附着力,使妆容持久,还能增加肌肤光泽度。

图 2-1-2

(4) 修饰眉毛

用眉笔或眉粉沿着眉毛生长的方向轻轻地描画,并注意使眉头浅、眉峰深、眉梢清晰,以使眉形具有立体感。描出的眉形应与本人的年龄、脸型和性格相称,同时,应避免将眉毛挑得过高,以免给人一种尖酸刻薄、缺乏亲和力的感觉。描眉之后,用眉刷将眉毛轻刷一遍,以使眉毛整齐、服帖。如图 2-1-3 所示。

值得注意的是,描眉需要在眉形已经修整的情况下进行。

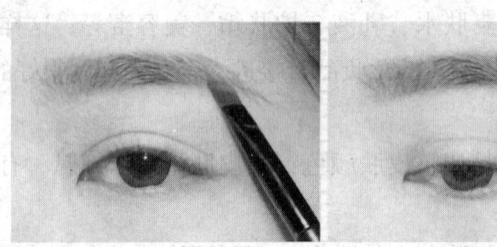

图 2-1-3

(5) 修饰眼部

眼部修饰包括涂眼影和画眼线两项内容。

眼影的最主要功能是强化眼部的立体感,因而涂眼影时,应注意体现出层次感。其具体做法通常如下:先用眼影刷醮取少量浅色系眼影,由上眼皮中部向眼尾,再由眼窝向眼尾方向刷上轻薄均匀的一层;然后将与该浅色系眼影搭配的深色眼影涂于眼尾处,并用眼影刷自外眼角向眼窝方向呈放射状均匀晕染,使其与浅色眼影自然过渡。如图 2-1-4 所示。

第二章 / 个人形象礼仪

图 2-1-4

眼线可以很好地改善眼睛轮廓，使眼睛生动有神。其具体做法如下：画上眼线时，应用眼线笔或眼线液沿着睫毛根部由内眼角向外眼角方向分段描画，并用眼线刷晕染均匀，眼尾部分的线条可比眼头部分的线条略粗或往上提拉，以使眼睛显得更大；画下眼线时，应从外眼角向内眼角方向分段描画，并在眼睛中部收笔，以体现较为自然的效果。上眼线应比下眼线稍长一些，且一般不与下眼线交合。如图 2-1-5 所示。

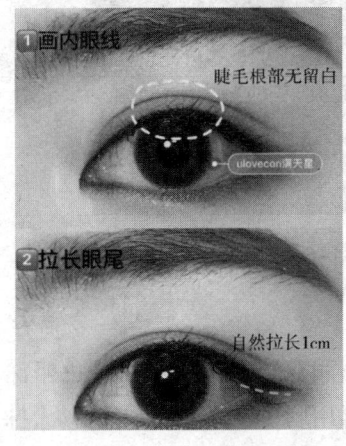
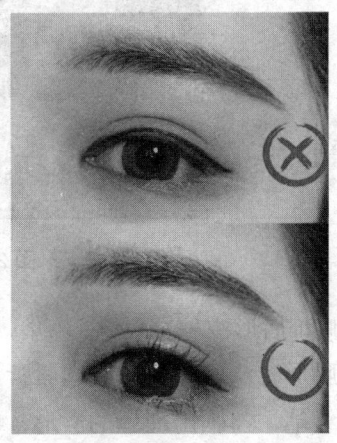

图 2-1-5

(6)修饰睫毛

修饰睫毛可使眼睛显得更大、更明亮。其具体做法如下：首先，用睫毛夹依次在睫根部、睫毛中部和睫毛尖端三个位置稍微用力夹紧几秒并轻轻提拉，使睫毛卷曲上翘；然后顺着上睫毛和下睫毛的生长方向均匀地涂刷睫毛，使睫毛定型并显得更加浓密、修长。

(7)修饰脸颊

用腮红修饰脸颊可以改善肤色并增强面部立体感。其具体做法如下：用腮红刷醮取少量腮红轻刷于颧骨下方，然后由发际向脸颊逐渐晕开，使其与肤色自然过渡。如图 2-1-6 所示。

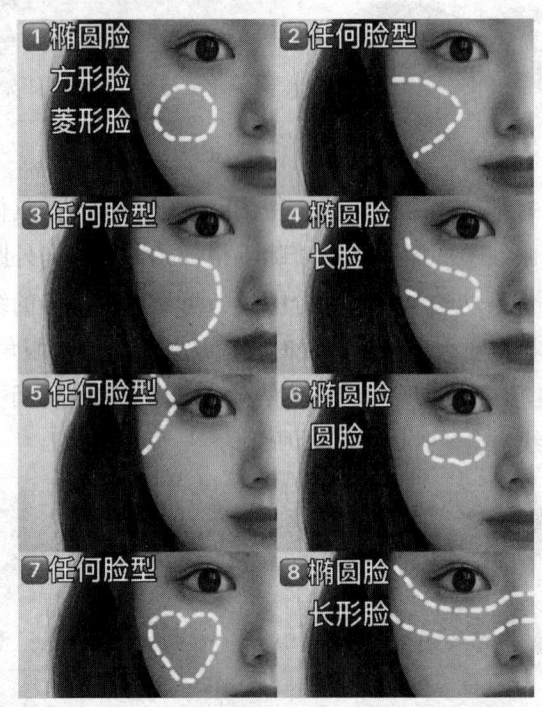

图 2-1-6

(8)修饰唇形

修饰唇形时，可先涂一层润唇膏滋润双唇，然后选用颜色略深于口红或唇彩的唇线笔，勾画出理想的唇形，再用唇刷醮取口红或唇彩涂抹双唇。如图 2-1-7 所示。

图 2-1-7

（9）全面检查

检查整个妆面是否洁净、对称，检查妆容与衣着、发型是否相宜，与自己的年龄、身份、气质等是否相称。

3. 男性基本妆容技巧

男性妆容的修饰主要是剃须修面。剃须修面的操作顺序一般为：先鬓角、脸颊，再到脖子、嘴唇周围及下巴。若留有胡须，则应将其修理成型；若鼻毛过长，则应定期修剪，切忌让其露出鼻腔。

随着时代的发展和观念的转变，化妆不再是女性的专利。不少男士为了使面容更为精致，或更显阳刚之气也会尝试选用一些化妆品，如隔离霜、遮瑕膏、睫毛膏、眉粉、润唇膏等。

二、头发修饰

头发的修饰是仪容礼仪的重要组成部分，主要包括头发的护养、修剪及发型的选择。

（一）头发的护养

为了保持头发整洁、健康、无异味，社交者应做好头发的护养工作，具体包括头发的清洗、护理和梳理。

1. 头发的清洗

保持头发卫生、健康最主要的方法就是清洗头发。通常每两至三天就应当清洗一次。

清洗头发时，应注意以下事项：

（1）水温：宜选用40℃左右的温水，切勿用过冷或过热的水冲洗头发，否则会洗不净油脂或损害发丝。

（2）洗发剂：宜选用适合自己发质的洗发剂。人的发质大致可分为中性、干性和油性三种。一般情况下，应按照洗发水外包装上的说明选择与自己发质相符的产品。洗发时，应尽量缩短洗发剂在头发上的停留时间，以免损伤发质。

（3）清洗手法：应用双手的指腹打圈按摩头皮，而不要用指甲抓挠头皮。

（4）冲洗：应当用清水将头发上的洗发剂冲洗干净。

（5）干燥方法：湿发最好自然干。若使用电吹风吹干头发，则应使吹风机与头皮保持一定的距离，使头发温度不会过高，并且应尽量缩短使用时间，以免损伤头发。

2. 头发的护理

头发的护理可以从以下几个方面进行：

（1）按摩头部：每次洗发前后，可按摩头皮数分钟，以促进头发生长，防止或减少脱发。按摩时，将十指分开，从前向后环状揉动头皮，反复多次，直至头皮发热、有紧缩感为止。

（2）使用护发剂：洗头后，应注意使用发乳、发油等护发剂为头发补充营养，使头发保持柔软、亮泽并富有弹性。但使用护发剂不能太过频繁，每周1~2次较为合适，否则易使头发营养过剩，变得黏腻。

（3）注意饮食：如欲减少头皮屑，应少吃油性大的食物，多吃含碳丰富的食物。欲使头发乌黑亮丽，应多吃含蛋白质和维生素丰富的食物，尤其要多吃坚果（如核桃）和"黑色食品"（如黑芝麻、黑豆等）。

3. 头发的梳理

梳理头发可以促进头部的血液循环，并使头发整齐美观。梳头时应注意以下事项：

（1）梳理工具：应选用专用的头梳等工具梳理头发，而不宜用尼龙梳子梳头。用尼龙梳子梳头容易起静电反应，导致毛发脱落。

（2）梳理方法：梳头时，将梳子与头发形成一定角度，然后用适度的力量朝某一个方向做重复运动，以促进头部血液循环和皮脂分泌。每次梳头25~50下，动作不要太快，用力要均匀适度，以免拉伤头发。

（3）梳理场合：梳头应在私密场合进行，切勿在公共场合进行，否则有失礼仪，影响个人和企业形象。

（二）头发的修剪

修剪头发是保持头发整洁、美观的重要途径。修剪头发时，应注意以下事项：

（1）修剪频率：头发应当定期修剪，尤其是短发。一般情况下，应每半个月左右修剪一次，最长不宜超过一个月。若需要参加重要典礼或宴会，则可临时修剪一次。

（2）修剪方式：修剪头发的方式具体可分为剪、染、焗、吹、烫等，所选择的修剪方式应当与自己的身份和活动场合相称，否则将有损个人形象。

（3）修剪长度：一般情况下，修剪头发时，男士应做到前发不遮眉、侧发不掩耳、后发不及领；女士应做到刘海勿遮脸、短发不过肩，若留长发，则应注意在重要场合将头发束起来或盘起来。

（三）发型的选择

发型对于美化仪容起着非常重要的作用。选择发型时应综合考虑发质、脸型、身材等多种因素，尽量做到和谐自然、美观大方。

1. 发质

发型应与发质相称。硬发质的人宜选择修剪整齐的发型，避免花样复杂的发型；绵发质（头发软而细，且弹性不大）的人宜选择波浪式发型；沙发质（头发干涩、蓬松）的人宜选择简短式发型；卷发质（即"自来卷"）的人宜遵从头发原有的特性塑造与脸相称型的发型。

2. 脸型

与脸型相辅相成的发型能够对脸型起到扬长避短的作用。一般而言，椭圆形脸适合任何发型；圆形脸适合头前部或顶部略微隆高、两侧略遮脸颊的不对称式发型；长形脸适合遮住前额、两颊部位适当蓬松的发型；方形脸适合遮住两颊、掩饰脸型棱角的发型；"甲"字形脸适合遮住前额、两颊及后部蓬松而饱满的波浪式发型；"由"字形脸适合顶部蓬松、露出前额、遮住两腮、下部头发略微肥厚的发型。

3. 身材

选择与身材相匹配的发型，能够遮盖体型缺点，展现和谐的整体美。一般而言，不同身材的人选择发型时应注意以下事项：

（1）身材高大者：宜选择显得大方、洒脱的发型（如短发）避免选择与高大身材形成鲜明对比的发型（如小烫卷）。

（2）身材高瘦者：宜选择略显丰盈的发型（如波浪式长发）避免选择突显"瘦长"特征的发型（如超级短发或盘高发髻）。

（3）身材矮小者：宜选择显得精致的发型（如短发或盘发）避免选择与矮小身材形成对比的发型（如长发或粗犷、蓬松的发型）。

（4）身材肥胖者：宜选择整体向上、两侧紧束的发型，避免选择增加肥胖错觉的发型（如波浪式长发或两侧蓬松的发型）。

此外，身体局部特征明显不协调者，可通过合适的发型来掩饰不足。例如，肩宽臀窄者，可选择披肩发或下部蓬松的发型，以发盖肩，可分散肩部宽大的视角；颈部细长者，可选择蓬松的长发扩展颈部视角；颈部粗短者，可选择中长发，以分散颈部注意力。

三、肢体修饰

（一）上肢的修饰

在高速铁路客运服务的过程中，上肢是使用频率较高的部位，人们通常需要上肢来传递信息。手部通常被视为每一名服务人员所拥有的"第二张名片"，因此，手部的清洁和保养更为重要。

1. 手部的保养

手部应经常进行清洁，并做好保养与滋润，确保无泥垢、无污痕、无烟迹、无其他色彩，手部不干裂、不掉皮、无冻疮。在工作岗位上双手不得乱用，如掏耳朵、抠鼻孔、剔牙齿、搔头发、抓痒痒、脱鞋袜，或是双手乱摸、乱捡地上的物品。

2. 手部的妆饰

服务人员在修饰手臂时需要特别重视以下几个问题：不蓄长指甲，要求手指甲不宜长过指尖;保持指甲清洁卫生,指甲缝中不能留有污垢;不涂彩色指甲油;不在手臂上刺青;腋毛不能外露。

(二)下肢的修饰

下肢包括腿部和脚部,虽然不属于被关注的重点部位,但也是仪容的重要组成部分,若修饰不当也将使一个人的整体形象大打折扣。

1. 脚部

高速铁路客运服务人员一般不允许光脚穿鞋子,也不允许穿使脚部过于暴露的拖鞋或凉鞋,而应根据岗位需要选择前不露脚趾后不露脚跟的皮鞋,尽量做到鞋子与制服的款式和风格相协调。平时注意保持脚清洁卫生,每天洗脚,勤于修剪脚指甲,保证脚部无异味。

2. 腿部

高速铁路客运服务的过程中是不允许服务人员暴露腿部,一般应穿长裤,女性服务人员可以穿不过于暴露的裙子,并穿丝袜,如果女性的腿部汗毛过于浓密应使用脱毛产品。

● 知识链接

卸妆小知识

女性在学会化妆的同时,应适当了解一些卸妆知识。科学的卸妆有利于保养面部肌肤,以及保证日后的上妆效果。下面将简单介绍几种常用的卸妆产品和工具、卸妆顺序和卸妆方法。

(1)卸妆产品和工具

卸妆产品主要有清洁霜和卸妆油。清洁霜主要用于面部粉质化妆品(如粉底、隔离霜、防晒霜等)的卸妆,卸妆液主要用于眼部和唇部的卸妆。卸妆工具主要有棉签、化妆棉、卸妆油等。

(2)卸妆顺序

一般而言,卸妆应先局部后整体,其具体顺序为"睫毛—眼线—眼影—眉毛—嘴唇—面部"。

(3)卸妆方法

眼部卸妆:为眼部卸妆时,应着重清洗睫毛膏和眼线。若睫毛膏或眼线不具防水性，则可用化妆棉取适量卸妆油涂于眼皮和睫毛上，然后按照眼皮纹理和睫毛生长方向擦拭干净即可；若睫毛膏或眼线具有防水性，则可先用剪成条状的化妆棉蘸取少许卸妆油贴于眼皮和睫毛上，待眼妆充分溶解后，再按上述方法清理干净即可。

唇部卸妆：为唇部卸妆时，可用化妆棉取少许卸妆油轻敷双唇数秒，待口红或唇彩溶解后，先横向擦拭唇部，再由嘴唇两侧向中间擦拭嘴角。擦拭干净后，应使用润唇膏或保湿化妆水滋润唇部，以免唇纹加深。

面部卸妆：面部卸妆应尽量按照所使用化妆品的说明书进行。通常，面部卸妆的基本方法如下：用化妆棉取适量的清洁霜均匀地涂于面部和颈部，然后用指腹螺旋式地轻柔脸颊、额头、鼻翼、颈脖等部位，待面部污垢与清洁霜完全融合后将其一一用卸妆棉擦拭干净。

实训　职业淡妆的技法训练

1. 实训目标
通过实训，使学生掌握职业淡妆的基本技法和操作步骤。

2. 实训内容
学生根据面部修饰的具体要求，进行洁面、涂爽肤水、涂护肤品、涂隔离霜、涂粉底液、画眉型、画眼线、涂眼影、涂睫毛膏、抹腮红、涂唇彩，两人一组进行分组练习，学生相互纠正，老师进行点评和示范。

3. 实训步骤及要求
（1）实训前对场地、实训用品及自身仪容仪表的准备工作。

（2）由老师进行职业淡妆的基本技法和操作步骤。

（3）学生以两人一小组的形式进行分组训练，相互对本组成员进行检查、点评，查找不足，再由教师做点评。

第二节 高铁服饰礼仪

> **引 例**
>
> 小欧刚刚参加工作,在一家公司做销售代理。一个月以来,他通过各种努力,终于找到一家对他所在公司感兴趣的大公司,这家大公司同意与小欧面谈合作事宜。小欧对这次的面谈十分重视,特意穿上新买的笔挺的浅色西装,打了一条花格领带,配上黑色的皮鞋与白色的尼龙袜,还整理了一下头发。因为昨天没洗澡,所以小欧给自己喷上了浓烈的香水。小欧把一些文件放进了一个蓝色的公文包,准备带去面谈,公文包上还挂着女朋友送的玉坠。临行前为了给自己壮胆,他还喝了点烈酒。一番准备后,小欧来到了这家公司。结果,这家公司的代表看到小欧后就匆匆结束了面谈,并且告之不同意合作事宜,小欧一头雾水地扫兴而归。在社交活动中,人们常常通过一个人的着装来判断一个人的品位、地位和涵养。一个穿着得体的人,往往能够赢得交际对象的信任和好感。可见,要想获得较高的社交地位并获得较好的社交效果,首先应掌握着装的礼仪规范。

服饰是人形体的外延,包括衣、裤、帽、鞋、包等各类服饰综合运用修饰人的形体,它们共同起着遮体御寒,美化人体外形的作用。天生容貌秀丽、胖瘦适宜、高矮适当、线条优美的人并不多。对于大多数的人来说,可以通过着装、配饰来掩饰不足,扬长避短,创造视觉的美感。尤其是作为服务行业的高速铁路客运工作人员,在着装修饰方面已经不仅仅是美化自身,更多的是通过着装来展示职业风度和组织形象。

一、高速铁路客运服务人员制服穿着礼仪

为了统一形象，便于旅客更好地识别，铁路总公司已经为高速铁路客运服务人员统一定制了服装。这种制服也为塑造工作人员良好的岗位形象，打造高速铁路客运服务和谐、统一的整体氛围。所以，作为高速铁路客运服务人员应按照公司规定穿着制服。

（一）制服穿着的基本要求

1. 清洁

随时保持自己的制服干净整洁，注意衣裤无污垢、油渍，特别是领口、袖口尤其要保持干净，并注意整体不会有异味。

2. 整齐

所领制服要合身即做到"四长"和"四围"。所谓"四长"是指袖长至手腕，衣长至虎口，裤长至脚面，裙长至膝盖；"四围"即领围以一指大小为宜，上衣的胸围腰围及裤裙的臀围以穿一套羊毛裤的松紧为宜；内衣不能外露；不漏扣或掉扣；领带、领结和衬衫口吻合要紧凑且不系歪。

3. 挺括

要求整体衣裤不起皱，上衣、裙装平整，裤线笔挺。挺括的着装既美观，又能衬托出高速铁路客运服务人员的风度和气质。

4. 规范

制服的穿着要根据铁路公司的样式要求穿着，不应别出心裁，自己随意搭配甚至"再加工"，也不要任意改变穿着的要求卷挽袖口、裤腿。制服口袋内不可放置过多的物品，导致制服变形，影响穿着效果。笔和其他文具类用品都不可插在西服外面的口袋内。工牌必须工整地佩戴在制服的左上方。

（二）制服的鞋袜搭配

工鞋和袜子是制服的重要组成部分，必须规范穿着才能衬托出制服整体协调的美感。

男士的应选择系带的黑色皮鞋，不能选择亮色或款式花哨的皮鞋。配深色（如黑色、深蓝色、藏青色）棉质针织长筒袜，不可穿丝质袜或低帮短袜，也不可穿浅色、亮色或花色袜子，以彰显男士的阳刚之气。女士选择黑色半高跟船式皮鞋，款式简洁、无带无花色，根据裤装配肉色短丝袜，裙装为肉

色连裤丝袜，无花纹图案。

皮鞋要经常清洁保养，若有出现破损应及时修补或更换新鞋，不能穿破损的鞋子上岗。特别注意袜子要经常换洗，不能发出异味。

二、男士正装礼仪

西装是一种国际性服装，其造型优美、典雅，能使着装者显得风度翩翩、魅力十足。男士在任何社交场合，都可以身着西装。西装"一半在做，一半在穿"，要想充分发挥西装的魅力，就必须在西装的选择和搭配上下一番功夫。

（一）西装的选择

一般而言，西装的选择应注意以下几个方面。

1. 面料

西装的面料应当力求高档。纯羊毛及高比例羊毛化纤混纺等毛料是西装面料的首选。用这些高档毛料制作的西服，外观挺括、质地滑爽，光泽柔和自然。

2. 颜色

西装的颜色宜为深色调的单色。在日常社交场合，一般选用藏蓝色或深灰色西装，在极其庄严、肃穆的场合选用黑色西装。

3. 款式

款式是指服装的样式。按照纽扣数量的排列划分，西装款式可分为单排扣式和双排扣式。这两种款式的西装因上衣纽扣数的不同而各自呈现出不同的风格：

（1）单排扣西装：分为一粒扣西装、两粒扣西装和三粒扣西装。其中，一粒扣西装和三粒扣西装比较时髦，而两粒扣西装更为传统。

（2）双排扣西装：分为两粒扣西装、四粒扣西装和六粒扣西装。其中，两粒扣西装和六粒扣西装较为流行，而四粒扣西装较为正统。在社交场合，男士通常可穿单排两粒扣式西装和双排六粒扣式西装，也可根据具体场合选择其他款式。

按照件数划分，西装款式可分为两件套和三件套。两件套即上衣和裤子；三件套即上衣、马甲和裤子。按照传统观点，三件套西装比两件套西装更为正规。在比较正式的社交场合，一般应穿三件套西装。

4. 尺寸

西装必须合身。西装过大或过小、过肥或过瘦，都有损个人形象。因此，男士在选择西装时，一定要量体裁衣、认真试穿。一般情况下，西装衣长应刚好盖过臀部，衣服垫肩应与人体肩膀吻合，衣袖长达腕部，抬放手臂时衣服不会出现皱褶或紧绷感，衣服腰围比人体腰部稍宽（扣上纽扣后，能贴腰平插入一只手），裤长刚好到鞋跟与鞋帮的接缝处，符合以上条件则视为合身。

5. 做工

西装的做工必须精良。在挑选西装时，应仔细检查其做工。具体而言，做工精良的西装具有以下特点：①外观平整；②面料拼接自然；③缝线平直，针脚均匀。

（二）西装的搭配

西装必须与衬衫、领带、皮带、鞋袜等其他衣饰精心搭配，才能呈现出其应有的韵味和魅力。男士在穿西装时，应熟悉西装与其他衣饰的搭配技巧。

1. 衬衫

衬衫一般应为硬领式的正装衬衫，其面料应选用精纺的纯棉、纯毛制品或棉涤混纺，其颜色宜为单色，且应与西装颜色相匹配。一般而言，衬衫的颜色可为白色、蓝色、灰色、棕色与黑色，其中白色为首选。

穿正装衬衫与西装搭配时，应注意以下事项。

（1）大小合适：衬衫衣领与胸围的松紧应适度，不可过于宽松，也不可过于收紧，以免影响到西装与身体的贴合程度。

（2）衣领偏高：衬衫的衣领应比西装的领口高出 1~2 厘米，以衬托西装。

（3）袖长适度：衬衫的袖长应比西装的衣袖长 1~2 厘米，这样既可以避免西装的袖口受到过多的磨损，还可以衬托西装的美。

（4）衣扣扣好：系领带时，衬衫的衣扣都必须扣好，特别是领扣；不系领带时，可解开领扣。此外，若衬衫的衣袖为双层袖口，则可在袖口上佩戴装饰性袖扣，为自己增添高贵、优雅的风度。但若衬衫的衣袖为单层袖口，则不必佩戴袖扣。

（三）穿西装的注意事项

男士在穿着西装时，应当特别注意以下几个方面的问题。

（1）拆除商标。穿西装之前，应拆除西装袖口上的商标和纯羊毛标志等。

（2）熨烫平整。穿西装之前，应将西装烫得平整挺括、线条笔直，切勿使其皱皱巴巴。

（3）扣好纽扣。穿单排两粒扣式的西装时，讲究"扣上不扣下"，即只扣上边的那粒纽扣；穿单排三粒扣式的西装时，要么只扣中间那粒纽扣，要么扣上面的两粒纽扣；穿双排扣式西装时，所有的纽扣都应扣上。

（4）不挽不卷。切忌将西装的衣袖挽上去，或将西装裤管卷起来，更不可当众脱下西装上衣后将其披在肩上。

（5）慎穿毛衫。西装上衣之内、衬衫之外最好不要再穿羊毛衫，但在天气寒冷难耐时可以穿一件薄型"V"领的单色羊毛衫。

（6）少装东西。西装的口袋里一定要少装东西。西装不同位置的口袋装放物品的原则如下：

西装上衣：外侧胸袋只可插入一块用以装饰的真丝手帕，内侧胸袋用来别钢笔、放名片夹或钱夹（不可过大或过厚），下侧口袋原则上不装任何东西。

西装裤子：两侧的口袋只能够放纸巾、钥匙包、手机等小件物品，后侧的口袋不要装任何东西。

（7）遵循三色原则。西装、衬衫、领带、皮带与鞋袜的颜色应相协调，且应遵循整体不超过三色的原则，相近的颜色可当作一色处理。

三、女士正式着装

套装（即西装配长裤）与套裙（即西装配半身裙）具有大方、简洁、素雅的特点，能让女性显得成熟、稳重，通常适合于比较正式、严肃的社交场合（如工作场合等）。女士在穿套装或套裙时，必须在选择与搭配上下一番功夫，以便充分发挥服装的魅力。

（一）套装、套裙的选择

一般而言，套装、套裙的选择应注意以下几个方面。

1. 面料

具有匀称、平整、光洁、悬垂、挺括、不起皱、不起毛、不起球的特征的面料，都可作为套装、套裙面料。最佳面料是纯天然质地的高档毛料或亚麻。需要注意的是，整套服装的面料必须一致。

2. 颜色

女士可根据自己的肤色选择套装、套裙的颜色。通常，各种凝重的颜色（如藏青、炭黑、烟灰、茶褐、土黄、棕色等）为最佳选择。其中，上衣和裤子或裙子的颜色应尽量保持一致；若不一致，则应协调搭配两种颜色，使其能增添着装者的魅力。

3. 点缀

套装、套裙上可存在一些点缀，如图案、装饰扣、包边等，但点缀宜少不宜多、宜精不宜糙、宜简不宜繁，以免过于抢眼而破坏了服装的美化作用。

4. 款式

套装、套裙的款式变化相对较多。套装的款式主要体现在上衣的衣领、袋盖、衣襟、衣扣、衣摆和袖口等方面，套裙的款式除了体现在上衣的诸多方面以外，还体现在半身裙的开衩、收边等方面。例如，套裙上衣的衣领样式可为圆状领、"V"字领等；半身裙可为一步裙、筒式裙、开叉裙、喇叭裙等。女士可根据个人气质、脸型、体型、活动场合等因素选择合适的款式。

5. 尺寸

套装、套裙必须合身，过大或过小、过肥或过瘦的服装都会损害个人形象。其中，半身裙的长度最长宜到达小腿中部，最短以坐下时裙子向上缩离膝盖不超过10厘米为宜。

（二）**套装或套裙的搭配**

女士穿套装或套裙时，应注意其与衬衫、鞋袜、皮包的搭配。

1. 衬衫

衬衫的面料通常应以丝绸、涤棉、麻纱等为主；颜色应与套装、套裙的颜色相协调，白色、米色、粉红色等浅色系颜色均可；款式应当简洁，通常不应具有过多的花边、皱褶，以及夸张的图案。

女士穿着衬衫与套装、套裙搭配时，应当注意以下事项。

下摆放好：衬衫下摆必须掖入下装之内，而不能悬垂在外或在腰间打结。

纽扣扣好：除最上端的一粒纽扣以外，其他纽扣必须一一系好，不得随意解开。

切勿外穿：衬衫不宜直接外穿，身穿贴身而稍显透明的衬衫时应特别注意这一点。

2. 鞋袜

女士在穿套装、套裙时，一定要应当注意鞋、袜、皮包的选择和搭配。

（1）鞋子：面料宜为牛皮或羊皮制品；颜色宜为单色，一般应深于套装、套裙的颜色；款式宜为无带无襻的高跟或半高跟鞋，且鞋跟不宜太细；鞋面应上油擦亮，不留灰尘和污渍。

（2）袜子：面料宜为尼龙丝或羊毛制品；搭配裙装的袜子款式应为高统型和连裤型，而不能为中统型和低统型，以免袜口露出裙子下摆，显出"三截腿"；颜色宜为米色。此外，穿丝袜时，若袜子出现破损或挑丝，则应立即更换，但切勿当众整理袜子。

四、配饰礼仪

适度的饰物佩戴可以提升人的气质，增强着装的整体美感，达到"锦上添花"的效果。高速铁路客运服务人员佩戴饰品一般应遵循以下原则。

（一）以少为佳

作为高速铁路客运服务人员在佩戴饰品时要以不妨碍工作为前提，与此同时衬托优雅端庄的个人气质，起到画龙点睛的作用。佩戴饰品时，在数量上应以少为佳，一般佩戴两件即可，最多不应超过三件，千万不为了处处点睛，佩戴过多饰品，那样既有炫耀之嫌，又累赘地降低了个人的品位。

（二）同质同色

当佩戴了两件以上的饰品时，要选择质地相同，颜色一致的饰物，在样式上简洁大方，造型优美，做工细致，制服中搭配的饰品中不以织物绳类的做串搭物（如用红绳挂玉戴在脖子上，用红绳穿珠子或铜钱在手腕或脚踝处），大多以金属链条做串搭物（如白金项链配白金吊坠）

（三）协调搭配

饰品是服装整体上的一个环节，佩戴饰品时应注意饰品与服装的颜色、质地、款式和风格的相协调，否则就会显得格格不入，影响服饰的整体美感。

（四）扬长避短

要根据自己的体型特征选择，注意发挥自己的优点，掩盖自身的缺陷和不足，努力使饰品的佩戴为自己增添光彩。

（五）符合身份

佩戴饰品时不仅要照顾个人的爱好，更应该与个人的身份相符合，如年龄、性别、职业和工作环境等。

五、香水的使用

因在客运服务过程中会接触很多旅客，有些旅客对香水会产生过敏反应，所以在高速铁路客运服务过程中不可使用香水。但在一般的社交场合，无论男士还是女士，适当地喷洒一点香水，可为增添迷人风采。

（一）香水的选择规则

香水的种类非常多，根据香精含量的高低，香水可分为浓香型、清香型、淡香型和微香型。一般而言，社交人士选择香水应遵循以下规则：

（1）在办公室、会议室、车厢等相对封闭的空间，宜选择淡香型香水，而不宜选用气味浓郁的香水，以免四处散发的香气分散他人的注意力，影响他人情绪。

（2）在餐厅，宜选择淡香型或微香型香水，并将香水涂抹在腰部以下，以免影响他人的食欲。

（3）在晚宴上，可选择浓香型香水，以增添个人魅力。

（4）在非封闭的一般交际场合，宜选择清香型香水。

（5）探病或就诊时，宜选择微香型香水或不使用香水，以免影响病人或医生。

（二）使用香水的注意事项

社交人士在使用香水时，通常应当注意以下事项：

（1）宜用"点"（滴几滴）的方式使用浓香型香水，用"线"（抹数滴）的方式使用清香型香水，用"面"（喷洒）的方式使用淡香型和微香型香水。

（2）一般而言，浓香型香水可以擦于脉搏跳动处，如耳后、手腕内侧、膝后等；清香型、淡香型和微香型香水可以自由地涂抹或喷洒在脉搏跳动处、干净的头发（切勿有尘垢或油脂）上、衣服里、裙摆两边等。

（3）不可直接将香水洒在棉质、丝质面料的衣服上，以免香水在上面留下痕迹。同时，也不可直接将香水洒在皮毛面料上，以免香水损害皮毛或改变皮毛的颜色。

> ● 知识链接

女士礼服

女士礼服又有中式女礼服和西式女礼服之分。

1. 中式女礼服

中式女礼服主要是指旗袍。旗袍是由清朝八旗妇女所穿的长袍演变而来的，具有许多种不同的款式和花色，通常用绸缎面料制成并有刺绣或花纹。其主要特色通常为高领、贴身、衣长过膝、两旁开叉、斜式开襟、曲线造型流畅等能贴切、自然地勾勒出东方女性身材的柔婉之美。在正式晚宴等场合，旗袍的开衩不宜太高，长度应长至脚面，并应配以高跟鞋或制作考究的绣花鞋；在半正式场合和休闲场合，则还可配以披肩围巾、开襟毛衣。

2. 西式女礼服

西式女礼服主要包括小晚礼服和大晚礼服，小晚礼服又称小礼服，是一种质地高档、色彩相对单一的露背式连衣裙。其裙长一般及膝盖上下5厘米，衣袖有长有短，可搭配长短适当的手套或款式简洁、流畅的其他服饰，主要适用于日间或晚间举行的宴会、音乐会或仪式、典礼等场合。

大晚礼服又称大礼服，是一种低胸式的单色无袖连衣裙。其面料高档、垂感好，裙长及脚背或拖地，常配以同色系的帽子、薄纱长手套及其他饰物，可塑造典雅华贵的造型，凸显女性风韵。大晚礼服主要适用于晚间举行的各种正式的活动，如官方举行的正式宴会、酒会、正式的大型交际舞会等。

实训1　男士打领带训练

1. 实训目标

通过实训，使学生掌握两种打领带的基本技法。

2. 实训内容

将学生两人一组进行平结和温莎结的两种领带打法练习，学生相互纠正，老师进行示范和点评。

3. 实训步骤及要求

（1）实训前对场地、实训用品及自身仪容仪表的准备工作。

（2）由老师示范及讲解平结和温莎结的基本技法和操作步骤。

（3）学生以两人一小组的形式进行分组训练，相互对本组成员进行检查、点评，查找不足，再由教师做点评。

实训2　女生系围巾训练

1. 实训目标

通过实训，使学生掌握职业淡妆的基本技法和操作步骤。

2. 实训内容

将学生两人一组进行小平结、蔷薇花结、金鱼结三种丝巾打法练习，学生相互纠正，老师进行示范和点评。

3. 实训步骤及要求

（1）实训前对场地、实训用品及自身仪容仪表的准备工作。

（2）由老师示范及讲解平结和温莎结的基本技法和操作步骤。

（3）学生以两人一小组的形式进行分组训练，相互对本组成员进行检查、点评，查找不足，再由教师做点评。

第三节　高铁仪态礼仪

● 引　例

尹邢避面是一个中国成语，成语故事是源于汉武帝时期，汉武帝有两个非常美貌的妃子，一个叫尹婕妤，另一个叫邢婧娥。相传邢婧娥长得更美好。她们两个互相比美，但是，却没有见过面，都觉得自己是最美好的，汉武帝知道她们的心思以后，就给她们创造了一次见面的机会。可是，一见

> 面她们却都同时感到自己有不如对方的地方，于是，她们发誓以后不再见面。一个人的外表容貌和行为举止其实不仅仅体现是否美观，更重要的是能够体现个人的道德修养，文化水平，职业态度。现在我们回想给自己留下深刻印象的服务是不是都与服务者本身有密切关系。每当想起酒店的服务人员，高铁和空中的乘务人员时，脑中总会浮现出他们优雅得体的行为举止。

仪态是指人的身体在行为中所展现出来的各种姿势，主要包括站姿、坐姿、走姿、蹲姿、手势、表情等。仪态礼仪是指服务人员在服务过程中行为举止所应遵循的原则和规范。

一、站姿礼仪

站姿是人的最基本仪态，站立姿态应该端正、自然、亲切、稳重。塑造大方的高铁乘务形象，站立是最常用的一种姿态，但站得挺拔且有职业气质却不容易，需要经过训练和练习，才能体现良好的职业形象。

（一）站姿的基本要求

头正：目光平视，颈部挺直，下颌微收。

肩平：双肩舒展、放平，自然放松，稍向后下方下沉。

臂垂：双臂放松，自然下垂于身体两侧，手指并拢、自然弯曲。

挺胸：后背挺直，胸部直挺舒展。

收腹：应收腹部，腰部挺直，保持肋骨上升的姿势，自然呼吸。

提臀：臀部肌肉向内、向上收紧，使臀部有结实感。

腿直：双腿挺直，双膝紧贴，腿部肌肉向内收紧，身体重量平均分布于两脚，重心不能落在脚尖或者脚跟的任何一边上。如图3-3-1、图3-3-2所示。

　　　　　　　　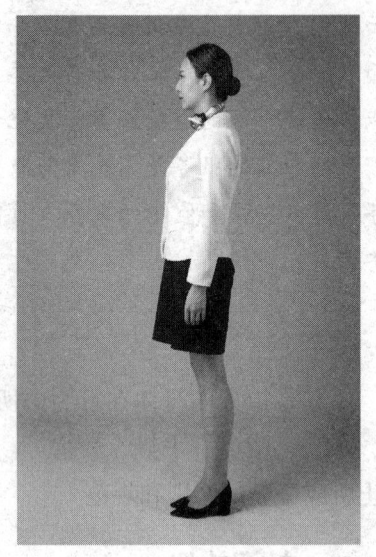

　　　　图 3-3-1　　　　　　　　　　　　图 3-3-2

练习方法：

将身体靠墙壁站立，让后脑勺、脊背、臀部、小腿和脚后跟成一条直线，后脑勺靠墙，下颌微微收回，把双腿绷直尽力贴靠在墙壁上。脚后跟抵住墙壁，可以尝试把手掌塞在腰和墙之间，如果刚好塞进去就是非常合适的站姿；如果塞进去空隙太大，可把手一直放在背后，然后屈腿慢慢蹲下，直到腰与墙之间的空隙刚好可以放一只手，就站直，寻找站立时挺拔的感觉。

（二）女士站姿

服务人员在工作场合的站姿可以传达很多信息，比如工作的专业性、敬业意识，职业素养和专业操守。这些有时通过一个站姿就能体现出来。女士的站姿要柔美，以体现女性娴静、优雅的韵味。

1. 服务站姿

自然挺拔站立，双臂自然下垂，双手虎口相交叠放于身前（小腹的位置），右手在上左手在下，手掌尽量舒展，两手服帖成自然地弧度，不能僵硬地重叠在一起，那样看上去会很做作、刻意，手指伸直但不要外翘，这样的站姿会传达一种有专业素养的感觉（见图 3-3-3）。

第二章 / 个人形象礼仪

图 3-3-3

2. 礼宾站姿

自然挺拔站立，将双臂自然下垂，双手虎口相交叠放于腰际，右手在上左手在下，拇指可以顶到肚脐处，手掌尽量舒展，两手服帖成自然地弧度，让别人可以看到女性修长纤细的手指，不要僵硬地重叠在一起，手指伸直但不要外翘，这样能够体现出职业特点，又能够恰到好处地表现女性的优美（见图3-3-4）。

图 3-3-4

3. 交流站姿

自然挺拔站立，挺直的脊背总是会彰显女性的优美身材和端庄的气质，然后右手轻握左手放在腰际，手指可自然弯曲，这样的站姿看上去比较轻松自然，但又不过分随意（见图3-3-5）。

当然女士的站姿不止手部位置有变化，脚的姿势也可以变化。如："八字步""丁字步"。

（三）男士站姿

1. 服务站姿

两脚跟相靠，脚尖展开45~60度角，身体重心主要支撑于脚掌，两腿并拢直立，腿部肌肉收紧，大腿内侧夹紧，髋部上提。脊柱、后背挺直，胸略向前上方提起。两肩放松下沉，脖颈挺直，双目平视前方（见图3-3-6）。

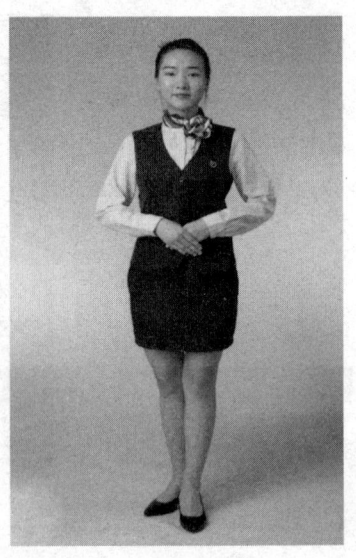

图 3-3-5

图 3-3-6

2. 交流站姿

双手交叉握于腹前,右手握住左手,两腿自然分开,两脚距离约半步(20厘米左右),身体重心落于两脚之间,脚部疲惫时可让重心在两脚上轮换。这种站姿显得郑重而略显自由,常适用于一般社交场合(见图3-3-7)。

3. 礼宾站姿

双脚平行不超过肩宽,腿部肌肉收紧,大腿内侧夹紧,髋部上提。脊柱、后背挺直,胸略向前上方提起。双手交叉置于背后,右手自然贴于背部并握住左手腕,两腿自然分开,两脚距离不超过肩宽,两脚尖呈V形或平行步(见图3-3-8)。这种站姿略带威严,常适用于较为正式、严肃的迎送场合。

图 3-3-7

图 3-3-8

二、坐姿礼仪

坐姿是人入座、在座、离座时的姿态。在社交场合,无论是男士还是女士,服务人员的坐姿都应给人大方、端庄、自然、稳重的感觉,使客户产生被尊敬的感觉(见图3-3-9)。

(一)坐姿的基本要求

平缓入座:步至座前,转身缓坐,切忌沉重落座。

椅面不满：入座时，宜坐椅面的2/3，不宜将椅面坐满。

头部端正：双目平视，下颌微收，颈部挺直，保持端正。

躯干平直：双肩放平、下沉，腰背挺直，胸部上挺，腹部微收，臀部略向后翘，上身略向前倾。

四肢摆好：双臂自然弯曲，双手放于腿上，女士应双膝并拢，男士可双膝微开，双腿自然弯曲，双脚平落地面。

平稳离座：右脚后收半步，找支撑点，平稳起立，离开座位，切忌猛起、哈腰或左右摇摆。

图 3-3-9

知识链接

五四三优雅坐姿

五准备：

站在椅子的左前方。

（1）右脚横跨一小步到椅子中间位置。

（2）左腿和右腿并拢。

（3）右脚后退，确定椅子的位置。

（4）身体右前倾，右边手背抚裙入座。

（5）调整坐姿，挺胸立腰，双手放在双腿上。

四检查：

（1）前看两脚尖是否在一条直线。

（2）左侧检查大腿和小腿呈90度。

（3）右侧检查双脚完全并拢。

（4）右后方检查椅子是否坐在2/3处。

三起身:
(1) 右脚后退。
(2) 起身。
(3) 右脚和左脚并拢。
以上内容男士与女士的不同之处主要有两点:少了抚裙,跨远一点。

(二) 女士的坐姿

女士在坐着的时候要膝盖并拢,永远都不能分开双腿,因为这体现着女性的修养。

1. 正位坐姿 (标准坐姿)

适合大多数场合,上身与大腿、大腿与小腿、小腿与地面均成90度,双腿并拢,双膝紧贴,双脚并排靠拢,双手虎口相交置于双腿上(见图3-3-10、图3-3-11)。

图 3-3-10

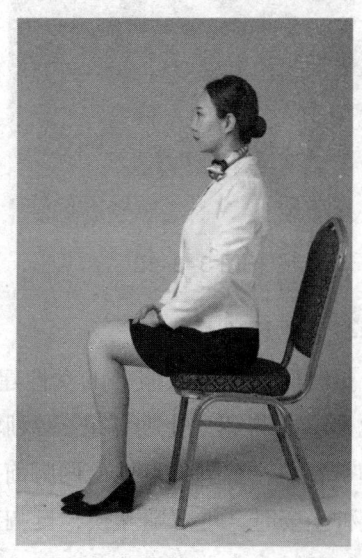

图 3-3-11

2. 双腿斜放式坐姿

上身端正,双膝紧贴,两小腿并拢平移至身体一侧,与地面约呈45度。

双脚平放或点地，双手虎口相交轻握放在腿上，如图3-3-12所示。

3. 双腿交叉式坐姿

双腿交叉式坐姿是一种既舒服又漂亮的坐姿。上身端正，双膝紧贴，双脚在踝关节处交叉后略向身体一侧斜放，一脚着地，另一脚点地。双手虎口相交轻握放在腿上。采用这种坐姿时，也可将双脚交叉略向后屈。这种坐姿适用于工作场合，如与客户或领导交谈时，采用双腿交叉式坐姿既不会太累又端庄自然，如图3-3-13所示。

图3-3-12

图3-3-13

4. 前伸后屈式坐姿

长时间采用坐式服务的女性建议采用这种坐姿，因为这种坐姿长时间保持也不会觉得累。上身端正，双膝紧贴，左小腿与地面垂直，右小腿屈回，左脚掌着地，右脚尖点地，两脚前后位于同一直线上，如图3-3-14所示。采用这种坐姿时，可双腿互换，挺胸直腰，面带微笑。

5. 双腿重叠式坐姿

重叠式坐姿是最能体现女性腿部完美曲线的一种坐姿，尤其是坐在矮沙发上更是十分漂亮且具有性感的味道。上身端正，两小腿平移至身体右侧，与地面约呈45°，左腿重叠于右腿之上，左脚挂于右脚踝关节处，脚尖向下，右脚掌地；也可以交换两腿的上下位置，将右腿重叠于左腿之上，将两小腿移至身体左侧，如图 3-3-15 所示。

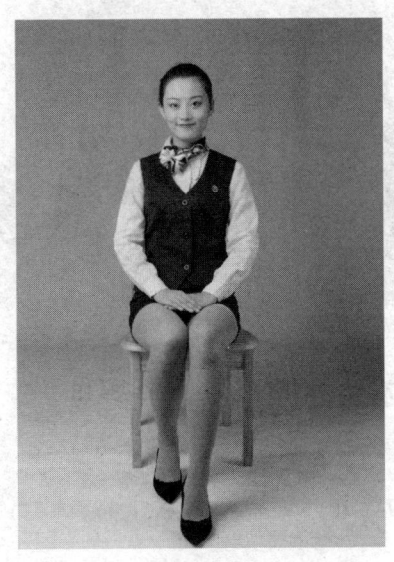

图 3-3-14

图 3-3-15

（三）男士的坐姿

1. 正位坐姿

上身端正，与大腿垂直，双膝、双脚完全并拢，双手掌心向下分别放在两大腿上，表现出男性的自信，如图 3-3-16 所示。

2. 重叠式坐姿

重叠式坐姿即在正位坐姿的基础上，将右腿抬起放在左腿上，上身保持端正，双腿上鞋交叠，左小腿垂直于地面，右小腿向里收，右脚尖向下倾，双手放在架起的腿上。采用这种坐姿时，交叠的双腿可以互换位置，男士不可将双腿叉得过开，或将双腿过分伸张，或一腿弯曲、一腿伸直呈现"4"，如图 3-3-17 所示。

3. 交叉式坐姿

上身端正，与大腿垂直，双脚在踝关节处交叉，略向前伸或略向后屈回，双手自然放于腿上，如图 3-3-18 所示。

图 3-3-16

图 3-3-17

图 3-3-18

（四）坐姿礼仪

（1）坐椅子的 2/3 处能够体现对客户的尊重。

（2）坐着的时候不能有太多的小动作。

（3）掌握入座规则"左进左出"。

> **● 知识链接**
>
> 坐姿腿部姿态训练
>
> （1）双手轻握转体，一侧一个八拍，共八个八拍。
>
> （2）手指轻握放于胸前上半身转体，右手在前即抓左边，共八个八拍。
>
> （3）前伸后屈腿部力量练习，叉腰，左右脚交替，每次一个八拍，共八个八拍。
>
> （4）半脚尖站立：一拍起，八拍落，共八个八拍。

三、走姿礼仪

走姿是人在行走过程中所形成的姿态。正确、优美的走姿能够反映出充满活力的精神状态，给人以美的享受。

（一）走姿动作要领

步态端正：头正颈直，挺胸收腹，双肩放平、下沉，双目平视，双臂自然下垂地前后摆动。行走时身体重心略向前倾，重心落在行进前边的脚掌，腹部和臀部要向内提，由大腿带动小腿向前迈进，脚跟先接触地面，脚跟着地后将身体重心立刻前移至前脚掌，在行进中使身体的重心不断前移，而不能把重心不断地后坠在脚跟上。

步位平直：男士的行走轨迹应为两条平行线，女士的行走轨迹为一条直线。

步幅适中：即步行时双脚中间的距离应适中，男士的步幅一般约为40厘米，女士的步幅一般约为30厘米。如图3-3-19所示。

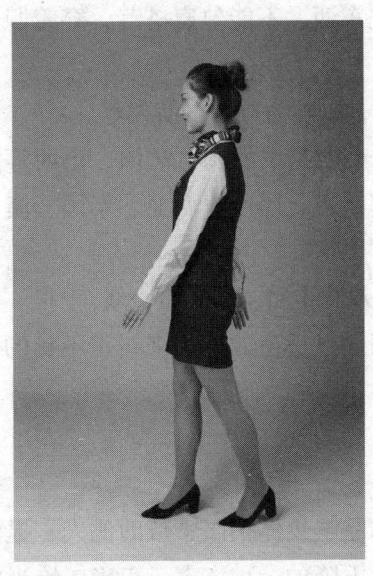

图 3-3-19

风格有别：男士应步伐矫健、稳重，展现阳刚之美，女士应步伐轻盈娴雅，展现阴柔之美。

（二）行走的训练方法

（1）要练习腰部力量。行走属于动态美，是全身协调性运动，在这其中腰部的控制力又是至关重要的。练习时双手固定于腰部，脚背绷直，踮脚正步行走。

（2）良好身姿还体现在背部。脊背是行进中最美妙的音符，练习脊背和脖颈的优雅。头顶上放一本书走路，保持脊背伸展和头正、颈直、目平，起步行走时，身体略前倾，身体的重心始终落于行进在前边的脚掌上，前边的脚落地，后边的脚离地的瞬间，膝盖要伸直，脚落下时再放松。

（3）要练习脚步，内八字和外八字绝对是不可取的。在地上画一条直线或利用地板的缝隙练习，两脚内缘的着力点力求落在直线两侧，通过不断的练习，保持好行走的轨迹和稳定性。

（4）要进行全身的协调性训练，使行走中身体的每一个部分都能呈现出律动之美。步伐矫健、轻盈，富有稳定的节奏感。

（二）行走礼仪

（1）行走时不能吃东西，不能勾肩搭背，穿着职业服装在工作场合时要规范自己的行为。

（2）两人一起行走，以右为尊，以前为尊。

（3）中国、美国、俄罗斯、德国、法国、巴西等国家是靠右行走，而英国、日本、印度、巴基斯坦、印度尼西亚、泰国、澳大利亚、新西兰等国家是靠左行走。

（4）女性不要叉开双腿走路，尽量走直线。

服务人员完全可以通过适当的训练来纠正不良的行走习惯，当然，首先是要注意遵循行走规则。

四、蹲姿礼仪

蹲姿是人在捡拾物品、集体拍照、帮助他人、提供服务等情况下所呈现的腿部弯曲、身体高度下降的一种姿态。正确、恰当的蹲姿能够体现良好的修养和风度，反之则会有损形象。

● 案　例

刘女士的宝宝已经8个月了，初为人母的她对孩子始终抱有殷切的期待，受到广告的诱惑，她也开始到处为孩子寻找合适的亲子班，她不想让孩子输在起跑线上。

当她接到一个亲子园的试听邀请后，便毫不犹豫地带着孩子去了。说是试听课,其实是一个宣讲和娱乐活动。她和宝宝到达的时候,已经有许多小朋友都到了,孩子们在垫子上快活地爬来爬去,而妈妈们则在疯狂地拍照。偶尔会有小孩子哭,渴了、饿了或是累了,都有可能哭泣,因为哭是他们唯一便捷的语言。其实,六七个月的孩子已经开始有些认生,但奇怪的是他们大多能够和老师们愉快相处,并且没有过多地表现出初去一个地方的烦躁和不安。也许是因为老师们热情的笑脸,也许是因为老师们亲切的语言,也许是因为老师们色彩鲜艳的服装,也许是因为活动室随处可见的卡通图案,反正孩子们爬得很开心很尽兴。

刘女士还发现这些亲子班的老师是在地垫上跪蹲着的,他们和孩子抛球或嬉闹,孩子的眼中就不再是一双双枯燥的大腿,而是一张张生动笑脸。他们目光相对,老师眼中的喜爱和关切孩子当然读得懂,所以,片刻的陌生感之后,他们很快就能投入到游玩当中。

刘女士的宝宝很快也爬到了垫子上,起初还有一点点陌生感,后来就开始抛球了,这让刘女士很开心,她立刻决定让孩子上这家亲子园。

很多时候人们之间的交往出现障碍,其实并非是原则问题或是有多么大的分歧,有时仅仅是因为采用的方式不当。我们抱怨现在的人际关系太复杂,交往成本太高,殊不知让彼此心存芥蒂或是产生误会的仅仅是一个手势或一句话,看似简单,却内藏玄机。

在工作场合,见到坐轮椅的人或是小朋友,如果能够蹲下和他们讲话,对他们而言这就是巨大的尊重,没有什么比获得重视更令人欣慰的了。如要是一些涉及对方尊严和颜面的语言,或是客户一些比较私密的信息,工作人员如果能俯下身讲给坐着的人听,这对他们就是一种体贴和关怀。

(一)蹲姿的基本要领

1.高低式蹲姿

职业人士在工作场合应该采取高低式蹲姿,这种姿势非常漂亮,而且最重要的是女性在穿裙子时采用这种蹲姿也会比较安全。具体动作:下蹲时左脚在前,右脚稍后,两脚平行,两腿靠紧向下蹲。左脚全脚着地,小腿基本垂直于地面,右脚脚跟提起,脚掌着地。右膝低于左膝,左膝内侧靠于左小腿内侧，形成左膝高右膝低的姿势，臀部向下。如图 3-3-20 所示。

图 3-3-20

直腰下蹲：上身端正，一只脚后撤半步，身体重心落在位于后侧的腿上，平缓屈腿，臀部下移，双膝一高一低。

直腰起立：蹲下取物或工作完毕后，挺直腰部，平稳起立、收步。

2. 交叉式蹲姿

下蹲时，左脚在前，脚掌完全着地，右脚在后，脚掌着地，脚跟提起。屈腿下蹲后，左小腿基本垂直于地面，右腿从左腿下方伸向左侧，两腿交叉重叠，合理支撑身体。腰背挺直、略向前倾，这种蹲姿的造型优美典雅，适用于女性。采用这种蹲姿时，可左、右腿互换姿势。如图 3-3-21 所示。

图 3-3-21

（二）蹲姿练习方法

蹲姿的练习方法是在站姿的基础上，右脚后退一小步，两腿靠紧下蹲，保持背挺直下蹲，左腿高右腿低，再将左手放在左腿上，右手拾取地上的物品，然后小腿和脚用力平稳起身。同样需拾取物品，如果物品在身体左侧，则在站姿的基础上，左脚后退一小步，两腿靠紧下蹲，保持脊背挺直下蹲，右腿高左腿低，再将右手放在右腿上，左手拾取地上的物品，然后小腿和脚用力平稳起身。

（三）蹲姿礼仪

（1）下蹲时，要目光先有所示意，千万不要唐突蹲下，令对方不知所措。"蹲"的过程是优雅职业行为的展示。

（2）如果是捡拾物品，就要站在需拿取物品的旁边，然后屈膝下蹲，物品在哪一侧就将哪一侧的腿放低，用这边的手去拾拿物品，另一侧的手放在同侧的膝盖上。但捡拿物品的时候不要低头弓背，下蹲的时候要保持身体重心，臀部不能向上翘起，否则极其不雅。

（3）下蹲时，应尽量侧身相向，切勿正面面对他人或背对他人。

（4）下蹲时，一定要避免"走光"，特别是女士。

（5）不可蹲在椅子上，也不可在公共场合蹲着休息。

五、手势礼仪

手势是肢体语言中最具表现力的一种肢体语言。手势的美是一种动态美，若做得适度，会给人以优雅、含蓄、彬彬有礼之感。

● **案　例**

意大利著名表演艺术家罗西，有一次在一个欢迎宴会上，来宾要求他念一段悲剧的台词。罗西说："演过的戏，台词多已忘记了。"宾客们却坚持请他随便念一段，罗西盛情难却，便站起来用意大利语念了一段。他音调凄凉悲切，动作内敛，听者都潸然落泪。尽管那些外宾听不懂意大利语，但显然被他脸上悲怆的表情、哀伤的肢体语汇所感染，再加上他那悲戚的语调听了让人心酸，因此很多人都为之动情落泪。只有一位意大利同行，忍不住到外面走廊里大笑起来。大家都很奇怪地去问他，才知道原来罗西念的不过是摆在桌上的一张菜单。尽管流畅纯熟的语言交流技巧很有必要，但有时肢体语汇、表情语汇等语言更具有打动人心的力量。而罗西打动大家的无疑是姿态和语调。所以，服务人员在工作中也应该借助无声的语言来辅助有声服务。

（一）手势的作用
（1）指示方向。
（2）沟通交流。
（3）提升形象。
（4）辅助语言表达。

（二）手势的分类
1. 横摆式（以左手为例）

左手五指并拢，手掌伸直，右手置于体侧，以肩关节为轴从体侧自下而上抬起，手心翻转向上，然后右前臂向身体左侧摆动，至稍前方停住，手掌与前臂在同一直线上，上身略向前倾，目视来宾，面带微笑（见图3-3-22）。

图3-3-22

2. 前摆式（引导）

五指并拢，手掌伸直，右手置于体侧，以肩关节为轴从体侧自下而上抬起，大臂和小臂成 100 度角，手掌斜切于 45 度，目视来宾，面带微笑。

另外有以下注意事项：

（1）常规的商务服务：身体不前倾。

（2）礼仪人员礼宾：采用礼宾站姿，身体前倾。

如何引导礼宾？

引导：引导人员在距被引导人员 0.5~1 米的左前方，传达以右为尊，以客为尊的理念，距离远近视人数而定。

称呼 + 邀请语言，如：您好，这边请；您好，请向右转；请小心台阶。采用前摆式，手臂待礼宾走两步再放下，当再次遇到转弯或障碍时再次摆出手势。

图 3-3-23

3. 横摆式（以右手为例）

五指并拢，手掌自然伸直，手心向上，开始做手势时应将右臂从腹部之前抬起，以肘为轴向一旁摆出到腰部，并与身体正面成 45 度角时停止。头部和上身微向伸出手的一侧倾斜。另一手自然下垂，手指伸直，注视宾客，面带微笑，表现出对宾客的尊重和欢迎。

另外要注意小臂平行于地面至身前摆向一侧，以肘关节为轴。

4. 直臂式

将左手自身前拿起，左手手指并拢，掌伸直，手臂至身前拿起打开，向指引的方向摆去，摆到肩的高度时停止，肘关节基本伸直。

5. 斜摆式

左手置于体侧，右手五指伸直、并拢，右臂向前抬起至腹前，然后以肘部为轴向右下方摆动，手心翻转向前，与地面呈45度角，手部、腕部、腰部在同一直线上时停止，上身略向前倾，目视对方，面带微笑。采用此手势时，也可左、右手互换姿势。此手势常适用于请宾客入座。如图3-3-24所示。

图 3-3-24

引导时需注意：

（1）上楼：走在客人的左下方。

（2）下楼：走在客人的左前方。

（3）进出电梯：无人操作时先进后出；有人操作时，后进后出。

（4）手推门：引导先进，站在门后。
（5）手拉门：客人先进。

（三）递接物品的手势

一般而言，递接物品时，应起身站立，用双手递送或接取物品，同时，上身略向前倾。若不方便双手并用，则可用右手递接，切忌单用左手进行；若递接双方距离过远，则应主动走近对方，双手递接。需要注意的是，递送带尖、带刃或其他易伤人的物品时，应将尖、刃指向自己，而"授人以柄"。如图 3-3-25 所示。

图 3-3-25

● 知识链接

手势在各国的不同含义

向上伸大拇指：在中国表示佩服、好、首领等；在日本表示男人、父亲；在说英语的国家多表示"OK"之意或打车之意；在希腊、俄罗斯或非洲西部则有"滚开"的意思。

向下伸大拇指：在中国表示鄙视、不好等；在英国和美国表示不同意；

在法国表示死了；在印尼、缅甸等地区表示失败。

向上伸食指：在中国表示数字"一"或请注意；在日本表示最优秀；在美国表示请稍等；在法国表示请求发言。

弯曲食指：在中国表示数字"九"；在日本表示小偷；在泰国、朝鲜表示钥匙；在印度表示心肠坏；在墨西哥表示金钱。

伸出中指：在很多国家均表示下流、鄙视、愤怒、恶劣等，是极度不雅的一种手势。

伸出小指：在中国表示渺小、看不起；在日本表示女人、小孩儿；在韩国表示女朋友；在缅甸、印度一带表示厕所。

"OK"手势：即大拇指与食指合成一个圆圈，其余三指自然伸张。在中国表示同意或表示数字"零""三"；在日本、韩国、缅甸表示金钱；在美国表示同意、顺利、成功；在法国和比利时表示一文不值、废物；在印尼表示傻瓜、无用、不成功；在巴西表示肛门，有"引诱女人"或"侮辱男人"之意。

实训　仪态礼仪训练

1. 实训目标

通过实训，使学生掌握站姿、坐姿、蹲姿、走姿和手势礼仪的动作要领。

2. 实训内容

学生根据站姿、坐姿、蹲姿、走姿和手势礼仪的动作要点，分组进行练习，学生相互纠正，老师进行点评和示范。

3. 实训要求

（1）站姿、坐姿、蹲姿等礼仪训练每次不少于15~20分钟，并配以适当的音乐进行，以减少疲劳感。

（2）变换不同的站姿、坐姿、蹲姿进行训练，并通过深呼吸练习帮助提气、挺腰。

（3）在练习时可进行摄像，然后播放录像，使学生了解自己的各种姿势，再在教师指导下加以纠正。经过反复训练以达到标准要求。

（4）可采取统一练习、分组练习和个别练习多种方法。

4. 实训检测

学生、老师可以根据实训内容对实训成果进行测评。

本章小结

本章主要介绍了社交礼仪中的仪容礼仪、着装礼仪和仪态礼仪。其中，仪容礼仪主要包括头发的修饰、面部的修饰和手部的修饰；着装礼仪主要包括着装的基本知识、男士着装、女士着装和香水的使用；仪态礼仪主要包括站姿、坐姿、走姿、蹲姿、手势等各个方面的礼仪知识。上述各部分内容中都有诸多礼仪细节，我们应详细了解，并掌握常用的礼仪知识。

思考与练习

一、单选题

1. 清洁面部应一天几次？（ ）

A. 一天一次　　　B. 一天两次　　　C. 一天三次　　　D. 感觉脏了就清洗

2. 根据"三庭五眼"的等距标准来化眉，如果两内眼角间距过宽，在化眉头部分时应注意（   ）。

　　A. 将两个眉头的间距画宽一些　　　B. 将两个眉头的间距画窄一些

　　B. 和两个内眼角的间距等宽　　　D. 根据自己的喜好来画

3. 着天蓝色制服套装的女性应化什么色系的口红？（ ）

　　A. 暖色系　　　　　　　　　　　　B. 冷色系

　　C. 中性色　　　　　　　　　　　　D. 只要将唇形画好看什么色系都可以

4. 在夏季一位男士陪同外宾参加本企业活动，在着装上可以选择（   ）。

　　A. 短袖衬衫加西裤　　　　　　　　B. 长袖衬衫加西裤

　　C. 有领有袖的就可以　　　　　　　C. 制服或是西装套装

二、简答题

1. 高铁乘务工作人员在遵守容貌修饰的原则上，你觉得还需要注意哪些事项？为什么？

2. 请说明男士和女士正式着装的基本规范与要求。

3. 简述体态语言的重要作用。

4. 周红第一天走上工作岗位，穿上了公司新发的天蓝色套裙制服，配上了时尚的黑色丝袜，一双黑色鱼嘴高跟鞋，指甲也涂上了和套裙一样的天蓝色，并且特意化了一个精致的妆容，紫色的眼影，珊瑚红的腮红，桃红的唇彩，看起来很艳丽，她来到公司报到。但却被主管单独请到办公室进行了一番仪表搭配的紧急指导，请问如果你是主管你会对周红说什么呢？

三、案例分析题

某企业招聘文秘人员，由于待遇优厚，应聘者如云。中文系毕业的小杨同学前往面试。她的背景材料可能是最棒的：

大学四年中，在各类刊物上发表了 30 000 字的作品，还为六家公司策划过周年庆典，英语表达也极为流利。小杨五官端正，身材高挑匀称。

面试时，招聘者拿着她的材料等她进来。小杨穿着迷你裙，用模特般的步子轻盈地走到一位考官面前，不请自坐，随后跷起了二郎腿，笑眯眯地等着问话，孰料，三位招聘者互相交换了一下眼色，主考官说"杨小姐，请下去等通知吧。"她喜形于色给主考官抛了个媚眼并说："好！"挎起小包飞跑出门。

请问：

1. 小杨应聘为什么会失败？

2. 她在仪态礼仪方面有什么问题？

第三章
日常交往礼仪

引 言

讲究礼仪，注重礼貌，遵守一定的礼仪规范，已成为文明社会活动的一项重要标志，作为高铁乘务人员更应该掌握好日常的交际礼仪。本章讲授的是人们在日常人际交往中应遵守的最基本的行为规范，介绍了日常交往礼仪中的介绍礼仪、握手礼仪、名片礼仪、交谈礼仪、电话礼仪、拜访礼仪、馈赠礼仪。

学习目标

知识目标

1. 了解见面礼仪中的介绍礼仪、握手礼仪和名片礼仪。
2. 了解交谈话题的选择和交谈中的禁忌。
3. 了解电话礼仪的基本要求。
4. 了解拜访的目的和原则。
5. 了解商务拜访礼仪。
6. 了解馈赠的目的和原则。
7. 了解送花礼仪。

技能目标

1. 掌握介绍礼仪、握手礼仪的礼仪顺序及技巧。
2. 掌握交谈的语言使用及态度和技巧。
3. 掌握接听和拨打电话的礼仪。
4. 掌握拜访的技巧及拜访前、拜访中、拜访后的礼仪。
5. 掌握馈赠的技巧、礼品的选择和把握馈赠的时机。

第一节　见面礼仪

> **● 引　例**
>
> 　　李扬是某单位的经理，有一天，他被邀请参加一场晚宴，此次晚宴规模巨大，聚集了职场上的成功人士。在宴会上，李扬被朋友介绍给一位曹女士。为了表示自己的友好，他先把手伸了出去，可是那位曹女士居然没有反应，还在与一旁的朋友说说笑笑。李扬觉得非常尴尬，觉得手不能再缩回去了，撑了大概20多秒，那位女士还是不配合，后来他一着急说："蚊子！"转手去打莫须有的蚊子。这种场面让周围的人都不禁捏了把冷汗。李扬也是满脸通红地离开了。
>
> 　　见面是交往的开始，人与人在交往过程中的第一礼节就是见面礼，而掌握见面礼则有利于双方关系的进一步发展。见面礼主要包括介绍礼仪、握手礼仪和名片礼仪。

一、介绍礼仪

　　介绍是指通过自己主动沟通或通过第三人从中沟通，从而双方相互认识、建立联系的一种社交方式。介绍的种类很多，按照被介绍者的人数多少可分为集体介绍和个人介绍；按照介绍者的不同可分为自我介绍、他人介绍和介绍他人。常用的介绍主要是自我介绍、介绍他人和集体介绍。

（一）自我介绍

　　自我介绍是指与他人初次见面时，将自己介绍给他人，使其认识自己。自我介绍是结识新朋友、扩大交际圈的有效方法，合乎礼仪的自我介绍能够有效地展示个人修养和魅力，给他人留下美好印象。

　　1. 自我介绍的时机

　　为了取得良好的社交效果，社交者需要选择合适的时机进行自我介绍。

通常，自我介绍可在以下情况进行：

（1）在聚会或宴会上，打算介入陌生人所组成的交际圈时；有不相识者对自己感兴趣时，或不相识者要求自己做自我介绍时。

（2）交往对象因健忘而记不清自己时，或自己担心他人忘记时。

（3）欲结识某人，又苦于无人引见时。

（4）有求于人，而对方对自己不甚了解或一无所知时。

（5）初次登门拜访时，或拜访熟人过程中遇到不相识者挡驾，而需要请其代为转告时。

（6）旅行途中与所知晓的人不期而遇，而对方不认识自己时。

2. 自我介绍的方式和内容

在不同场合下或针对不同的交往对象，通常应采取不同方式进行自我介绍。一般而言，自我介绍的方式主要有以下五种：

（1）应酬式。应酬式自我介绍主要适用于某些公共场合和一般的社交场合（如旅途中、舞会上等），且主要针对泛泛而交或早已熟悉的交往对象，用于向对方表明自己的身份。这种自我介绍的内容少而精，往往只包括姓名，如"您好！我叫张丽"。

（2）公务式。公务式自我介绍主要适用于工作场合，用于因工作需要而交友。这种自我介绍的内容应包括姓名、所在单位及部门、担任的职务等。其中，姓名必须完整，即有姓也有名；单位名称和部门应为全称，有时可只报出单位名称；若职务较低或无职务，则可报出所从事的具体工作。例如，"您好！我叫王红敏，是宏达日用品公司的业务经理。""您好！我叫张青，在北京理工大学中文系教外国文学。"

（3）交流式。交流式自我介绍主要适用于一般的社交场合，用于寻求与交往对象的进一步交流和沟通。这种自我介绍的内容一般应包括姓名、工作、籍贯、爱好，以及与交往对象有某些联系的事物。例如，"您好！我叫张静芬，在昌隆外贸公司工作，河北人。我和您一样，喜欢打篮球。""您好！我叫李彤，在新时空传媒公司工作，您的同学赵波是我的同事，他常向我提起您。"

（4）礼仪式。礼仪式自我介绍主要适用于讲座、报告、演出、庆典、仪式等一些正规而隆重的社交场合，用于向交往对象表示友好和敬意。这种自我介绍的内容应包括姓名、单位、职务等个人信息，同时，应加入一些表示欢迎、感谢之类的谦辞、敬辞等。例如，"各位来宾，大家！我叫张萌，是新时空传媒公司的业务经理，我代表本公司全体员工欢迎大家参加今天的周年庆典，愿各位在此度过一个美好的周末。"

（5）问答式。问答式自我介绍主要适用于应试、应聘、公务交往等一般的社交场合，其主要特点是"你问我答"。这种自我介绍的内容应与交往对象所提的问题相对应。例如，主考官说"您好！请介绍一下你的基本情况。"应聘者回答"您好！我叫李兴然，24岁，河南洛阳人，汉族……"又如，对方问"先生，您好！请问您怎么称呼？"被问者回答"您好！我叫李凯。"

3. 自我介绍的注意事项

社交者在进行自我介绍时，除了应注意时机、方式和内容之外，还应注意以下事项。

（1）注意顺序。多人相互自我介绍时，通常应按照以下顺序进行：

①主人与客人相互介绍时，主人应先作自我介绍。

②男士与女士相互介绍时，男士应先作自我介绍。

③长辈与晚辈相互介绍时，晚辈应先作自我介绍。

④职位高者与职位低者相互介绍时，职位低者应先作自我介绍。

（2）讲究态度。进行自我介绍时，一般应保持站立姿势，面带微笑，目光坦然，语气平和，举止庄重、大方，表现出亲切、自然、友善的态度。

（3）把握时间。把握时间包括选择合适的时间点和控制恰当的时长。

首先，自我介绍应在对方有空闲、情绪较好、有兴趣认识自己时等合适的时间点进行，切勿在对方休息、用餐、忙于处理事务、心情不好时等时间点进行，否则可能会引起对方的反感，不利于进一步沟通。

其次，自我介绍的时间一般应控制在一分钟之内，否则会显得啰唆，易使对方厌烦。

（二）介绍他人

介绍他人是指作为第三方为彼此不相识的双方引见，使他们相互认识、建立联系。其中，被介绍的双方为被介绍人，介绍双方的人为介绍人。

> **● 案 例**
>
> 在一次宴会上,有一位客人指着对面桌子上的一位女士对旁边的男士说:"那个女的长得太丑了。"主人生气地说:"那是我的夫人。"客人慌忙掩饰说:"不是她,是她旁边的那位。"主人愤怒地说:"那是我的女儿。"客人很尴尬,连声说对不起。

1. 介绍人的确定

介绍人身份的确定是有一定规则的。通常,在具体场合中有下列身份的人可以充当介绍人:

(1)社交活动中的东道主,且通常由东道主一方的长者,地位、身份较高者,或主要负责人员担任。

(2)家庭聚会中的女主人。

(3)公务活动中的专职人员,如接待人员、公关人员、礼宾人员、秘书、办公室主任等。

(4)被介绍者双方的人。

(5)应被介绍者一方或双方要求的人,或者被其他人指定的人。

2. 介绍他人的时机

通常,在下列情况下,介绍人需要为他人做介绍:

(1)在家中接待与家人不相识的客人时,或与家人外出时路遇家人不相识的朋友、同事时。

(2)陪同亲友前去拜访其不相识者时。

(3)接待的对象遇见了其不相识者,而该不相识者又与自己打了招呼时。

(4)打算推介某人加入某一交际圈时。

(5)受人邀请为他人做介绍时。

3. 介绍他人的顺序

介绍他人必须遵守"尊者居后"的原则,即让受尊重程度较高者拥有优先知情权。介绍人在介绍他人之前,首先应判断被介绍人双方的受尊重程度,然后先向尊者介绍卑者,后向卑者介绍尊者。

在较正式的社交场合中,介绍他人的顺序大致有如下几种:

①先将晚辈介绍给长辈；②先将主人介绍给客人；③先将学生介绍给老师；④先将家人介绍给同事、朋友；⑤先将未婚者介绍给已婚者；⑥先将职位低者介绍给职位高者；⑦先将晚到者介绍给早到者；⑧先将男士介绍给女士。

4. 介绍他人的方式和内容

介绍他人时，应根据不同场合或不同需要，采用不同的方式进行。通常，介绍他人的方式有以下几种：

（1）标准式。标准式介绍主要适用于正式场合，其内容应以被介绍者的姓名、单位、职务为主。例如："李总，您好！请允许我为您介绍，这位是宏丰集团公司的销售部经理张明先生。张经理，这位是富盛集团公司的总经理李勇先生。"

（2）简介式。简介式介绍主要适用于一般的社交场合，其内容往往只包括被介绍者的姓名。例如："您好！我来介绍一下，这位是王芳，这位是张栩。二位彼此认识一下吧。"

（3）强调式。强调式介绍可适用于各种交际场合，其特点是介绍人刻意强调自己与其中某位被介绍人之间的关系，以便引起另一位被介绍人的重视。例如："张经理，您好！请允许我介绍一下，这位是刘艳，在灵感传媒有限公司工作，是我的侄女，请您多多关照！刘艳，这位是宏丰集团公司的销售部经理张明先生。"

（4）推荐式。推荐式介绍常适用于比较正式的场合，其特点是介绍人将某位被介绍人举荐给另一位被介绍人，并着重介绍前者的优点或专长。例如："曾总，您好！这位是东方科技公司的王智先生。王先生是一位经济学博士，而且是一位企业管理方面的专业人士。我相信王先生能给您提供一些管理方面的好建议！"

5. 介绍他人时的注意事项

介绍人在介绍他人时除了应注意时机、顺序、方式和内容外，还应注意以下事项。

（1）了解情况和意愿。在介绍他人之前，介绍人应先了解一下被介绍人双方的情况，以免张冠李戴。同时，应先征求一下双方的意愿，以免为本来相识或不愿相识的双方去做介绍，致使三方尴尬。

（2）注意态度和姿势。介绍他人时，介绍人应态度友好、仪态文雅。一般而言，介绍人应站在被介绍者的中间，上身略微前倾，掌心向上，五指并拢、伸直，前臂绷直并略向外伸，指向被介绍者的其中一方，同时，面带微笑地注视另一方。切忌用手拍打被介绍人的肩、胳膊、腰等部位。

（3）把握语言和时间。介绍他人应当言辞准确，完整地表述被介绍人的姓名和头衔，不可含糊其词。同时，介绍的语言应简洁，以便双方相互记住对方的姓名及基本信息。此外，介绍语言应避免厚此薄彼，否则，有失礼仪。介绍的时间不宜过长，通常应控制在两分钟之内。

（4）注意引导。介绍他人结束后，介绍人应稍停片刻，引导双方被介绍人进行交谈后再离开。

（三）集体介绍

介绍是指被介绍的一方或双方不止一人，由介绍人按一定顺序介绍双方相互认识、建立联系。介绍人在为双方集体做介绍时通常应按以下顺序进行。

1. 先少数后多数

若被介绍者双方的身份、地位大致平等或难分高低时，应遵循"先少数后多数"的原则，即先介绍人数较少的一方或个人，后介绍人数较多的一方。在介绍人数较多的一方时，应由尊而卑逐一介绍。

2. 先卑后尊

若被介绍者双方的身份、地位存在明显差异（如年龄、辈分、性别、职务、婚否等差异）时，应先介绍位卑的一方，后介绍位尊的一方，即使后者人数较少，甚至只有一个人，也应最后加以介绍。

（四）被介绍者应注意的礼仪

当被他人介绍时，被介绍人应做出恰当的反应，具体包括以下几点：

（1）在介绍人询问自己是否有意认识某人时，一般不应拒绝，而应欣然接受，若实在不愿意，则应说明缘由。

（2）在介绍人走上前来开始为被介绍人做介绍时，双方被介绍人均应起身站立，面带微笑，大方地注视对方，以示友好、尊重。

（3）在介绍人介绍完毕后，双方被介绍人应按合乎礼仪的顺序握手致意或相互点头微笑致意，彼此问候对方，并进行适当的交谈，必要时还可进一步做自我介绍。

二、握手礼仪

● 知识链接

握手礼的由来

握手最早发生在人类"刀耕火种"的年代。那时,在狩猎和战争时,人们手上经常拿着石块或棍棒等武器。他们遇见陌生人时,如果大家都无恶意,就要放下手中的东西,并伸开手掌,让对方抚摸手掌心,表示手中没有藏武器。这种习惯逐渐演变成今天的"握手"礼节。

握手是社交场合中最常见的一种礼节,它可以传达欢迎、惜别、祝贺、鼓励、感谢、慰问、信任等情感,能促进社交者之间的沟通与交流。如图3-1-1所示。

图 3-1-1

(一)握手的时机

在社交活动中,握手必须在适宜的时机进行,否则会有失礼仪或显得冒失。一般而言,在以下情况下应握手致意:

（1）当被介绍与他人相识，双方相互问候时，与对方握手以表敬意。

（2）与多日未见的朋友、同事相见时，与之握手以表问候、关心和喜悦之情。

（3）当他人取得成绩或有喜事时，与之握手以表祝贺。

（4）当得到他人的理解、支持、帮助、鼓励或认可时，与之握手以表感谢。

（5）当他人向自己赠送礼品或颁发奖品时，与之握手以表感谢。

（6）在较正式场合与相识之人道别时，与之握手以表惜别。

（7）作为东道主迎接客人或来宾时，与之握手以表欢迎。

（8）在参加宴请后告辞时或拜访朋友、同事后辞别时，与邀请方代表或主人握手，以表感谢、惜别。

（9）在他人遭遇挫折时，与之握手以表鼓励或支持。

（10）在参加他人的追悼会后离别时，与死者的亲属握手，以表慰问或劝慰其节哀。

在以下情况，不宜与他人握手，可采用挥手、点头等方式致意：

（1）当对方右手负伤或携带较多重物时。

（2）当对方正忙于其他事务（如打电话、与他人交谈、用餐等）时。

（3）当对方离自己距离较远或位于人群中而无法握到对方的手时。

（4）当自己的右手负伤或不干净时。

（二）握手的姿势

握手的姿势有很多种，最常见的有单手式和双手式两种。

1. 单手式

单手式是标准的握手姿势，其姿势规范如下：握手时，距离对方约75厘米左右，双脚立正，上身略向前倾，左臂下垂，右肘关节微屈，右前臂抬至腰部，伸出右手，四指并拢、拇指张开，与对方右手的虎口交叉、相握，如图3-1-2所示。握手时，可上下轻摇3~4次，以表真诚和热烈。

第三章 / 日常交往礼仪

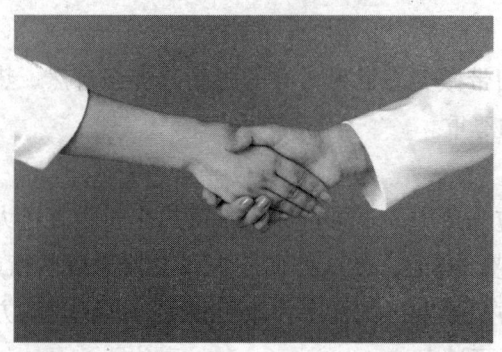

图 3-1-2

2. 双手式

双手式握手与单手式握手略有不同：握手时，伸出右手紧握对方的右手，再用左手握住对方的右手手背、前臂、上臂乃至肩部。这种握手方式旨在传递一种热情、真挚、诚恳、尊敬之情，且从手背开始，左手握住对方身体的部位越高，其表达的情感越深厚。但这种握手方式只适用于晚辈对长辈、身份较低者对身份较高者、亲朋好友之间或同性朋友之间，不宜适用于初识者或异性。如图 3-1-3 所示。

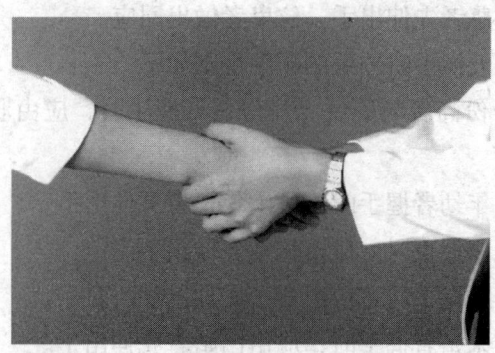

图 3-1-3

（三）握手的要领

握手时，除了应姿势正确以外，还应把握握手的神态、力度和时间方面的要领。

1. 神态

握手时，应面带微笑，目视对方的眼睛，神态自然、热情、专注，以体现对对方的友好和尊重。

2. 力度

握手的力度应当适中，不可过大也不可过小。力度过大，会让人承受不了或给人以粗鲁感；毫无力度或伸而不握，会给人以敷衍或缺乏热忱之感。具体而言，若对方是亲友，则握手力度可稍大一些；若对方是异性或初识之友，则握手力度不可过大。

3. 时间

握手的时间通常3~5秒为宜，不可过短也不可过长。时间过短，会给人以敷衍之感；时间过长，特别是对于异性或初识者，可能会使对方误会或不快。

（四）握手的顺序

握手应讲究伸手的先后顺序。一般而言，在公务场合，握手的顺序主要取决于职位、身份；在一般社交场合或休闲场合，握手的顺序主要取决于年龄、性别和婚否。握手应遵循"尊者决定"的原则，即先确定握手双方身份的尊卑，然后由位尊者先伸出手、位卑者做出回应。

具体而言，两人握手时伸手的顺序规则如下：

（1）职位、身份高者与职位、身份低者握手时，应由职位、身份高者先伸出手。

（2）年长者与年幼者握手时，应由年长者先伸出手。

（3）长辈与晚辈握手时，应由长辈先伸出手。

（4）女士与男士握手时，应由女士先伸出手。

（5）已婚者与未婚者握手时，应由已婚者先伸出手。

（6）主人与客人握手时，应分迎和送两种顺序：迎客时，应由主人先伸出手，以示欢迎；送客时，应由客人先伸出手，以示感谢，若主人先伸出手，则会有逐客之嫌。

（7）先到者与后到者握手时，应由先到者先伸出手。

若一个人需要和多人握手，则握手时应遵循"先尊后卑"的原则；若握手对象的尊卑差别不明显，则应按照顺时针或由近及远的顺序挨个进行，切勿顾此失彼。

（五）握手的禁忌

（1）忌用左手（东南亚，中东一带）。

（2）忌交叉式握手（基督教徒）。

（3）忌戴手套或墨镜握手。女士则可带薄纱手套与人握手。

（4）忌死鱼式握手。不互动，任对方摇动。

（5）忌蜻蜓点水式握手。

（6）忌坐着握手。

（7）忌用脏手或湿手握手。

（8）忌拒绝与人握手。

（9）忌握手时姿势不对。

（10）不可将左手放在口袋里。

（11）不要握完之后擦手。

三、名片礼仪

● 引 例

在一次聚会上，科技园综合科的刘科有幸认识了机关事务局的赵局长，两人交谈甚欢，且相互交换了名片。后来由于工作上的事情，刘科到机关事务局去办事，正巧在大厅碰到赵局长，两人很高兴。刘科张口就说："王主任，您好，没想到在这儿遇到你，上次在聚会上……"只见赵局长的脸色稍微有些尴尬。

名片是一种记录了个人主要信息的精美卡片，它能够表明个人身份、体现个人风格。在社交活动中，恰当地使用名片能够有效地显示自己的涵养与风度，促进人际交往与沟通。如图3-1-4所示。

图 3-1-4

（一）名片的用途

1. 自我介绍

名片是自我介绍的重要辅助工具。与交往对象初次见面时，可以使用名片向对方做自我介绍。这样可以表明身份、节省时间并强化效果。

2. 保持联络

名片上记录了一定的联络方式，在人际交往中，向他人递送名片或与之互换名片，能够与对方取得并保持联络，进而促进交往。

3. 通报变更

当自己更换了单位、调整了职务、乔迁了新居或改动了电话号码时，将变更了信息的名片递交给曾经的交往对象，就能将自己的最新情况通报给对方，以使彼此联系保持畅通。

4. 拜会他人

初次前往他人工作单位或住所时，可将自己的名片交给对方的接待人员，由其转交给被拜访者，以便对方确认了拜访者的身份后再决定是否见面，以避免冒昧造访而引起他人反感。

5. 充当留言单

当拜访某人不遇或需要向某人传达某事而对方不在时，可用铅笔在本人名片上简单写上具体事由或在名片左下角写上"n.b."（意为"请留意附言"），然后寄交或托他人转交给对方，以便对方见到名片时"如见其人"，避免误事。

6. 充当介绍函

若想向相识的人介绍某人，则可在本人名片的左下角写上"p.p."，然后用回形针附上被介绍人的名片，再将两张名片一并装入信封寄交给对方，或由被介绍人转交给对方。将名片寄交给对方之前，应先打电话告知对方，以便对方了解情况后有所准备。否则，会显得很唐突，使对方感到尴尬。

7. 充当礼单

向他人赠送礼品时，可将本人的名片置于礼品包装内，或装入一个与名片大小相当的不封口信封，再将信封固定于礼品外包装的上方，以表明身份。

● 知识链接

名片上缩写文字的含义

按照国际流行的做法，用铅笔在名片左下方写上以下缩写的法文，可以表示特定的含义：

n.b. 表示"请注意"，用于提醒对方留意附言。

p.m. 表示"备忘"，常用语提醒对方注意某事。

p.p. 表示"介绍"，通常用于向对方介绍某人。

p.f. 表示"祝贺"，常用于恭贺节日或其他固定纪念日。

p.f.n.a. 表示"恭贺新禧"或"新年愉快"。

p.c. 表示"谨唁"，通常在悼念逝者时使用，以表示慰问。

p.p.n. 表示"慰问"，常用于问候病人。

p.p.c. 表示"辞行"，常用于向他人告别。

p.r. 表示"谨谢"，常用于在收到礼物或受到款待后表示感谢。

（二）名片的使用

要想充分发挥名片的礼仪功能，就必须合乎礼仪地使用名片。名片的使用主要包括准备名片、递送名片、接受名片和索取名片。

1. 准备名片

在社交活动中，社交者应有意识地准备或携带足够数量的名片（必须完整、洁净、平整、有序），将其放入专门的名片夹或名片包，并将名片夹或名片包存放在合适的位置。穿西装时，应将名片放在左胸内侧的口袋里；不穿西装时，可将名片放在上衣口袋或随身携带的公文包、手提包里。切忌将名片放在钱包、裤袋或裙兜里，否则，是非常失礼的。此外，不可将名片与接收的他人名片混放在一起，以免慌乱中误将他人名片递送出去而致使他人误解。

2. 递送名片

在社交活动中，希望结识他人或与他人建立联系，可以主动向其递送名片。递送名片时应当把握以下礼仪规范。

（1）把握时机。递送名片应把握适宜的时机，不宜过早或过晚，否则可能会徒劳无功。通常，在以下情况最适合递送名片：①与交往对象初次见面或握手告别时；②与对方相谈甚欢时；③自己被他人介绍给对方时；④对方提议交换名片或向自己索要名片时；⑤想获得对方的名片时。切忌在对方用餐、与他人交谈或忙于其他事务时向其递送名片，否则极易引起对方的反感。

（2）态度恭敬。递送名片时，应主动起身走上前去，面带微笑，注视对方，将名片正面朝上、文字正对对方，用双手的拇指和食指持握名片上端的两角，举至胸前，上身略微前倾，恭敬地递给对方，并简单地自我介绍一下或道些许谦恭之语，如"这是我的名片，请多关照""希望我们保持联系"等。如图3-1-5所示。

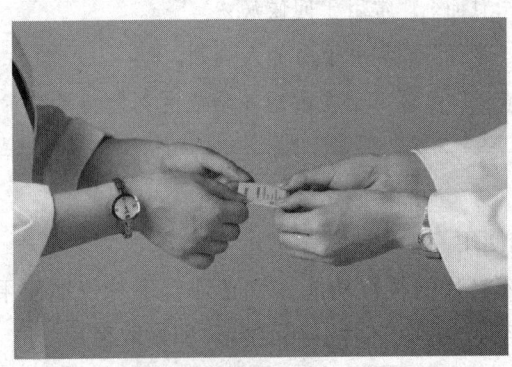

图 3-1-5

案 例

某公司王经理约见一位重要的客户。见面之后，客户就将名片递上。王经理看完后就将名片放到了桌子上，两人继续谈事。过了一会儿，服务人员将咖啡端上桌面，请两位慢用。王经理喝了一口，将咖啡杯放在了名片上，自己没有感觉到，客户皱了皱眉头，没有说什么。

讨论题：

（1）请分析王经理的失礼之处。

（2）接到对方的名片后应如何放置。

3. 接受名片

为了表示尊重和友好，社交者在接受名片时应遵守以下礼仪规范：

（1）恭敬接受。当他人向自己递送名片时，应立即放下手中的一切事务，起身相迎，面带微笑，目视对方，点头致意，用双手的拇指和食指接住名片下端的两角，并表示谢意，或者道些许敬语，如"谢谢！很高兴认识您！""能得到您的名片，我深感荣幸！"等。

（2）认真阅读。接过名片之后，应认真地将名片内容默读一遍，遇有显示对方荣耀的职务或头衔时，可轻声读出，以示尊敬和敬佩。若对名片内容有所不明，则可当场请教对方，以示重视。切忌在接过他人名片之后，看也不看，就随手放入口袋、放在手中把玩或转交给其他人。

（3）妥善存放。在阅读了对方的名片之后，应谨慎地将其放入名片夹、上衣口袋、公文包或办公桌抽屉里，以示珍惜。切忌将对方的名片随意扔到桌上、夹到书中、压到杯子下、放到裤袋里等，否则，就是不尊重对方的表现，会引起对方的反感甚至恼怒。

（4）回递名片。在接受了对方的名片之后，一般应立即回递名片。若尚无名片、忘带名片或名片用完了，则应向对方说明理由并致以歉意。必要时，可在一张干净的纸上写上自己的相关信息递给对方，或向对方承诺改日补上。

4. 索取名片

一般情况下，社交者最好不要向他人索要名片。若确有必要，则可采取委婉的方式向对方索取，具体方法如下：

（1）交易法：即"将欲取之，必先予之"。先将自己的名片递送给对方，进而通过对方的回赠获得其名片。

（2）恭谦法：对于长辈或身份、地位比自己高的人，可采用恭谦的方式索取名片，如"李教授，非常高兴能够认识您，请问以后怎样向您请教呢？"等。

（3）联络法：对于平辈或身份、地位与自己相仿的人，可直接采用寻求联络的方式索取名片，如"认识您真高兴，希望以后能与您保持联系。"等。

（三）名片的制作

1. 格式

名片格式是有讲究的，名片的大小有专业的尺寸。一般人用的名片长9厘米、宽5.5厘米，国际社会有长10厘米、宽6厘米。

2. 质材

名片要求的是实用功能，不以奢侈无用来见长。印制名片，最好选用纸张，并以耐折、耐磨、美观、大方的白卡纸、再生纸、合成纸为佳。注意无特殊需要不要选择黄金、白银、木材、不锈钢材料。

3. 色彩

名片一般不能太花枝招展，印制名片的纸张，宜选庄重朴素的白色、米色、淡蓝色、淡黄色、淡灰色，并且以一张名片一色为好。

4. 版式

横式或竖式都可以。

5. 图案

一般名片上不允许出现过多的图案，顶多允许出现的图案有企业的徽记CIS；再者从公关营销的角度，可以出现产品的图案。

6. 内容

一般名片上应该印上工作单位、姓名、身份、地址、邮政编码等。也有些名片在背面印上企业、公司的简介、经营范围、产品及服务范围以方便客户和作为宣传。很多企业有标准的员工名片格式，有的要加印公司的标识、甚至企业经营理念。

7. 文字

比如在中国大陆地区的人，一般交往中使用的名片大概以简化标准汉字为佳。再如在少数民族地区工作的人，出于尊重少数民族文化习惯和传统要求，可按照国家法律规定使用文字和当地民族文字。不要把两种文字交替印在名片的同一面。

四、常见的其他见面礼仪

在世界范围内，比较常见的见面礼仪除了握手礼以外，还有鞠躬礼、亲吻礼和拥抱礼。

（一）鞠躬礼

鞠躬礼是中国、日本、韩国、朝鲜等国家的传统礼节，一般用于下级向上级、晚辈向长辈、服务人员向宾客等表达尊重或恭敬。其既可适用于庄严肃穆或喜庆欢乐的仪式场合，又可适用于普通的社交场合。

鞠躬礼的基本要领如下：身体立正，以腰为轴，上身挺直前倾，目光随身体下弯而下垂，男士双手贴于两侧裤线，女士双手交叉置于腹前。鞠躬时，身体前倾的幅度越大，表示敬重的程度越大。在一般的社交场合，身体前倾幅度为15度~45度；如图3-1-6所示，在正式或庄重的场合，身体前倾幅度为45度~90度。

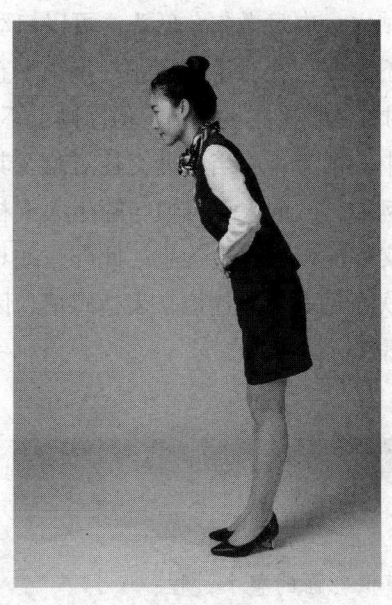

图 3-1-6

(二）亲吻礼

亲吻礼是西方国家的一种传统礼节，在欧美许多国家广为盛行，如美国、法国、比利时等。此礼节往往与一定程度的拥抱动作相结合，常用来表达友好或尊敬。行亲吻礼时，行礼者之间的关系不同，亲吻的部位或方式也有所不同。通常，长辈与晚辈之间，宜吻额头或面颊；平辈之间、异性之间宜吻面颊。

(三）拥抱礼

拥抱礼是西方国家（尤其是欧美国家）十分流行的一种礼节，可适用于官方或民间迎送宾客或祝贺致谢等多种场合。其基本要领如下：两人相对而立、张开双臂，彼此右臂偏上、左臂偏下，右手环扶对方的左后肩，左手环扶对方的右后腰，彼此将头部左倾而相互拥抱，头部相贴，然后再右倾相拥，最后再左倾相拥，一共相拥三次才算礼毕。

(四）合十礼

合十礼亦称合掌礼，是流行于泰国、缅甸、老挝、尼泊尔等佛教国家的见面拜礼，也是一种具有浓厚的宗教色彩的礼节，在中国信仰佛教的地区也较为普遍。

合十礼的标准做法是双掌十指在胸前相对合，五手指并拢向上，手掌向外侧倾斜，双腿立直站立，中身微欠、低头。可以口颂祝词或问候对方，亦可面含少量微笑。但不能在行礼时手舞足蹈，点头不止。行礼时，合十的双手举得越高，表示对对方的尊重程度越高，但原则上不可高于额头。

在涉外交往活动中，社交者应当根据交往对象及其民族习俗的不同，选用合适的行礼方式。例如，欧洲人不习惯与陌生人或初识者行亲吻礼或拥抱礼，因此，初次与其交往应以握手礼为宜。此外，在日本、英国及东南亚等一些国家，人们不喜欢在见面时用拥抱来表达感情，因此，与之交往时宜行鞠躬礼或握手礼，而不宜行拥抱礼。

实训　见面礼仪实训

实训1

根据案例内容，模拟会面的整个过程：

杨先生是某公司新上任的营销经理，他将去参加某产品研讨会。在会上时杨先生将要认识几位相关朋友,一位是研讨会主办方,年长的王先生;一位是营销协会代表,年长的吴女士;一位是研讨会的主持人,年轻的何小姐,请每个小组分配好角色,模拟会面的整个过程。

实训2

根据要求设计名片:

掌握名片设计要素,设计出体现个人或公司特点的富有特色的名片,并能规范的使用名片。

第二节 交谈礼仪

● 引 例

拂袖而去的老人

在一列开往北京的列车上,餐车正在为客人准备可口的饭菜,来自我国台湾地区的旅游团事先已经预订好午餐。当乘务服务人员发现一位70多岁的老人面前是空饭碗时,就轻步上前,柔声问道:"请问老先生,您还要饭吗?"那位先生摇了摇头,服务员以为可以撤走餐具又问道:"那老先生您完了吗?"只见那位老先生冷冷一笑。说:"小姐,我今年70多岁了自食其力,这辈子还没落到要饭吃的地步,怎么会要饭呢?我的身体也还硬朗着,不会一下子完的。"说完,老人拂袖而去。

问话的不妥直接使客人产生不快,也会引发客我矛盾和冲突。所以在实际工作过程中,作为高铁乘务服务人员也需要注意自身的言语,掌握一定的交谈方式和交谈技巧,这就需要进行交谈礼仪的学习。

语言是人类区别于动物的第二信号系统,是人们在各种社交活动中所依赖的主要工具之一。而交谈则是语言在社交活动中的主要形式。两个人或若干个人运用口头语言为工具，以对话为基本形式，进行思想、感情、信息交流的语言表述活动。为乘务服务人员要掌握好这种交际工具，不仅要把握说的技巧，而且还要能洞悉听的艺术。

话题是交谈的重要内容，在与他人交谈时选择合适的话题，不仅能够体现良好的风度和教养，而且能创造一个良好的交谈氛围，促进高铁乘务服务的顺利进行。

一、交谈的话题

交谈是人们进行日常交往的基本形式之一，也是人们交流思想、沟通感情、建立联系、消除隔阂或协调关系的重要途径。因此，在高铁乘务服务中，服务工作人员有必要学习一定的交谈礼仪，主要包括交谈的话题、态度、语言和技巧。

（一）选择话题的原则

一般而言，乘务服务人员在选择话题时，应当遵守因人而异的原则，即与他人交谈时，应根据交谈对象的性别、年龄、性格、民族、职业、身份、文化水平等因素，选择合适的话题，以便交谈对象参与其中，或与之达成共鸣，从而达到沟通与交流的目的。

（二）宜选的话题

具体而言，在与他人交谈时，宜选择以下话题：

1. 既定的话题

既定的话题即交谈各方事先商定或其中一方事先准备好的话题。例如，讨论问题、征求意见、传递信息等类型的交谈话题一般都属于既定的话题。既定的话题最好由各方商定，若由一方确定，则至少应得到其他方的认可。

2. 擅长的话题

擅长的话题即交谈对象有研究、感兴趣或熟知的话题。例如，与作家交谈时，选择文学创作方面的话题；与律师交谈时，选择法律方面的话题；与球迷交谈时，选择体育方面的话题等。这类话题可为交谈对象创造发挥长处的机会，进而调动其交谈的积极性。

3. 高雅的话题

高雅的话题即内容文明、格调高雅的话题，如哲学、文学、艺术、建筑等。社交者选择这类话题可以体现自己的见识和修养,但切忌班门弄斧或不懂装懂,否则会贻笑大方。

4. 轻松的话题

轻松的话题即谈起来能让交谈对象感到轻松、愉快、不觉劳累的话题,如旅游观光、风土人情、流行时尚、电视电影、烹饪小吃等。这类话题有利创造融洽的交谈氛围。

(三)禁忌的话题

与他人交谈时,尤其在与外国人打交道时,乘务服务人员应回避对方忌讳的话题,具体包括政治倾向、宗教问题、商业秘密、个人隐私(如年龄、婚姻状况、收入、身高体重等)、他人长短,以及庸俗低级、悲伤压抑的话题(如淫秽传闻、疾病、死亡、灾祸、惨案等)等。若不经意提到以上话题,则应立即表示歉意并转移话题。

二、交谈的态度

在与他人交谈时,应有诚恳、谦虚、谨慎、热情的态度,切不可虚情假意、自以为是或敷衍了事。具体而言,良好的交谈态度可通过以下方面体现出来。

(一)表情自然

与他人交谈时,表情应当自然、和谐,并与交谈内容相配合。具体而言,应目光专注,或注视对方,或凝神思考,并适时地运用眉毛、嘴、面部神态上的变化表达自己对交谈内容的理解、赞同、惊讶或迷惑,以促使交谈顺利进行。与多人交谈时,则应不时地用目光与众人交流,以示彼此平等。切忌在交谈时眼神呆滞、目光游离或者直愣愣地盯视交谈对象,否则是有失礼仪的。

(二)举止得体

人们在交谈时往往会做出一些有意无意的肢体动作,这些动作通常是谈话者对谈话内容和谈话对象真实态度的反映,因而必须规范、得体。具体而言,乘务服务人员可以用适度的动作来补充说明谈话内容,如:可用点头来传达"我在注意听"或"我赞同"的信息,可用手势比画物体大小来传递直观信息等。但是,乘务服务人员应避免做出过分、多余或不雅的动作,如手舞足蹈、拉拉扯扯、拍拍打打、左顾右盼、揉眼挠头、吞烟吐雾、打哈欠、伸懒腰等。

（三）善于倾听

我国自古就有："愚者善说，智者善听"之说，听，可以获取对方必要的信息，领会对方真实意图，了解和满足对方的需求。所以，与他人交谈时，乘务服务人员应善于倾听交谈对象的发言，并配以恰当的表情和举止，以示尊敬。

聆听的技巧，我们可以概括为六个字：会心、虚心、耐心。做好这六个字只需要注意以下几点：

（1）倾听时的态度要端正，目光集中于谈话人，不随意打断对方，一方面表现出听者的诚意，另一方面体现出对对方的尊重。切忌心不在焉、左顾右盼，更不应该摆弄他物或老看钟表，表现出不耐烦的神情。

（2）倾听的过程不能消极被动，而应采取相应的提问、赞同、简短评述、重点重复等主动行为，以鼓励对方更深入地说下去，促使交谈氛围更加热烈融洽，双方交流更加虚心诚恳。

（3）聆听者还应善于捕捉信息。我们应学会在聆听中思索，从而正确判断出说话者的真实意图和"弦外之音"，才能更好地进行深入交谈。

（四）适当交流

交谈是个双向或多向的交流过程，需要各方人员积极参与。因此，在与他人谈话的过程中，当社交者自己发言时应给其他人留有发表看法的机会，当他人发言时自己也应适时地发表看法，以便各方互动、交流。与他人交流时，社交者应用心地寻找发言者话语价值，并积极地予以肯定，切忌置疑对方、纠正对方或与对方抬杠。

● 知识链接

交谈中的身体语言

身体语言是心灵的外化信息，直接反映了人的内心世界，所以肢体动作所揭示的信息是沟通中所表述信息的主体部分。

1. 积极的身体语言

· 身体的接触，可传递亲和力。

- 人与人的空间距离尽可能缩短，以增进情感。
- 倾听时身体前倾，目光全神贯注。
- 交谈中目光平视、挺胸、抬头。
- 交谈时要点头。

2. 可以利用的身体语言
- 倾听时把手放在脸颊，表示在思考与分析。
- 手放在下巴，表示在考虑。
- 双手掌成合十礼，表示请求或感谢。
- 双手互搓，表示很期待，很积极参加某事。

3. 消极的身体语言
- 抓耳挠腮、摸眼、捂嘴，表示对自己所说不肯定，有一定说谎的成分。
- 双臂交叉在胸前，表示抵触、抗议、不屑一顾、自我保护。
- 腿脚不停抖动，表示内心紧张、不安。
- 不断重复交叉双腿，表示不喜欢当前谈论的问题或建议，不耐烦，想离开。

4. 不诚实的身体语言
- 在椅子上坐立不安，表示被人揭穿。
- 总是舔嘴唇或搽嘴巴，表示想掩饰谎言。
- 眼神交流时突然向天花板、地板看去。
- 声音的改变（如：加快说话语速、提高音调、回答很短有急促）。

三、交谈的语言

语言是交谈的载体，其运用会直接影响到交谈的效果。社交者在与他人交谈时，在语言方面应达到文明、准确、简洁、易懂的要求。

（一）文明

与他人交谈时，语言应当文明、礼貌。首先，应善于使用一些约定俗成的礼貌用语，如"您""谢谢""对不起""再见"等；其次，应尽量避免一些不文雅的语句和说法，切忌说粗话、脏话、荤话等，对于不宜明言的事情，可以用委婉的词句予以表达。例如,想要上厕所时,宜委婉地说"对不起,我去一下洗手间"或"不好意思,失陪一下"等。

(二) 准确

与他人交谈时,应尽量讲普通话,且吐词清晰、发音标准、语速适中,准确地表达自己的观点或看法,以便他人听得清楚、明白。一般情况下,应慎用外语或方言。

(三) 简洁易懂

与他人交谈时,所用的语言应当力求言简意赅,切忌雕琢语言、堆砌辞藻、废话连篇等。同时,用语应当通俗易懂,不可晦涩难懂、有歧义或模棱两可,以免他人产生理解上的困难或不必要的误会。

● 案 例

自作自受的书生

古时候有一则笑话说的是有一书生,突然被蝎子蜇了,便对其妻子喊道:"贤妻,速燃银烛,你夫为虫所袭!"他的妻子没有听明白,书生更是着急了:"身如琵琶,尾似钢锥,叫声贤妻,打个亮来,看看是什么东西!"其妻仍然没有领会他的意思,书生疼痛难熬,不得不大声吼道:"快点灯,我被蝎子蜇了!"真乃自作自受!

四、交谈的技巧

与他人交谈时,巧妙地运用赞美、幽默或拒绝的技巧,有利于创造良好的交谈氛围,进而促进人际交往。

(一) 赞美的技巧

赞美能带给人快乐和信心。在谈话中恰当地赞美他人有利于建立良好的人际关系。常用的赞美技巧有如下几种:

1. 直接公开式

直接公开式即在特定的公开场合或众人面前,热情、慷慨地赞许他人的优点、观点或特性。这种方式具有很好的激励作用,能够很好地传达赞美者的诚意。

2. 间接迂回式

间接迂回式即借助与交谈对象相关联的事物或第三者的话来表达赞许之意。例如，赞美一位出生于杭州的女士，可以说"上有天堂下有苏杭，杭州的女孩子真是美若天仙啊"；赞美一位业务员，可以说"我常听刘经理提起你，他很欣赏你的做事方法和办事能力，今日一见，果然名不虚传"等。这种方式往往具有增强客观可信度的作用，比直截了当的赞美效果更好。

需要注意的是，赞美他人应当翔实具体、恰如其分，切忌无中生有或言过其实，否则会萌生讽刺之意，进而弄巧成拙。可参考表3-2-1。

表 3-2-1　最受欢迎的赞美项目

序号	年轻男子	中年男子	女士
1	性格	努力过程	外貌
2	能力	社会地位	能力
3	表现	实力	品位
4	努力	成就	保养
5	仪表	地位	事业成就
6	工作	气度	感觉
7	诚意	信用	内在美

资料来源：《职业礼仪》，四川大学出版社，向多佳，2006。

（二）幽默的技巧

幽默是一个人智慧、机智、修养等方面的综合反映，它能够活跃交谈气氛、协调人际关系。常用的幽默技巧有如下几种。

1. 否定式

否定式即用否定的方式间接地肯定某事物。例如，一位顾客到饭店吃饭，发现米饭中有很多沙子，于是不得不将沙子吐在桌上，服务员看到后抱歉地说："尽是沙子吧！"这位顾客摇摇头，微笑着说："不，也有米饭。"顿时，两人都笑了。这种幽默让服务员消除了不安心理，同时也让其认识到了问题所在。

2. 误解式

误解式即有意无意地误解谈话语句中的某一词义、发音、所指重点或交谈对象所要表现的某一事物，并给予反逻辑回答或反应，从而制造笑料。例如，一位女士到学校看望受伤的孩子，可门卫偏要慢慢地检查一系列的证件，这位女士生气地说："太过分了，你长心了吗？"为打破紧张氛围，门卫不动声色地耸耸肩回答："那需要解剖后才知道。"

又如，一位女士问："你不会跳舞吗？"她对面的男士回答："对不起，我不会。我会跳楼（'六'的谐音）。"又如，一位女士将宠物狗放在沙发上逗着玩，其丈夫回来后大叫："天哪，你怎么把小狗抱到沙发上了？"为调节气氛，这位女士笑着说："难道你想让小狗把我抱到沙发上吗？"再如，一位先生进餐时，误将薄饼当作餐巾叠放在领口处。为了避免这位先生尴尬，在座的其他人员都模仿他将薄饼当作餐巾放到领口处。

3. 夸张式

夸张式即用言过其实的方式表达事物的本质，进而取得幽默效果。例如，某人夸奖一位教美术的同事画画得好："我们挣点钱挺不容易的，不像你，只要画笔一挥就可以得到钞票！"又如，一位顾客在餐馆吃饭吃到石子后，指着饭碗里的石子高喊："服务员，快来呀！请帮我把这块石头从饭碗里抬出去。"

（三）拒绝的技巧

在与他人交谈的过程中，社交者有时需要运用一些技巧来拒绝他人，以此避免他人陷入尴尬局面或使他人的自尊心受到伤害。常用的拒绝技巧有如下几种：

迂回诱导：即通过迂回战术诱导他人，使其领会暗示的婉拒含义或者知难而退，从而避免尴尬。例如，美国前总统罗斯福当海军军官时，有位好友向他问及有关美国新建潜艇基地的事，罗斯福不好正面拒绝，就问："你能保守秘密吗？"那人回答说："能。"罗斯福笑着说："我也能。"对方一听便心领神会，于是不再问了。

1. 有意延时

即通过拖延时间来拒绝他人，以避免现场回绝时的尴尬。例如，"嗯，我先想想办法，看能不能办成，然后尽快给你一个回复。"

2. 假设后果

即按他人提出的要求或条件，假设可能产生的后果，让其知难而退。例如，"这事由我出面的话，恐怕张女士会误会更深"。

3. 自嘲婉拒

即在自己身上找一个相关的缺陷或借口，向对方暗示自己不适合答应其请求。例如，"目前我没有完成这件事情的水平啊，若现在接受你的请求，就属于无证上岗了"。

实　训

1. 实训目标

通过实训使学生能够掌握高铁乘务服务中与旅客交谈的技巧。

2. 实训背景

模拟高铁服务中的突发事件，体验如何处理突发事件，从而提高高铁服务人员的应变能力。

3. 实训步骤

（1）将全班同学分成若干小组，每3人一组，分别扮演高铁乘务人员和旅客。

（2）根据给定的情景，设计符合实际情况的对话，在语言上要突出礼节、礼貌，强调有效表达。具体要求：

· 设计的对话符合角色身份；

· 能恰当地运用礼貌用语；

· 会聆听、微笑、目光交流、点头、欠身等肢体语言；

· 能对客人的不满进行有效的解释和说服，体现交谈的语言美、形式美、内容美。

（3）一组模拟演练时，其他组观摩，老师可跟踪进行录像。

（4）将同学们模拟演练的录像进行回放，每位同学根据前面的设计要求自我评价，其他同学互评，老师进行点评纠错。

4. 实训检测

学生、老师可以根据理论内容对实训成果进行评分。

第三节 电话礼仪

> ● 引 例
>
> 毕业生小张在学校"就业网"上看到一则外省某单位的招聘信息,小张觉得单位的条件比较适合自己,很希望应聘上。小张决定打电话到用人单位推荐自己。小张下午1点多向用人单位打去了电话,接电话的工作人员告诉他主管领导不在。小张第二天早上8点再次打电话到单位,不巧的是主管领导正在开会,他便向接电话的工作人员介绍了自己的情况。经过10分钟的自我推荐,小张觉得自己胜任岗位的优势还没有完全表达出来,可接听电话的工作人员已打断他的谈话,表明已经了解其求职意向,会向主管领导汇报情况。

电话是当今社会生活中一种十分普及的信息传递工具,能够沟通信息、交流思想。正确地使用电话能够塑造良好的个人形象。电话礼仪就是人们在拨打、接听电话(指固定电话)和使用手机时应遵守的礼仪规范。

一、电话礼仪的基本素质

在社交活动中,无论是拨打电话、接听电话,还是使用手机,都应符合以下基本素质:

用心通话:通话时应当全神贯注,耐心倾听他人所言,必要时应仔细做好记录,并重复所做记录,与对方核实信息的准确性,切忌边打电话边做与本次通话无关的事情。

微笑应答:通话时,应面带微笑,微笑传达的是心中的情绪,是一种潜意识中亲和力的表现,在接听电话时这种潜意识的情绪会通过电话传递给对方。

发音规范：在通话时，应保持合适的语速、清晰的咬字发音、适中的音量，切忌扭捏忐忑，语言啰唆，思维混乱。通话时，需保持语气亲切，不卑不亢，用心聆听和认真解答。

举止规范：拨打或挂断电话时，应小心轻拿轻放话筒；在通话过程中，应保持良好的仪态，可传递出的是我们自身良好的精气神，有助于我们保持一个好状态。

二、拨打电话的礼仪

（一）做好通话准备

拨打电话前，发话人通常应做好通话内容、时间和环境方面的准备工作。

1. 通话准备

拨打电话前，应提前拟定通话的要点或提纲，并熟悉与通话内容相关的文件或资料，以免通话时思维混乱，语言啰唆或不着要领。此外，如有条件，可提前了解受话人的基本信息，如姓名、性别、年龄、职务等，以免在称呼上出错。尽量给受话人留下积极、高素质的好印象。

2. 选择时间

若想打电话合乎礼仪，则应选择合适的拨打时间并把握恰当的通话时长。

（1）拨打时间

如果打电话到受话人的住所，若了解受话人的生活习惯，则应根据对方的生活习惯来确定拨打时间。一般而言，应避免选择过早、过晚或对方休息的时间前去打扰打电话。若确因紧急事项而不得不打电话给对方时，在通话前需向对方道歉并说明缘由。若需打电话至受话人的单位，则应根据对方的工作时间来确定拨打时间。一般而言，应选择对方不太繁忙的时间段，避开对方休息的时间。若要打电话到海外，则还应考虑时差问题。尽量选择受话人方便的时间通话，以免引发对方不良情绪。

（2）通话时长

通话时长应控制好。若通话时间需要很长，应在接通后询问受话人的意见（原则上尽量简洁干练，缩短通话时间）并在通话结束时略表歉意，以示尊重。

（二）选择环境

拨打电话时，应提前找好相对而言安静的环境，营造良好的氛围。也应考虑受话人接听电话时所处的环境，避免在不良环境中通话，以免受话人听不清。此外，若通话内容涉及机密或隐私，还应提前询问受话人是否方便。

（三）耐心等待

拨打电话时，应耐心等待。一般而言，响铃超过6声或大约半分钟，还是无人接听，就可挂断电话。切忌在铃响未过3声时就挂断电话，或挂断后重复拨打。

（四）礼貌通话

拨通电话后，首先应向对方问好、表明自己的身份，并联系受话人通话，具体表现方式有以下几种：

普通社交模式："您好！我是××（本人姓名），请问××（受话人姓名）在吗？"

公务模式："您好！我是××公司××部门××（职位）××（本人姓名），请问贵公司××部门××（职位）××（受话人姓名）在吗？"

若电话由他人代接，则应在礼貌询问后，请其代为转接。若受话人不在，如若方便可请代接人转告来电事由或约其他时间再打，约好确定的时间，就应遵守约定，按时拨打。若电话由受话人亲自接听，则直接礼貌地与之通话。

若通话过程中，有其他来电打进来，分清主次，说明情况，请对方稍做等待，接通后请对方稍等片刻，表明自己正在接电话，希望对方理解后再去接通第一个电话，通话完毕后，则应主动再次拨回第二个电话。若在拨打电话的过程中拨错电话，则应礼貌地向被打扰者道歉，不可直接挂断电话。

（五）礼貌挂断

通话结束时，应按照礼仪的顺序挂断电话。一般而言，通话双方无尊卑差别时，应由发话人先挂断、受话人后挂断；通话双方尊卑较大时，应由尊者先挂断、卑者后挂断，如上司与下属通话时，由上司先挂断、下属后挂断，男士与女士通话时，则由女士先挂断、男士后挂断等。

> **● 知识链接**
>
> **礼貌用语**
>
> （1）您好！请问是×××单位吗？
>
> （2）我是×××公司×××部（室）×××，请问怎么称呼您？
>
> （3）您好！这里是×××公司×××部（室），请问您找谁？
>
> （4）请帮我找×××同志。
>
> （5）我就是，请问您是哪一位？……请讲。
>
> （6）请问您有什么事？（有什么能帮您？）
>
> （7）您放心，我会尽力办好这件事。
>
> （8）×××同志不在，我可以替您转告吗？（请您稍后再来电话好吗？）
>
> （9）对不起，这类业务请您向×××部（室）咨询，他们的号码是……［×××同志不是这个电话号码，他（她）的电话号码是……］
>
> （10）您打错号码了，我是×××公司×××部（室）……没关系。
>
> （11）对不起，这个问题……请留下您的联系电话，我们会尽快给您答复好吗？
>
> （12）对不起，我打错电话了。
>
> （13）不用谢，这是我们应该做的。

三、接听电话的礼仪

（一）及时接听，礼貌应答

电话铃响后，礼貌的做法应是及时接听，切忌拖延、不接或直接挂断。接听电话应遵守"铃响不过三声"的原则，尽量减少受话人的等待时间。若电话铃响超过三声才接听电话，则应在接通后先向受话人道歉，如"对不起，让您久等了"等。

正常接通时，首先应向受话人问好并作自我介绍，自我介绍的方式也可分为普通社交模式和公务社交模式，普通社交模式中可相对随意，如"您好！我是××"；公务社交模式中则应更加正式，并加入相关的信息，如"您好！我是××公司××部门××（本人姓名），请讲"等。

若受话人不是自己，则在确定受话人后尽量快速转接，切忌置之不理、挂断电话或在电话旁大声呼叫或交谈。

若受话人不在或不方便接听，则应礼节性表示歉意并建议其稍后再拨或者代为传达留言信息，由对方自行选择，切忌不停追问；若对方属于拨错电话，则应友好告知自己基本信息，力所能及帮助对方查询正确电话，切忌粗鲁挂断甚至斥责对方。

> ● 知识链接
>
> 秘书小周办公室正好两台电话同时响起，小周手忙脚乱，这边说几句还没讲完，那边又说几句，结果两个客人都十分不满。
>
> 分析：两个电话同时响起，小周应尽快接听两个电话，迅速了解基本情况，区分轻重缓急，记录事情不急的一方的电话号码，告知对方待会打过去，然后挂断；优先接听事情紧急的那一个电话。

（二）仔细倾听，做好记录

无论自己是受话人还是代接人，都应当仔细倾听发话人的讲话，并不时地回应对方（如说"嗯""哦""是的""好的"之类的话），让对方感受到自己在被倾听，切忌默不作声或轻易打断对方的话。

同时，在通话过程中应区分通话性质，必要时做好通话记录（包括发话人来电时间、来电人姓名、来电事由等内容），对重要信息可保证准确和避免遗忘。若作为代接人为他人做通话记录，则应注意保护受话人的隐私，切忌四处宣扬、问东问西等。

（三）结束通话，礼貌挂断

接听电话的一方一般不宜率先提出结束通话的要求，而应让对方先提出。若确有其他原因需主动终止通话，则应向发话人充分说明并表示歉意，如有需要，可约定稍后回电。

若遇发话人打起电话没完没了，则应在通话中委婉提醒（如"我不再占用您的宝贵时间了，下次再聊吧"），切忌粗鲁打断或直接挂断。

结束通话后，应先按扣机键，然后放下话筒。

四、使用手机的礼仪

手机是现代社会使用最频繁的通信及社交生活工具，社交者应当遵守以下礼仪规范。

（一）置放位置

按照惯例，外出携带手机时，应尽量将其放在外衣口袋、公文包或手提包内等方便取用的位置，以保证取用时不失仪态；避免炫耀式的地将其展示于人（如握在手中、挂在脖子上或别在衣服外面等），否则会给他人留下不良印象。

（二）保持畅通

为了与外界保持联络，社交者应准确无误地将手机号码告知各交往对象，并保证手机话费和电池电量充足。若更换了手机号码，则应及时准确地通报各联络对象，以免联系就此中断。若因故暂时不能使用手机，则应在有关信息平台、语音信箱或其他有效载体上留言说明原因或采用转移呼叫的方式保持联络畅通。

（三）慎选铃声

在社交场合，尤其是公务场合，手机铃声不宜过分夸张、个性或怪异的，这样的铃声难免会对他人产生干扰。此外，铃声中如有造成他人不适的内容，应尽量避免使用。

（四）遵守公德

使用手机应注重场合、遵守公德。一般而言，在宴会、舞会、图书馆、展览馆、医院等公共场合，应尽量将手机调至振动状态，接听电话时尽量寻找无人之处或小声通话，切忌当众大声通话，影响他人；在教室、办公室、会客厅、会议室等需要安静的学习、工作场所，应暂时将手机设为静音或关机，以免手机来电影响他人。

礼仪小提示

（1）不要在医院或者是在机场的一些特殊场景用手机（如手术室、飞机上等），以免影响机场及医院的电子设备。

（2）打电话时，请留意所在地是否有禁止使用手机标识。如加油站、一些餐馆、酒吧、剧院、电影院以及火车行李站等。

（3）当不使用手机时，请锁住手机屏幕或按钮，以防意外拨打或操作不当造成不必要的损失。

（五）短信运用

手机短信是一种便捷的沟通方式，社交者可以用短信向交往对象进行简短文字沟通、发送祝福或善意提醒，切勿发送国家法律法规不提倡的内容，包括传播欺骗信息、骚扰信息等。

（六）重视私密

由于手机具有较强的私密性，因而社交者在使用手机时，要做到不随意将手机号码告知他人、不随意打探他人的手机号码，不可不负责任地将交往对象的手机号码转告他人或广而告之。一般来说，自己的手机尽量避免交由他人使用，同样尽量避免借用他人手机。

实训　电话礼仪

实训1

根据案例内容，模拟办公室上班时的情景。

学生以秘书的身份模拟接电话内容如下：

（1）通知部门领导开会的电话情景。

（2）对方要找李经理，秘书告知李经理不在的对话情景。

（3）对方打错了电话，秘书的应对。

（4）对方咨询本公司人事档案时，秘书需要查资料，请对方等候的电话情景。

（5）董事长正在处理紧急事情，有一位客户要找董事长，当秘书告诉他董事长正在开会后，她仍坚持要见董事长。

请模拟董事长处理的情景。

实训2

根据案例内容，模拟秘书处理特殊事件时的情景，所接特殊电话如下：

（1）经理正在会见一位客人，有一位自称是经理朋友的人要经理接电话，请演示秘书的处理方式。

（2）有一位客户的电话，总经理交代秘书不要转给他。请演示这位客户来电话时秘书的应对。

（3）有一位客户，所购产品出了一些问题，打电话来，火气很大，请演示秘书的应对。

第四节 拜访礼仪

> ● 引 例
>
> 王丽在某公司市场部工作，她准备去拜访顺达公司的市场部经理胡军先生，王丽事先预约的时间是本周三下午三点。在去之前王丽准备好了有关的资料、名片，并对顺达公司及胡军先生进行了了解。拜访前王丽对自己的仪容、仪表进行了精心、得体的修饰。到了周三，王丽提前5分钟到达顺达公司。在与胡军先生的交谈过程中，王丽简明扼要地表达了拜访的来意，交谈中始终紧扣主题，给胡军先生留下了很好的印象，最终促成了合作。

拜访是公务、商务等社会活动中一件经常性的工作，是最常见的社交形式，同时也是联络感情、增进友谊的一种有效方法。要使拜访做得更得体、更有效，即更好地实现拜访的目的，就要重视和学习拜访的礼仪。

一、拜访前的礼仪

（一）事先预约

1. 提前电话联系

不论因公还是因私而访，都要事前与被访者电话联系。联系的内容主要有四点：

（1）自报家门（姓名、单位、职务）。

（2）询问被访者是否在单位（家），是否有时间或何时有时间。

（3）提出访问的内容（有事相访或礼节性拜访）使对方有所准备。

（4）在对方同意的情况下定下具体拜访的时间、地点。

2. 拜访时间

拜访时间应根据受访者的工作时间和生活习惯来确定。一般而言，公务拜访时应选择对方的上班时间，私人拜访时应选择对方的闲暇时间，但均应避免选择早晨 7 点以前、晚上 10 点以后，以及对方的用餐或午休时间。

3. 拜访地点

拜访地点可以是受访者的办公场所或私人居所，也可以是公共娱乐场所，如咖啡厅、茶楼等，通常应选择离对方较近或方便对方的地点。

4. 拜访人员

预约时，拜访者应主动告知受访者届时到场的人员身份及人数。一旦确定了拜访人员，就不宜再临时增加、减少或更换人员，以免打乱对方的安排。

（二）准备谈话内容和礼品

拜访前，拜访者应确定好谈话内容，想好届时如何与对方交谈，并准备好与谈话内容相关的资料或物品，如样品、宣传单等。同时，应事先准备一份具有纪念意义或有实用价值的礼品并包装好，以便拜访时赠送给对方。

（三）整理仪表

拜访前，拜访者应准备与拜访性质、受访者身份或拜访场所相匹配的服装。一般而言，公务拜访时，应选择较正式的服装，如正装；私人拜访时，则选择整洁得体的服装（如休闲装）即可，不要过于正式。同时，拜访者应对自己的仪容稍加修饰，以示尊重。

二、拜访中的举止礼仪

（一）准时赴约

拜访者应根据预约的时间准时赴约，不可过早或过晚。若因特殊情况而不能按时到达时或不能赴约，则应及时通知受访者，诚恳地说明原因、表示歉意，必要时应与对方约定下次拜访的时间。在下次与对方见面时，应再次对上次的失约表示歉意。

（二）礼貌登门

拜访者到达拜访地点后，若有人迎候，则应向迎候者做简单的自我介绍，请其代为转告或应邀入室。

1. 敲门或按门铃

不管是到拜访对象家里或者办公室，事先都要敲门或按门铃，等到有人应声允许进入或出来迎接时方可进去。不打招呼就擅自闯入，即使门原来就敞开着，也是非常不礼貌的。另外还要讲究敲门的艺术。要用食指敲门，力度适中，间隔有序敲三下，等待回音。如无应声，可再稍加力度，再敲三下，如有应声，再侧身隐立于右门框一侧，待门开时再向前迈半步，与主人相对。

2. 要注意物品的搁放。

拜访时如带有物品或礼品，或随身带有外衣和雨具等，应该搁放到主人指定的地方，而不应当乱扔、乱放。对室内的人，无论认识与否，都应主动打招呼。如果你带孩子或其他人来，要介绍给主人，并教孩子如何称呼。

（三）问候致意

入室前，拜访者应热情地向其问好、与之握手，若是初次见面，还应简单地自我介绍。入室时，应先将鞋底的脏物处理干净或换上指定的拖鞋。入室后，应与受访者家属或其他在场客人一一打招呼、问好，并及时地将帽子、墨镜、手套或外套除去，将其与携带的礼品或随身带来的雨具等物品搁放到受访者指定的位置，切勿任意乱放。

（四）应邀入座

入室后，拜访者应随行于受访者，应其邀请，与之同时入座，切忌自行找座、抢先入座或抢座尊位。要注意姿势，不要太过随便，即使是十分熟悉的朋友。跷二郎腿、双手抱膝、东倒西歪也都是不礼貌的行为。如主人家有其他人在家，要微笑点头致礼；若主人送上茶水，应从座位上欠身，双手接过，并向主人表示感谢。

主人不让座不能随便坐下。如果主人是年长者或上级，主人不坐，自己不能先坐。主人让座之后，要口称"谢谢"，然后采用规矩的礼仪坐姿坐下。主人递上烟茶要双手接过并表示谢意。如果主人没有吸烟的习惯，要克制自己的烟瘾，尽量不吸，以示对主人习惯的尊重。主人献上果品，要等年长者或其他客人动手后，自己再取用。即使在最熟悉的朋友家里，也不要过于随便。

（五）举止稳重

入座后，应坐姿端正、自然，不要过于拘谨或过于放松，同时应注意以下事项。

1. 以礼还礼

受访者奉茶时，应起身或欠身，用双手相接并点头致谢；接过茶水后，应以右手持杯耳、左手托茶盘，细细赏茶色、品茶味，并适当称赞，切忌一声不吭；饮茶时，应慢啜细饮，切忌狂喝暴饮、"咕咚"作响或一饮而尽；若不小心将茶叶吞入口中，则应嚼而食之，切勿将其吐出或用手从口中取出；受访者续茶时，应起身站立，用双手端起或扶住茶杯并致谢，切勿不闻不动。受访者送上水果或点心时，应待其他客人或年长者取用后再取，并在品尝之后给予赞赏。

2. 讲究卫生

拜访者应保持室内干净卫生，不可乱扔瓜果、纸屑，更不可随地吐痰。到别人家拜访，应尽量适应主人的习惯。如果主人客厅里没有摆放烟缸，说明主人没有吸烟习惯，应尽量克制不吸烟。如果主人没有主动邀请，最好不要到主人客厅以外的其他房间去。

3. 非请勿动

一般而言，拜访者的活动范围应限于客厅或接待室之内，未经允许不得乱动受访者的物品（如工艺品、书籍、报刊、信件等）或四处乱闯，即便是上洗手间，也应向受访者打招呼。例如，事先未得许可就自行去开窗或开门，这是没有礼貌的举动。并且在开门窗之前，也要为在座的其他客人的舒适着想。

（六）言谈得体

与受访者交谈时，稍做寒暄后就应切入正题、说明来访事由，切忌东拉西扯或沉默不语，浪费对方的宝贵时间。当与对方话不投机或意见相左时，应立即转移话题或调整谈话技巧，切勿争论、冷场或表现不良情绪。

三、拜访结束的礼仪

（一）适时告辞

要控制好拜访时间，掌握谈话技巧。一般而言，拜访者一般不宜在主人家待的时间太久，要根据情况控制好逗留的时间；若无重要事情，则应在拜访时间持续了半小时左右时，主动向受访者提出告辞。提出告辞的时机最好是在双方的谈话告一段落且没有新的话题之前，切勿在对方讲话时或话音刚落时提出。此外，在拜访过程中，当受访者临时有事、给予结束谈话的提示（如说出"我们今天就谈到这里吧"或频频看表等）或另有客人来访时，拜访者应当机立断提出告辞，以免妨碍对方。

一旦提出告辞，即使对方百般挽留，也应利索地辞别，切勿告而不辞。

（二）不忘辞谢

辞别时，应主动伸手与受访者握别并道谢（如"多谢您的盛情款待"等），同时，与其家属或在场的客人一一道别。若有意请对方回访，则可在握别时提出邀请。若受访者起身相送，则应对其说"请留步"或"不必远送"，并适时回头挥手致意。

四、用餐礼仪

在别人家吃饭时，若由于自己不慎而发生了异常情况，例如因用力过猛使刀叉撞击盘子发出声响，或因餐具被碰倒而打翻了酒水等，应沉着不要慌张。如果刀叉碰出声音，可轻轻向主人说一声"对不起"。如系餐具碰撞而将酒水打翻溅到邻座身上，可在表示歉意后协助擦干；但如对方是妇女，只要把干净餐巾或手帕递上即可，应由她自己来擦干。

客人在进餐过程中擅自离席，是不太礼貌的。饭后，至少也应该待半小时再告辞，才不为失礼，否则，自己就好像是专为吃喝而来的。所以，假如你饭后需要立即离开的话，最好是不要接受吃饭的邀请。离开时，通常都是由主客或客人中年龄较长的已婚妇女首先提出要走，等她（或他）准备动身走的时候，别人才可以跟着告辞。否则，无特殊的理由自己就不应先走。

五、商务拜访礼仪

在工作中,因为出于各种原因,你可能要去拜访别人,这时就更需要讲究礼仪,才能使你尽量顺利地完成工作任务、拜访目的。

约好去拜访对方,无论是有求于人还是人求于己,都要从礼节上多多注意,不失礼于人,而有损自己和单位的形象。

公务拜访应注意哪些?

(1)首先我们要准时。

不要让别人白白的干等着,无论什么时候都是一件严重失礼的事情。如果有紧急的事情,不得不晚,必须通知你要见的人。如果打不了电话,请别人为你打电话通知一下。如果遇到交通阻塞,应通知对方要晚一点到。如果是对方要晚点到,你将要先到,要充分利用剩余的时间。

(2)当你到达时,告诉接待员或助理你的名字和约见的时间,递上你的名片以便于助理能通知到对方。

冬天穿着外套的话,如果助理没有主动帮你脱下外套或告诉你外套可以放在哪里,你就要主动问一下。

在等待时要安静,不要通过谈话来消磨时间,这样会打扰别人工作。尽管你已经等了20分钟,也不要不耐烦地总看手表,你可以问接待/助理约见者什么时候有时间。如果你等不及那个时间,可以向助理解释一下并另约一个时间。不管你对要见的人有多么不满,也一定要对接待/助理有礼貌。

(3)当你被引到约见者办公室时,如果是第一次见面,就要先做自我介绍,如果已经认识了,只要互相问候并握手就行了。

一般情况下对方都很忙,所以你要尽可能快地将谈话进入正题,而不要尽闲扯个没完。清楚直接地表达你要说的事情,不要讲无关紧要的事情。说完后,让对方发表意见,并要认真地听,不要辩解或不停地打断对方讲话。你有其他意见的话,可以在他讲完之后再说。

(4)应对主人的举动十分敏锐,当主人有结束会见的意欲时应立即起身告辞,切忌死赖不走。

一定要在到访前先联络妥当,不告而访非常失礼。

到客户办公室前,最好先稍事整理服装仪容。

名片与所需的资料要先准备好,在客户面前遍寻不着,非常不专业。

如果是重要客户,记得先关掉手机。控制时间,最好在约定时间内完成访谈,如果客户表现出有其他要事的样子,千万不要再拖延,如未完成工作,可约定下次时间。

若是重要约会,拜访之后给对方一纸谢函,会加深对方的好感。

实训　拜访礼仪

根据案例内容,模拟规范地运用拜访礼仪:

豪德公司的销售经理刘先生准备和万达公司王经理商谈合作事项。请同学们分角色模拟他们拜访前、拜访中、拜访后的场景。

(1)将全班同学分成若干小组,每四人一组,分别扮演刘先生、秘书小黄、王先生和秘书小李。

(2)模拟拜访前、拜访中、拜访后的场景情景,牢记拜访的注意事项。

(3)一组模拟时,其他组观摩并指出问题。

(4)老师进行点评。

学生、老师可以根据理论内容对实训成果进行评分。

第五节　馈赠礼仪

● 引　例

美国作家欧·亨利在其著名的小说《麦琪的礼物》里讲了这样一个故事:一位妻子十分想在圣诞节来临时送给丈夫一份礼物,她盼望能买得起一条表链,以匹配丈夫祖上留下的一只表。因为没有钱,于是她把自己秀丽的长发剪下来卖了。圣诞之夜,妻子对丈夫献上了自己的礼物——精美的表链。而丈夫也在惊愕之中拿出了他献给妻子的礼物,竟是一枚精致的发卡。

> 原来，丈夫为给妻子买礼物把自己的表卖了。这时，他们紧紧地拥抱在一起，彼此的爱成为这圣诞之夜唯一的却是最珍贵的礼物。

人们相互馈赠礼物，是人类社会生活中不可缺少的交往内容。中国人一向崇尚礼尚往来。《礼记·曲礼上》说："礼尚往来，往而不来，非礼也，来而不往，亦非礼也。"

一、馈赠礼仪

馈赠是人们在交往过程中通过赠送给交往对象礼物，来表达对对方的尊重、敬意、友谊、纪念、祝贺、感谢、慰问、哀悼等情感与意愿的一种交际行为。

（一）馈赠的目的

1. 以交际为目的的馈赠

这是一种为达到交际目的而进行的馈赠，有两个特点：一是送礼的目的与交际目的的直接一致，二是礼品的内容与送礼者的形象一致。

2. 以巩固和维系人际关系为目的的馈赠

这类馈赠，即为人们常说的"人情礼"。无论从礼品的种类、价值的轻重、档次的高低、包装的精美、蕴含的情义等方面都呈现多样性和复杂性。

3. 以酬谢为目的的馈赠

这类馈赠是为答谢他人的帮助而进行的。因此在礼品的选择上十分强调其物质价值。礼品的贵贱厚薄，首先取决于他人帮助的性质；其次取决于帮助的目的；最后取决于帮助的时机。

4. 以公关为目的的馈赠

多发生在对经济、政治利益的追求和其他利益的追逐活动中。

（二）馈赠的原则

1. 轻重原则

通常情况下，礼品的贵贱厚薄，往往是衡量交往人的诚意和情感浓烈程度的重要标志。然而礼品的贵贱厚薄与其物质的价值含量并不总成正比。因为，就礼品的价值含量而言，礼品既有其物质的价值含量，也有其精神的价值含量。

2. 时机原则

就馈赠的时机而言，及时、适宜是最重要的。把握好馈赠的时机，包括时间的选择和机会的择定。一般说来，时间贵在及时，超前滞后都达不到馈赠的目的。

3. 效用性原则

就礼品本身的实用价值而言，人们经济状况不同，文化程度不同，追求不同，对于礼品的实用性要求也就不同。因此，应视受礼者的物质生活水平，有针对性地选择礼品。

（三）礼品的选择

赠送者在选择礼品时，通常应注意以下三个方面：

1. 价值适宜

礼品是情谊的载体，既具有物质的价值含量，又具有精神的价值含量。赠送者在挑选礼品时应入乡随俗地择定物质价值适宜的礼品，注意体现"礼轻情意重"的思想。一般而言，所选礼品的物质价值不可过低，也不可过高。若过低，则无法较好地表现情谊或发挥馈赠的社交作用；若过高，则会使受赠者有受贿之感。

2. 注重效用

礼品本身具有实用价值，经济状况或文化程度不同的人，对于礼品实用性的偏好有所不同，因而赠送者应注意选择礼品的实际效用。一般而言，经济状况较好或文化程度较高的人多偏好欣赏价值较高或纪念意义较强的礼品，如雕塑艺术品、装饰性挂件等；经济状况较差或文化程度较低的人多偏好实用的礼品，如食品、水果、衣服等。

3. 投好避讳

由于民族、宗教信仰、生活经历、生活习惯、性格或爱好等的不同，不同的人对同一礼品可能表现出不同的态度，或喜爱，或厌恶，或忌讳等。因而，赠送者选择礼品时一定要投其所好、避其禁忌，以免引起受赠者的不快或误解。

例如，中国有句老话："好事成双"，无论结婚、祝寿、送礼都要成双成对、送双不送单。但中国人则忌讳"4"这个偶数，因为"4"的发音和"死"

的发音非常相似,是不吉利的。再如,白色虽有纯洁无瑕之意,但中国人比较忌讳,因为在中国,白色常是悲哀之色和贫穷之色;同样,黑色也被视为不吉利,是凶灾之色;而红色,则是喜庆、祥和、欢庆的象征,受到人们的普遍喜爱。

此外,中国人还常常讲究给老人不能送"钟",给夫妻或情人不能送"梨",因为"送钟"与"送终""梨"与"离"谐音,是不吉利的。这类禁忌,还有许多需要我们去遵循,这里就不一一列举了。

● 知识链接

不同受赠对象的礼品选择

在日常生活中,针对不同的受赠对象通常应选择不同礼品:

结婚礼品:可选择床上用品、餐饮用具或字画等工艺品,也可用金钱代替礼品。

生子礼品:可选择婴儿用品(如衣服、鞋帽、玩具、生肖纪念等),也可选择产妇滋补营养品。

生日礼品:对父母长辈可送寿联、寿糕或营养品等;对配偶可送鲜花、饰物或衣物等;对朋友可送贺卡、影集、工艺品或对方喜爱的小物件等。

节日礼品:春节可送红包;端午节可送粽子;中秋节可送月饼;情人节可送玫瑰花等。

远行礼品:可选择书籍、衣物、生活用品等。

迁居礼品:可选择对联、字画、工艺品、家庭装饰品等。

病丧礼品:探病可选择适宜病人食用的食品(如滋补品、水果等)和鲜花(应根据病情选购);吊丧可选择花圈、挽联、帛金(即金钱)、香烛纸钱,颜色以白色或黄色为宜。

(四)礼品的馈赠(见图3-5-1)

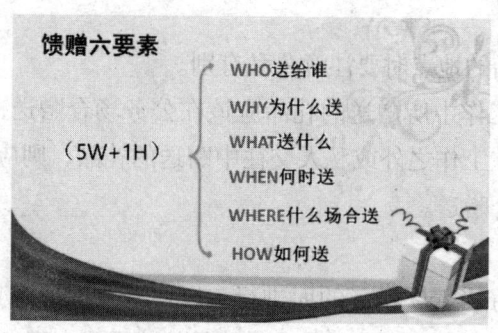

图3-5-1

1.选择时机

赠送礼品应选择合适的时机,一般来说以下几种情况便是馈赠的最好时机:

(1)欢庆节日。我国春节、中秋、端午、国庆、元旦等,西方的圣诞节、情人节等,都是送礼的最好时机。

(2)喜庆嫁娶。乔迁新居、过生日做大寿、生小孩、嫁女娶亲等亲友喜庆的日子,应考虑备礼相赠,以示庆贺。

(3)探望病人。去医院或别人家中探望病人应带些恰当的礼物。

(4)酬谢他人。当受到他人关心、照顾、帮助之后,可在恰当时机,以礼相赠,以示谢意。

(5)亲友远行。为了祝愿亲友一路顺风,安心离开家人远出外地求学、工作,送上一份礼品以表示心意、表示纪念。

(6)拜访、做客。当拜访或做客时,也要带上一份礼物登门,一方面对接受对方款待表示感谢,另一方面向对方表示自己的问候。

(7)还礼。接受对方的礼物,就等于欠对方的一个人情,可以在对方送礼离开时还附一份自己的礼物,或事后在类似的场合向对方送上一份礼品。

2.注重场合

赠送礼品应在合适的场合进行。通常情况下,赠送具有象征意义的特殊礼品(如锦旗、牌匾等)适合在大庭广众之下进行,而其他礼品则不适合当众赠送。通常,当众只给一群人中的某一个人赠礼,会使受赠者有受贿之感,并使没有受赠者有被冷落或受轻视之感。

3. 考虑地点

考虑赠送礼品的地点时要注意公私有别。

一般来说，工作中所赠送的礼品应该在公务场合赠送，如在办公室、写字楼、会客厅；在工作之外或私人交往中赠送的礼品，则应在私人居所赠送，而不宜在公共场合赠送。

4. 注意方式

赠送礼品最好当着受赠者的面进行，以便有意识地向其传达自己选择礼品时独具匠心的考虑，并观察受赠者对礼品的感受或态度。

若由于某些原因而不能亲自送上礼品，则可以邮寄赠送或托人赠送。邮寄赠送时，一般应附上一份礼笺，在礼笺上说明赠送礼品的理由并署名；托人赠送时，可随礼物送去信函或名片，并向受赠者解释不能当面赠送的理由，请其谅解。

5. 精心包装

赠礼时，应选择合适的包装对礼品略加修饰，使礼品在外观上显得更加精致、高雅，令人赏心悦目，并使受赠者对礼品产生一种探究和好奇心理，同时更加重视礼品的内在价值。相反，如果赠礼时不讲究礼品包装，则不仅会使礼品在外观上逊色，而且会使其内在价值大打折扣，无谓地折损礼品所寄托的情意。

包装礼品时应当注意以下几点：包装前，应先去掉礼品上的价格标签；包装材料的颜色、图案和包装后的形状不可触犯受赠者的风俗禁忌，如给信奉基督教的人赠礼时，要避免在包装上系十字状的丝带。

二、受赠礼仪

在社交场合，接受别人馈赠的礼品也同样要讲究礼仪规范。

（一）接受礼品

受赠的人在接受他人的礼品时，应当注意礼貌受礼。通常情况下应面带微笑，大方地伸出双手接过礼品，并说些客气或感谢的话。如"您太客气了""让您破费了"或者说声"谢谢"。

接受他人礼品后，是否当场拆封应当视具体情况而定。一般而言，中国人在接受礼品时，不会当着赠礼者的面拆封礼品，而是把礼品放在一边留待以后再看，以表示自己看重的是心意而不是礼品本身。但是西方人则习惯于当场拆封礼品，并对礼品加以赞赏。因此，当赠礼者为中国人时，一般不要当场拆封礼品；而当赠礼者为西方人时，则应当场拆封礼品，并赞美礼品的精致或实用。

（二）拒收礼品

一般情况下，不要拒收他人的礼品。但是，当他人赠送的礼品超过了公司规定的限度，或者自认为他人的礼品欠妥时，受赠的人应礼貌地拒绝。礼貌拒绝他人礼品的方式主要包括以下三种：

1. 婉言相告

即用委婉的语言拒绝。例如，拒绝他人赠送的昂贵手机时，可以对他说"谢谢你的好意，但我不习惯用这个品牌"等。

2. 直言缘由

即直截了当地向赠礼者说明拒收礼品的理由。例如，拒绝他人赠送的大额现金或贵重礼品时，可以说"我们有规定，接受现金就是受贿"或者"按照规定，我不能接受您送的这件礼品"等。

3. 事后退还

若在事后拆封时才发现礼品过于贵重，则可以尽快（一般在24小时内）将礼品退还给赠礼者。退还时，应向其说明退回礼品的理由，并表示感谢。

（三）回赠礼品

中国人讲究礼尚往来，在接受了他人的礼品后，一般应准备礼品回赠。回赠礼品时应当注意以下事项：

1. 选择合适的礼品

回赠的礼品应当避免与对方所送的礼品同种或同样，而应尽量选择价值与对方礼品相当的物品。但回赠的礼品的价值不可明显超过对方礼品的价值，以免给人一种攀比之感。

2. 选择合适的时机

回赠礼品应当寻找一个合适的时机进行。例如，在节日庆典上受赠礼品时，可以在赠礼者离别时立即回赠；在生日婚庆和晋级升迁时受赠礼品，一般应在对方有类似情形的时候再回赠。对于以酬谢为目的的馈赠，受赠者可不回赠。

三、送花礼仪

> ● 引 例
>
> 　　一位女士，在伦敦留学，曾在一家公司打工。女老板对她很好，在很短的时间内给她加了几次薪。一日，老板生病住院，这位女士打算去医院看望病人，于是她在花店买了一束红玫瑰花，在半路上，她突然觉得这束花的色彩有点儿单调，而且看上去俗气，就又去买了十几枝黄玫瑰，并且与原来的玫瑰花插在了一起，自己感到很满意，走进了病房。结果，老板见到她的时候，先是高兴，转而大怒。

　　在社交活动中赠送鲜花，是馈赠的一种特殊的形式，而且是人们最为欢迎的一种馈赠形式。

（一）送花的形式

送花的形式，即应如何将鲜花送人的问题。

1. 以人区分

本人亲送：本人亲送鲜花，是送花的最基本形式。赠送者在身临其境时见机行事，还可以亲临现场解说自己送花的缘由及其含义。

亲友转送：由亲友转送鲜花，一般是赠送人本人因故不能到场时所做的一种选择。

雇人代送：自己难以分身，可按有关标准支付费用，委托鲜花店的"花仙子"或邮政局的"礼仪小姐""礼仪先生"，代替自己上门送花。此种送花的形式，目前正越来越受欢迎。

2. 以花区分

束花：又叫作花束。它是以新鲜的数枝切花捆扎成束，精心修剪或包装而成的一种鲜花组合。在以花区分的送花的具体形式中，它是适用面最广、应用最多的一种。

篮花：又叫花篮。它是以形状各异的精编草篮，按一定的要求，盛放一定数量的花大色艳的新鲜切花。赠送篮花显得更隆重、更高档。其最适宜的场合，有开业、开展、演出、祝寿等。

盆花：即栽种在专门的花盆里，主要用作观赏的花草。送盆花的最佳时机，有登门拜年、祝贺乔迁、至交互访等。赠送的对象，最好是老年人、爱花人以及兼具时空条件者。

插花：指的是采用一定的技巧，将各种专供观赏的鲜花精心修剪之后，经过认真搭配，插放在花瓶、花篮、花插之中。插花主要适用于装饰居室，布置客厅、会议室，同时也可以赠予亲朋好友。

饰花：按其装饰部位不同，最常见的饰花有襟花、头花等。襟花可使用于各类社交场合，而头花则仅限于非正式场合使用。除亲朋好友外，饰花一般不宜送人。但是襟花在某些庆典、仪式中，则可以统一发放。

花环：指用新鲜的切花编扎而成的环状物，可以手持，也可以佩戴于脖颈、头顶或手腕上。它多用于自我装饰、表演舞蹈、迎送贵宾，有时亦可以之赠人。其受赠对象，通常是贵宾或友好人士。

花圈：指用鲜花所扎成的固定的圆状祭奠物。它仅能用在悼念、缅怀逝者的场合。如参加追悼会、扫墓、谒陵等。

（二）送花的时机

1. 喜礼

碰上亲朋好友结婚、生子、做寿、乔迁、升学、晋职、出国等诸般喜事，可赠送鲜花表示祝贺。

2. 贺礼

参与某些应表祝贺之意的活动，如：企业开张、展览开幕、大厦奠基、新船下水、周年庆典、演出成功等，可赠送鲜花作为贺礼。

3. 节庆礼

逢年过节，诸如春节、中秋节、国庆节、老人节、母亲节、父亲节、妇女节、情人节、教师节、护士节、青年节之类，可送鲜花表示庆贺。

4. 嘉奖礼

对先进、模范、英雄、义士以及在各类比赛中的获胜者，或者为国家、为单位赢得荣誉者，可赠送鲜花表示嘉奖鼓励。

5. 慰问礼

当亲友、邻里、同事、同学、同乡或其家人碰到不幸、挫折时，前去慰问，并赠以鲜花。

6. 丧葬礼

当关系密切者，或者其家人亲属举办丧事、葬仪时，可送以鲜花，以寄哀思。

7. 祭奠礼

当自己为他人祭祀、扫墓时，可以花为礼，追思、缅怀故人，或表示自己的一番敬意。

（三）鲜花的寓意

鲜花的寓意，是送花予人时所必须正视的一个问题。它的本意，是指按照人们的一般看法，某一种鲜花依其品种、色彩、数目、搭配的不同，而表示什么意图，或具有何种含义。

在许多情况下，人们习惯把鲜花的通用寓意叫作花语。准确地说，所谓花语，乃指借用花卉来表达的人类某种情感、愿望或象征的语言。

1. **表示情感**

玫瑰：美丽纯洁的爱情

康乃馨：伟大、神圣、慈祥的母亲

橙红玫瑰：初恋的心情

红康乃馨：祝母亲健康长寿

白玫瑰：纯洁与高贵

粉康乃馨：祝母亲永远年轻，美丽

粉玫瑰：初恋，特别的关怀

黄康乃馨：长久的友谊

黄玫瑰：歉意

白康乃馨：纯洁的友谊

红玫瑰：热恋，真心实意

百合花：百年好合，心心相印

红掌：大展宏图

火百合：热烈的爱

金鱼草：有金有余，繁荣昌盛

黄百合：衷心祝福

红金鱼草：红运当头

粉金鱼草：花好月圆

黄金鱼草：金银满堂

蝴蝶兰：我爱你

紫金鱼草：大红大紫

马蹄莲：永结同心，吉祥如意

郁金香：爱的告白，真挚的情感

水仙：高雅，清逸，芬芳脱俗

粉风信子：倾慕、浪漫

红风信子：让我感动的爱

黑郁金香：神秘，高贵

勿忘我：浓情厚谊，永恒的友谊

紫郁金香：永不磨灭的爱情

石竹：奔放，幻想

粉郁金香：幸福

石斛兰：慈爱，祝福，喜悦

黄郁金香：拒绝，无望的爱

2. 表示国家

大多数国家，目前都有各自的国花。所谓国花，指的是以某种鲜花来表示国家，用它来作为国家的标志与象征。

在正常情况下，各国的国花大都具有三个特点：

（1）一个国家只有一种国花。

（2）各国国花都是本国人民最喜爱的花。

（3）国花通常代表国家形象。人人对它必须尊重、爱护。

本章小结

本章主要介绍了日常交往礼仪中的礼仪规范，包括介绍礼仪、握手礼仪、名片礼仪、交谈礼仪、电话礼仪、拜访礼仪、馈赠礼仪。

掌握见面礼则有利于双方关系的进一步发展，见面是交往的开始，人与人在交往过程中的第一节礼就是见面礼。掌握交谈礼仪就是为了创造一个良好的交谈氛围，促进高铁乘务服务的顺利进行。电话礼仪就是掌握人们在拨打、接听电话（指固定电话）和使用手机时应遵守的礼仪规范。拜访礼仪就是做得更得体、更有效，即更好地实现拜访的目的，掌握好拜访礼仪的规范，以促进彼此之间的友好交往。馈赠就是要掌握好馈赠和受赠的时机和方式，选择合适的礼品。

思考与练习

一、单选题

1. 接电话时，拿起话筒的最佳时机应在铃声响起几声之后（　　）。

　　A. 一声　　　　B. 二声　　　　C. 四声　　　　D. 五声

2. 对于个人隐私问题，下列选项中哪个不该问？（　　）

　　A. 公司地址　　B. 收入　　　　C. 担任的职务　　D. 兴趣爱好

3. 下面关于握手礼的选项哪一项是错误的？（　　）

　A. 握手的顺序主要取决于尊者优先原则

　B. 社交场合应由先到者先伸手

　C. 客人告辞时，应由客人先伸手

　D. 职位低的人与职位高的人握手时应先伸手

4. 接受礼品时的哪项礼仪规范是正确的？（　　）

　A. 接过礼品后，不能当着送礼人的面打开欣赏，以免让对方感觉没有礼貌

　B. 接受礼品前应推辞再三才能接受

　C. 一般情况下，对他人诚心赠送的礼品，只要不违法违规，应该大方接受

　D. 在赠送者对礼品做介绍说明时，不可以对礼品表示任何态度。

5. 在家中接待访客的礼仪，哪一项是不正确的？（　　）

　A. 客人入座后，应主动敬烟

　B. 如果正忙于下厨或其他事情难以脱身，应放下手中的事情来陪客人，以免让客人有受冷落的感觉

　C. 与客人交谈应选择共同感兴趣的话题。

　D. 初次来访的客人，不宜向自己的家人介绍

6. 在正式场合下握手错误的一项是：（ ）
   A. 女士在社交场合戴着配礼服的薄纱手套与人握手
   B. 握手时不能与另外两人相握的手形成交叉状
   C. 为表示热情可以用双手握住对方的单手
   D. 跟人握手时不能握住对方的手上下左右抖个不停
7. 拜访结束，客人起身离开时，主人一般应该送客人到（ ），后转身离去。
   A. 楼门外　　　　B. 办公室门外　　　C. 自己的视野之外　　　D. 院门外
8. 打电话时谁先挂，交际礼仪给了一个规范的做法：（ ）
   A. 对方先挂　　　　　　　　B. 自己先挂
   C. 地位高者先挂电话　　　　D. 以上都不对
9. 礼节性的拜访，尤其是初次登门拜访，应该将时间控制在（ ）。
   A. 1小时　　　　　　　　　B. 半小时~1小时
   C. 15分钟~半个时　　　　　D. 以上都不对
10. 西方人很重视礼物的包装，并且必须在什么时候打开礼物？（ ）
    A. 当面打开礼物　　　　　　B. 客人走后打开礼物
    C. 随时都可以打开　　　　　D. 以上都不对

二、判断题

1. 如果家中来了不熟悉的客人，应该由男主人做介绍。（ ）
2. 在电话礼仪中，不在午休时间打电话给别人，但是用餐时间可以打。（ ）
3. 在严肃的、安静的、特定的场合，应关掉手机，或调至振动。（ ）
4. 与他人交谈时，要盯着他人的眼睛。（ ）
5. 约定好了家访时间，不能迟到，而且越早到越好。（ ）
6. 自我介绍时应尽量详细地介绍自己。（ ）
7. 如果某人向你问候，你不记得他是谁，你该问"你是谁？"（ ）
8. 拜访他人必须有约在先。（ ）
9. 不要用左手与他人握手。（ ）
10. 接过名片，首先要仔细看看。（ ）

11. 可以在名片上印制各种各样的图案、花纹等。（　）

12. 在办公地点，接待彼此不相识的来访者可以不用为他人做介绍。（　）

13. 年长者与年幼者握手，应由年长者首先伸出手来。（　）

14. 不要用左手与他人握手。（　）

15. 在赠送礼品时，最好不要说"没有准备，临时才买的"，"没有什么好东西，凑合着用吧"等诸如此类的自我贬低的话。（　）

三、案例分析题

案例1：某公司新建的办公大楼需要添置一系列的办公家具，价值数百万元。公司的总经理已做了决定，向A公司购买这批办公用具。

这天，A公司的销售部负责人打电话来，要上门拜访这位总经理。总经理打算，等对方来了，就在订单上盖章，定下这笔生意。

不料对方比预定的时间提前了2个小时，原来对方听说这家公司的员工宿舍也要在近期内落成，希望员工宿舍需要的家具也能向A公司购买。为了谈这件事，销售负责人还带来了一大堆的资料，摆满了台面。总经理没料到对方会提前到访，刚好手边又有事，便请秘书让对方等一会儿。这位销售员等了不到半小时，就开始不耐烦了，一边收拾起资料一边说："我还是改天再来拜访吧。"

这时，总经理发现对方在收拾资料准备离开时，将自己刚才递上的名片不小心掉在了地上，对方却并没发觉，走时还无意从名片上踩了过去。但这个不小心的失误，却令总经理改变了初衷，A公司不仅没有机会与对方商谈员工宿舍的设备购买，连几乎到手的数百万元办公用具的生意也告吹了。

请问：

1. A公司的生意为何告吹了？

2. 拜访他人应该注意哪些问题？

案例2：请结合以下两个场景回答问题

场景一：一位旅美华人在家乡举办了一次酒会，宴请当地几个房地产界的商人，希望借宴会增进彼此间的了解，寻找合适的合作伙伴。郑先生是本地房地产大户，声名远扬，是旅美华人最为看好的合作对象。但遗憾的是，旅美华人与郑先生握手时，握到了一只潮湿柔软的、被动无力的手，这只死鱼一般的手与它的主人的洒脱热情的外表极端不相称。握手以后，旅美华人对郑先生心生巨大的失望和厌恶。最终，这次合作机会被另一位实力稍逊的地产商获得。郑先生在房地产界大大丢了面子，事后却百思不得其解。

场景二：陈刚去某贸易公司应聘，招聘主管是个女士。因为事先看过陈刚的简历，女主管觉得陈刚很有实力，认为他是个人才。面试进行得很顺利，陈刚给女主管留下了很好的印象。面试结束时，女主管热情地伸出右手，说："小伙子，表现不错！"陈刚赶忙伸手相握，他手心朝下，像铁钳一般握住女主管的手。女主管面露微妙的惊异之色。她想：这个小伙子太傲了。陈刚就这样被女主管从新员工名单中画掉了。

请问：
1. 场景一中的郑先生和场景二中的陈先生为何最终都失败了？
2. 在社交场合中，规范的握手方式及注意的问题是怎样的？

第四章
日常接待礼仪

引 言

接待礼仪是人际交往中经常遇见的行为规范，是维系社会正常生活而要求人们共同遵守的最起码的道德行为，它是人们在长期共同生活和相互交往中逐渐形成，并且以风俗、习惯和传统等方式固定下来。接待礼仪体现着个人是否具备思想道德、文化修养、交际能力，体现着一个公司是否具备良好的企业氛围和管理能力，学习掌握接待礼仪，是内强素质，外塑形象的体现。得体的礼仪接待能体现集体和个人的文明素质和道德风尚，加强接待水平应注意礼仪，使人们在"敬人、自律、适度、真诚"的原则上进行人际交往，告别不文明的言行。

学习目标

知识目标

1. 接待前的准备工作。
2. 友好热情接待。
3. 不可不知的接待细节。
4. 礼貌送客。

技能目标

1. 拟定接待日程。
2. 交通工具。
3. 热情问候。
4. 乘车座次礼仪。
5. 引导礼仪。
6. 待客座次礼仪。

第一节 接待礼仪

> ● 引 例
>
> 某单位领导与刚来的客商正在会客厅里寒暄,秘书前来泡茶。他用手指从茶叶筒中拈了撮茶叶,放入茶杯内,然后冲上水……这一切,领导和客商都看到了。领导狠狠地瞪了秘书一眼,但碍于客商在场而不便发作。客商则面带不悦之色,把放在自己面前的茶杯推得远远的,同时说:"别污染了我的肠胃!"领导知道自己属下做事欠妥,所以只得忍气吞声。
>
> 谈判时,双方讨价还价。领导一时动怒,与客商发生争执。秘书觉得自己作为单位的一员,自然应该站在领导一方,于是与领导一起共同指责客商。客商拂袖而去。
>
> 领导望着远去的客商的背影,气得脸红脖子粗,冲着秘书嚷:"托你的福,好端端的一笔生意,让你给毁了,唉!"
>
> 秘书丈二和尚摸不着头脑,不知道自己有什么失误,他为自己辩解:"我,我怎么啦?客商是你得罪的,与我何干?"

接待是与拜访相对应的一种社交活动。对于在工作岗位上工作的员工来讲,顾客接待是一项非常重要、细致的工作。开展得好,能使对方留下良好的印象,推进事业的发展,接待失败,则会体现企业的管理水平和个人能力的差异。合乎礼仪的接待通常应包括前期准备、热情迎客、细心接待和礼貌送客四个方面。

在接到一项接待任务之前,作为主人的接待者在拜访者到来之前,通常应做好必要的准备工作。接待客人是一门艺术,服务人员在接待客人前,要做到提前考虑、早做安排、接待预案,一个一个环节考虑周到,才能做到尽善尽美的服务。下面,简要介绍几项接待前要考虑的内容。

（一）来访者信息

为了妥善安排接待工作，受访者应提前了解拜访者的基本情况，具体包括以下三个方面：一是来宾的总体情况，如负责人信息、来访人数、男女比例、来访时间等；二是来宾的整体计划，如来访目的、抵达时间和地点，以及其他事项安排等；三是主宾的个人简况，如姓名、性别、年龄、单位、职务、生活习惯等信息。信息了解的越充分，越能在接待工作中主动服务，避免差错。

（二）选择合适的接待规格

选择合适的接待规格即受访者应根据拜访者的身份、职务、来访目的及其与自己的关系安排接待的级别。一般是采取对等接待，即负责接待的主陪人员的级别应当与主宾的级别相当。但在上级领导派人传达意见、同级单位派人商谈事宜、社会知名人士或先进人士来访等情况下，应采取高规格接待，主陪的级别通常应高于主宾的级别，以表对拜访者的高度重视和尊重。

（三）拟定接待日程

作为接待方，不可不知待客之道，接待客人的主要思想是主随客便，待客有礼，接待者应本着尽量满足对方要求或方便对方的原则，拟定详细的接待活动日程，日程的内容通常应包括以下方面：一是迎送对方的时间、地点和人员；二是会面的时间、地点和人员；三是宴请的时间、地点和人员；四是娱乐活动的内容、时间、地点和陪同人员；五是住宿的地点、房间标准等。

（四）接待场所布置

受访者应按照整洁、美观、大方的风格要求布置接待场所，在客人来之前，往往需要专门进行环境卫生整理，特别是会议室、会议休息室、接待必经之路，都应专门清洁打扫，此外，对于公共区域、门外周边、楼梯等公众区域，也应不留余地的打扫干净，以便创造出良好的待客环境，展现企业良好形象和管理服务水平，以及表达对客人的尊重。一定要记住细节是一种创造，细节是一种功力，细节表现修养，细节体现艺术，细节隐藏机会，细节凝结效率，细节产生效益，细节是一种征兆。具体内容还包含如下：

· 打扫室内卫生，保证地面、桌椅、窗户洁净且无异味。

· 调节室内光源（自然光源最佳）、温度（22.5℃左右）和湿度（50%左右）。

· 在接待室或走廊铺设地毯并摆放绿色植物、鲜花等物品予以点缀。

· 准备并摆放好待客用品，如茶水、饮料、香烟、烟灰缸、水果、点心、报刊、图书等；必要时，还应准备一些玩具，以供随行来访的小孩使用。

（五）宴席、住宿安排

一般而言，受访者应根据拜访者的人数和生活习惯等情况预先安排宴席，以便款待对方。同时，应为远道而来或来访时间接近傍晚的拜访者安排住宿，以便对方休息之用。

在选择住宿的招待所、饭店、宾馆、会议中心之时，要充分考虑交通是否方便，考察其基本设施是否齐全，安全性如何，价格是否合理，环境是否安静、整洁。然后综合考虑选择。如果由与会者自己支付住宿费，就需列出几家价格、条件不等的招待所、饭店、宾馆或者是同一家宾馆不同标准的客房供其选择。

（六）考虑交通工具

对于远道而来的拜访者，受访者一定要事先考虑其交通问题，且最好为其安排或提供交通工具，以便迎送对方，为其解忧。

为来宾准备交通工具时，应考虑来回接送，一般不要只考虑单程，应尽量为客人考虑周全，提供方便，表达对客人的真诚和待客有礼之道。

（七）接待人员分工

一次大型接待，往往涉及的环节比较多，为了周全地做好接待工作，应提前考虑接待流程，并安排总负责人和具体环节负责人，大家各行其责。具体包括参与会见或洽谈的人员、餐饮和住宿的服务人员、交通安排人员、娱乐陪同人员，以及车站、机场或码头的迎送人员等。各自行使好分内工作，加强协调沟通，确保接待工作圆满进行。

接待礼仪实训

实训一

秘书小董是某技工学校汽车文秘专业毕业的学生,参加工作后,他虚心好学,把老秘书接待来访的过程认真记在心里。在接待方面,特别注意迎客、待客、送客这三个环节,力求使来访者满意。一天,办公室电话响起,有三位上级单位的领导计划来考察工作。小董应做哪些准备?

实训二

根据实训一的内容,上级单位工作人员到来后,模拟情景,做出符合礼仪规范的接待。

第二节 乘车礼仪

● 引 例

商务接待的工作,是公司与客户沟通的桥梁,代表一个公司的文明形象,所以接待人员必须掌握商务场合中接待的各种礼仪规范。商务接待乘车礼仪是商务接待中重要的一个环节,座次的完美安排则是对他人尊重的体现。

某公司的王先生年轻肯干,点子又多,很快引起了总经理的注意并拟提拔为营销部经理。为了慎重起见,决定再进行一次考查,恰巧总经理要去省城参加一个商品交易会,需要带两名助手,总经理一是选择了公关部杜经理,一是选择了王先生。王先生自然同样看重这次机会,也想寻找机会表现一下。

出发前,由于司机小王乘火车先行到省城安排一些事务,尚未回来,所以,他们临时改为搭乘董事长驾驶的轿车一同前往。上车时,王先生很麻利地打开了前车门,坐在驾车的董事长旁边的位置上,董事长看了他一眼,但王先生并没有在意。

车上路后,董事长驾车很少说话,总经理好像也没有兴致,似在闭目养神。为活跃气氛,王先生寻一个话题:"董事长驾车的技术不错,有机会也教教我们，如果都自己会开车，办事效率肯定会更高。"董事长专注地开车，不置可否，其他人均无应和，王先生感到没趣，便也不再说话。一路上，除董事长向总经理询问了几件事，总经理简单地作回答后，车内再也无人说话。到达省城后，王先生悄悄问杜经理：董事长和总经理好像都有点不太高兴？杜经理告诉他原委，他才恍后大悟："哦，原来如此。"

会后从省城返回，车子改由司机小王驾驶，杜经理由于还有些事要处理，需在省城多住一天，同车返回的还是四人。这次不能再犯类似的错误了，王先生想。于是，他打开前车门，请总经理上车，总理坚持要与董事长一起坐在后排，王先生诚恳地说："总经理您如果不坐前面，就是不肯原谅来的时候我的失礼之处。"并坚持让总经理坐在前排才肯上车。

回到公司，同事们知道王先生这次是同董事长、总经理一道出差，猜测着肯定提拔他，都纷纷向他祝贺，然而，提拔之事却一直没有人提及。

请指出王先生的失礼之处。

当拜访者（以下统称"客人"）到达之后，内心对受访者（以下统称"主人"）的态度充满期望值，期望受到主人的尊敬和热情欢迎，主人要做的第一件事情就是表达对客人的热烈欢迎。具体待客过程中主要包含了提前迎接、热情问候、照应周全、礼貌送客等礼仪规范。

一、迎候有礼

（一）主动迎接

若客人就在本地，则主人可按时亲自或派人到单位门口、住所门外或楼下迎接。若客人远道而来，则主人应提前确认其到达的具体时间，驾车或安排专车前往车站、码头或机场迎接。若与客人素未谋面，则还应准备好接站牌，上面写明"热烈欢迎××先生（或女士）""××单位接待处"等，接站牌最好不用白纸字，以免对方感到晦气。若客人为外宾，则应用英文或客人本国的文字书写接站牌，并安排翻译陪同迎接。

（二）热情问候

见到客人后，主人应主动上前与之问候、握手、做自我介绍，如"您好！我是项目部李敏，代表××公司前来迎接您！""欢迎您的到来！路上辛苦了！"或"欢迎您的到来！"等。若对方有大件行李，则应主动帮其提携，但其手提包、公文包或其他贴身物品就不用代劳了。对于年纪较大或身体不太好的拜访者，还应上前搀扶，以示关心。

● 案 例

情景：甲男甲女分别迎接各自的来宾。

客人来到公司门口，甲男早已在门口迎候，甲男上前道："陈总，您好！"并呈上自己的名片。又道，"陈总，我是鑫叶集团项目部经理陈瑞，专程前来迎接您，您一路辛苦了，请往这边走。"陈总道谢。

客人来到公司门口，找了半天公司楼层信息，找到后按门铃，甲女在办公室匆匆忙忙收拾卫生、准备茶水，听到门铃后解锁开门，客人自行走楼梯上7楼，进门后，甲女主动上前问候："汪主任，您好！您猜我是谁？"汪主任没有认出她是谁，感到很尴尬。

问题：
甲男甲女谁迎接得更好，请分析怎样做更合适。

二、行车礼仪

现代生活节奏越来越快，在行车过程中人人都希望加快速度，快速到达目的地，就出现你争我抢的局面，这样一来不仅没有提高速度，反而越来越慢，越来越堵，甚至造成不可挽回的交通事故。

人们通常行驶和乘坐的车辆有很多种，在此，主要介绍有关汽车驾驶或者乘坐轿车、公共车辆、火车等机动车辆的礼仪规范。

（一）驾驶小轿车礼仪

随着人们的生活水平越来越好，开小轿车早已不是谋生的手段，而是方便人们出行的代步工具。方便的出行让我们的生活品质提升，出行越来越体面，越来越便捷，在体面的光环下，我们也应具备得体的礼仪素质。

司机驾驶汽车时，经常会遇到违法行驶、占道抢行、强行超车等不讲文明礼貌的行为。此时，驾驶人应正确处理好有理与无理的关系，要宽容、大度和注重礼让；经常保持冷静的心态，"宁可有理让无理，不可无理对无理"，尽量避免引起事端。为营造一个文明、安全、和谐且有秩序的行车环境，驾驶人在行车中，必须严格遵守法律、法规和规章，始终坚持文明驾驶，礼貌行车。

（二）文明礼让

行车有礼，重在让人！人的生命最宝贵，汽车的驾驶者任何时候都应该提高警惕，用实际行动礼让他人、礼让其他车辆，在行车中做一个真正有礼的君子。对"块头"不如自己的非机动车与行人，机动车驾驶员更加要小心谨慎，认真礼让。切勿"目中无人""仗势欺人""我行我素"更不可以"老司机""马路杀手""车匪路霸"自居。

首先，礼让非机动车。对自行车、共享单车、三轮车、电动自行车等。应避免并行，错开行驶。

其次，礼让行人。对路上行人，尤其是老人、小孩、孕妇和残障人士，一定要给予关照。在行车过程中，该减速就减速、该停车就停车，当遇到雨天，不可因车轮行驶太快将雨水溅到行人身上，不可在行人旁使用玻璃水清洗挡风玻璃，避免清洁水喷洒在行人身上，更不可以在空间比较小的区域内对着行人大声按喇叭，应主动礼让行人。

● 知识链接

有一年国庆节假日期间，某高速某路段发生车辆追尾事故，由于应急车道被占用，导致在车祸中受伤的一名儿童无法紧急送往医院，造成治疗延误，引发公众热议。公安交管部门呼吁：驾驶员在高速路行驶过程中，应严格遵守交通法规，留出高速公路"生命通道"！

应急车道是专门供工程救险、消防救援、医疗救护和民警执行紧急公务使用的应急通道，被视为救援的"生命通道"。根据交通法规，非紧急情况下违法占用应急车道的要被处以200元罚款、记6分的处罚；对于拒不听从劝阻驶离的，依法拖离，追究妨碍执行公务的责任。

三、乘车座次礼仪

当乘车迎接远道而来的客人时,应注意乘车的座次礼仪、上下车的次序礼仪和乘车的举止礼仪。

在比较正式的社交场合,乘坐轿车时应分清座次的尊卑。而在非正式场合,可以不必过于拘谨。具体而言,小轿车的座次礼仪规范根据开车人身份的不同而有所不同。

(一)双排四座轿车

当专职司机开车时,其座次由尊而卑依次应为:后排右座、后排左坐、副驾驶座。当主人开车时,其座次由尊而卑依次应为:副驾驶、后排右座、后排左座。如图 4-2-1 所示。

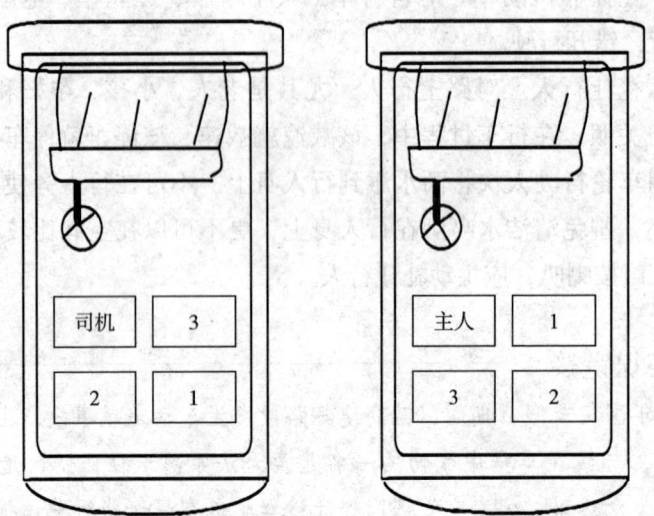

图 4-2-1

(二)双排五座轿车

当专职司机开车时,其座次由尊而卑依次应为:后排右座、后排左座、后排中坐、副驾驶座。当主人开车时,其座次由尊而卑依次应为:副驾驶、后排右座、后排左座、后排中座。如图 4-2-2 所示。

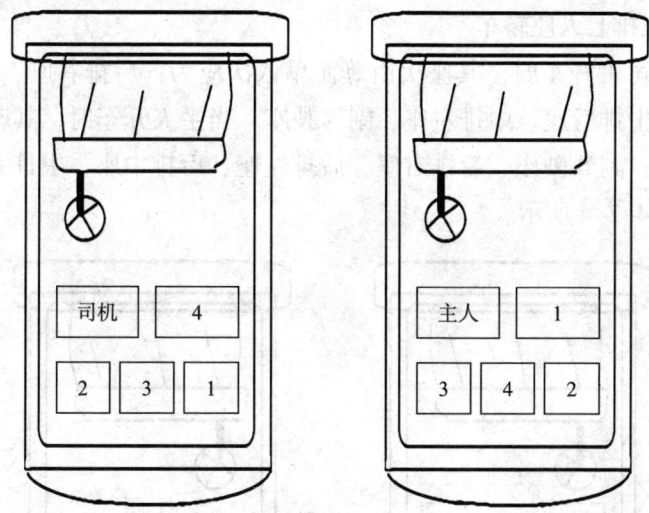

图 4-2-2

(三)双排六人座轿车

当专职司机开车时,其座次由尊而卑依次应为:后排右座、后排左座、后排中座、前排右座、前排中座。当主人开车时,其座次由尊而卑应为:前排右座、前排中座、后排右座、后排左座、后排中座。如图 4-2-3 所示。

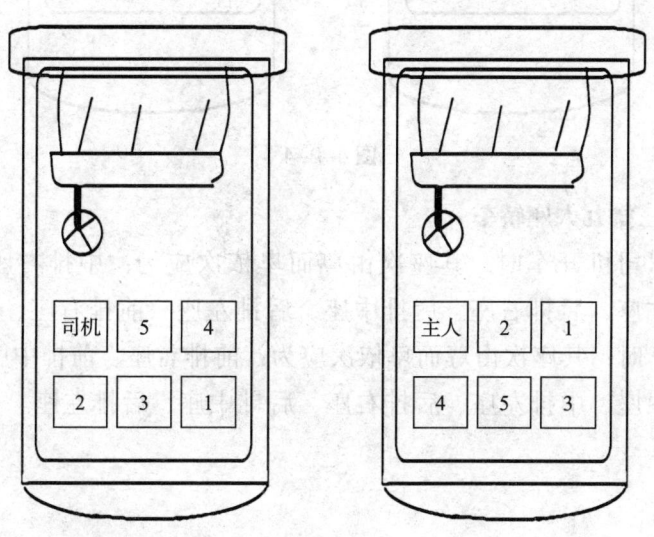

图 4-2-3

（四）三排七人座轿车

当专职司机开车时，其座次由尊而卑依次应为：后排右座、后排左座、后排中座、中排后座、中排左座、副驾驶座。当主人开车时，其座次由尊而卑依次应为：副驾驶座、后排右座、后排左座、后排中座、中排右座、中排左座。如图4-2-4所示。

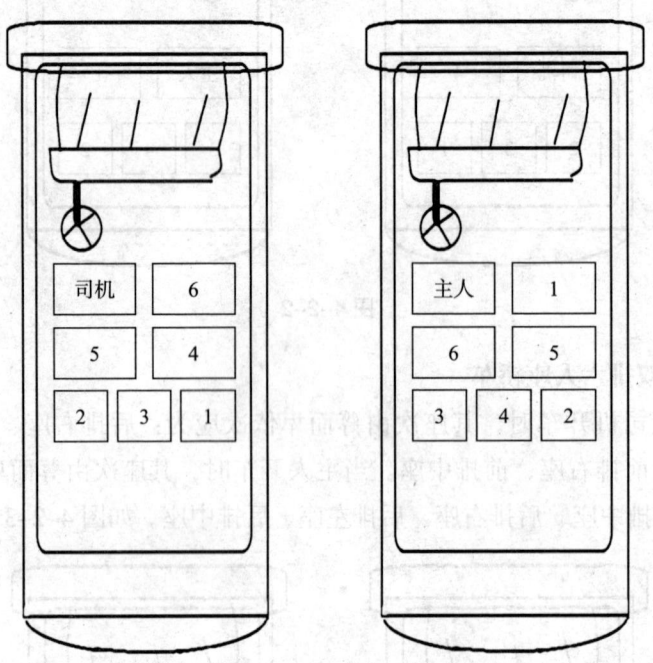

图4-2-4

（五）三排九人座轿车

当专职司机开车时，其座次由尊而卑依次应为：中排右座、中排中座、中排左座、后排右座、后排中座、后排左座、前排右座、前排中座。当主人开车时，其座次由尊而卑依次应为：前排右座、前排中座、中排右座、中排中座、中排左座、后排右座、后排中座、后排左座。如图4-2-5所示。

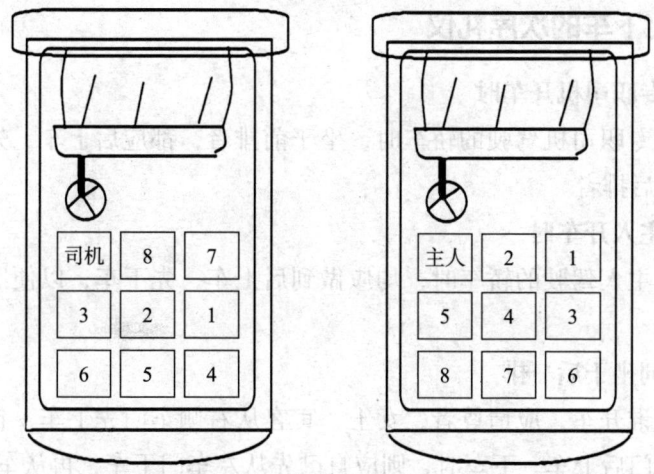

图 4-2-5

（六）多排多座轿车

多排轿车在此是指四排座或者四排座以上的轿车。不论由何人开车，多排多座轿车的具体座次均应由前到后，由右到左，依照座次与前门的远近而依次排列，主要是考虑乘车人上下轿车方便。如图 4-2-6 所示。

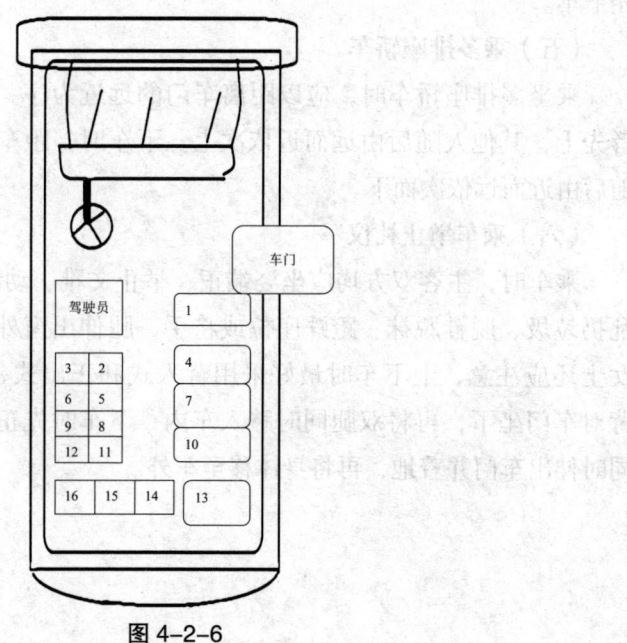

图 4-2-6

四、上下车的次序礼仪

（一）专职司机开车时

乘坐由专职司机驾驶的轿车时，坐于前排者，都应后上车，先下车，以便照顾坐于后排者。

（二）主人开车时

乘坐由主人驾驶的轿车时，均应做到后上车，先下车，以便照顾坐于后排者。

（三）同坐于后一排

不论由谁开车，应请尊者、女士、宾客从右侧车门先上车，自己从车后绕到左侧车门后上车。下车时，则应自己先从左车门下车，再从车后绕过来，帮助对方下车。若车停于车流量较大的地方，左侧车门不易打开，应于右门上车，应当里座先上，外座后上。下车时，则由外座先下，里座后下。做到有礼上下车。

（四）乘坐三排九座车

乘坐三排九座车时，一般应为低位者先上车，后下车；高位者后上车，先下车。

（五）乘多排座轿车

乘坐多排座轿车时，应以距离车门的远近为序。上车时，距离车门最远者先上，其他人随后由远而近依次上。下车时，距车门最近者先下，其他人随后由近而远依次而下。

（六）乘车举止礼仪

乘车时，主客双方均应坐姿端正、举止文雅、动静适宜，切勿吃喝抽烟、乱扔垃圾、脱鞋脱袜、蹬踩座位或将手、腿伸出窗外。除此之外，穿短裙的女士还应注意，上下车时最好采用背入式和正出式，即上车时先双腿并拢、背对车门坐下，再将双腿同时移入车内，下车时先正面面对车门、双脚并拢同时伸出车门并着地，再将身体移至车外。

第三节　礼待宾客

> ● 引　例
>
> 　　在接待活动中，座次的排列是有讲究的，哪儿是嘉宾，哪儿是随同，一目了然，上下尊卑，断然不能出错。一天，某单位举办一场宣教活动，主席台上一共有三位领导，这本是一场同参与对象交流的大好机会，刚工作的小刘在安排座位时，把分管业务的主任安排坐在主席台最左侧就座，副主任安排在正中间就座，作为主持人的小刘坐在了主席台的最右边，这时，主席台上的主任面露不悦的表情。

一、引导礼仪

主人为客人陪行时，应当注意不同情形下的引导礼仪。

（一）并行时的礼仪

主人和客人两人并行时，应遵循以右为尊的原则，让客人走在右侧；三人并行时，则应遵循居中为尊的原则，让身份最尊贵者居中，身份次之者居右，再次之者居左。行走时，主人应配合客人的步伐，走在客人左前方约 1.5 米处为其引路。引路时，应注意运用文雅的手势，并用语言为客人作方向提示或危机提示，如"请您这边走"或"请注意台阶"等。

（二）上下楼梯的礼仪

主人引导客人上楼时应让客人走在前面；下楼时，应让客人走在后面。行走时，应注意保护客人的安全。

（三）乘坐电梯的礼仪

乘坐有人值守的电梯，应主动后进后出；乘坐无人值守的电梯时，主人应当先进去后出来，以便为客人控制电梯。具体做法为：主人先进入电梯，用手按住"开门"按钮，并挡住电梯侧门，礼貌地请客人进入，客人安全进入后方可关门；出电梯时，主人应用手按住"开门"按钮，并礼貌地请客人先出，待客人全部走出电梯后，再迅速走出电梯为客人指引方向。

（四）出入房门的礼仪

引领客人进入室内时，主人应主动为其开门或关门，并做到"门朝内开己先入，门朝外开客先入"。客人进门时，主人应扣住门板并做一个"请"的姿势，待客人进入室内后，再轻轻关上门。

客人入室之后，主人应为其妥善存放外套、帽子或随身携带的物品，然后引领客人入座，并为其奉茶、敬烟或端上点心。

二、待客座次礼仪

主人在安排待客座次时，应将客人安排在尊位上。尊位的确定方法通常包括以下几种：

（一）面门为尊

主人与客人相对而坐，且其中一方的座位面向正门时，则面对正门的座位为尊位，此座应礼让给客人；背对正门的座位为卑位，此座适合主人。

（二）以右为尊

主人与客人面向正门并列而坐时，以面对正门方向的视角为准，右位尊、左位卑；主人与客人侧对正门相对而坐时，以进门方向的视角为准，右位尊、左位卑。

（三）以远为尊

主宾双方并排坐于正门一侧时，离门较远的座位为尊位，较近的座位为卑位。

（四）居中为尊

当客方人数较少而主方人数较多时，则以面门的中间为尊位，两侧或四周为卑位，呈现"众星捧月"的格局。

（五）佳座为尊

佳座为尊即质量或舒适度较好的座位为尊位。例如，长沙发尊于单沙发，沙发尊于椅子，椅子尊于凳子，高座椅尊于矮座椅等。

（六）自由为尊

自由为尊即客人自行选择的座位为尊位，此时，主人只需坐于客人的一侧或周围，切勿纠正对方或让对方换座。

三、奉茶礼仪

在客人入座后、开始交谈前，主人应为客人奉茶。奉茶时应注意以下礼仪：

（一）奉茶人员

奉茶人员的身份高低体现主人对客人的重视程度。在家中待客时，一般由家中的晚辈或主人奉茶；接待重要客人时，则应由女主人亲自奉茶。在单位待客时，一般应由秘书、接待人员、专职人员奉茶；接待重要客人时，则应由在场的职位最高者亲自奉茶。

（二）奉茶次序

当客人较多时，奉茶应按照以下顺序进行：先客人、后主人；先主宾、后次宾；先长辈、后晚辈；先女士、后男士；先职位高者、后职位低者。

若客人之间的尊卑差别不大，则可按以下顺序奉茶：以奉茶者为起点，由近及远地依次奉茶；以客厅之门为起点，按顺时针方向依次奉茶；按客人到来的先后顺序奉茶。

（三）奉茶方法

奉茶时，应当注意茶勿斟满、右侧递上和适时续茶的要领。

1. *茶勿斟满*

即茶不可斟得太满，一般以七分满或八分满为宜，否则会有厌客或逐客之嫌。

2. *双手奉茶*

即奉茶时应以左手托住茶盘、右手扶住茶杯，恭敬地递给客人。双手奉茶时，切勿将手指搭在杯口上或浸入茶水。

3. *右侧奉茶*

即奉茶时应从客人的右侧奉上，并放在客人的右前方，同时轻声告知客人"这是您的茶，请慢用"等。

4. *续茶有度*

即当客人杯中的茶水有所减少时，应及时为其续茶，切忌让其杯中茶叶见底。续茶时，仍以不妨碍客人为佳。

注意事项:

待客的茶具不可有缺口或裂痕,更不可不洁净。

待客的茶叶不可为旧茶,茶叶的品种应征询客人的意见。

奉茶时的茶水温度不宜太高,以免烫伤客人。

为多位客人奉茶时,应以大茶盘端出茶水,各杯茶的颜色应当均匀,切勿深浅不一。

招待老年人或海外华侨时,不要再三为其斟茶,否则会有逐客之嫌。

茶壶中的茶叶浸泡3至4次后,应更换新茶。

客人散去之后才可以收茶。

我国传统的待客礼仪中有"上茶不过三杯"一说:第一杯为敬客茶;第二杯为续水茶;第三杯为送客茶。若一再劝人用茶,却无话与人交谈,则往往意味着提醒来宾"应该打道回府了"。

四、礼貌送客

送客是接待工作的不可忽视的一个环节,主人应当礼貌对待,否则可能会使整个接待工作前功尽弃。送客时,通常应做到以下两个方面:

(一)再三挽留

当客人提出告辞时,主人一定要热情挽留。在热情挽留之后,若客人执意要走,则应等客人起身后,再起身相送。切忌在客人刚提出告辞时就积极地起身送客,或者以某种动作、表情暗示逐客之意。

(二)真诚送客

客人辞行时,主人应与之握别,对其来访表示感谢,请其多多包涵接待工作的不妥之处,道惜别之语,如"慢走""常联系""欢迎再来"等并礼貌相送。对于本地的客人,一般应将其送到门口、电梯口、楼下或其乘坐车辆的驶离之处,目送客人离去,待对方完全离开视线后,才能返回;对于远道而来的客人,则应将其送至车站、码头或机场等,待对方离开后,才能返回。

本章小结

本章着重介绍了高铁乘务人员接待礼仪的基本常识和具体做法,主要针对接待前的准备工作、友好热情接待、不可不知的接待细节、来访者信息、选择合适的接待规格、拟定接待日程、接待场所布置、宴席、住宿安排、交通工具选择、接待人员分工、驾驶小轿车礼仪、乘车座次礼仪、待客座次礼仪、奉茶礼仪、送客礼仪等进行逐一介绍，这些行为规范有助于规范高铁乘务人员文明服务行为，提高服务质量。

思考与练习

一、单选题

1. 上级领导派人传达意见、同级单位派人商谈事宜、社会知名人士或先进人士来访等情况下，应采取（　　）规格接待。
   A. 高　　　　　B. 中等　　　　　C. 平等　　　　　D. 低

2. 受访者应按照整洁、美观、大方的风格要求布置接待场所，在客人来之前，往往需要（　　）进行环境卫生整理。
   A. 大致　　　　B. 专门　　　　　C. 随意　　　　　D. 刻意

3. 调节室内光源（自然光源最佳）、温度（　　）左右。
   A. 29℃　　　　B. 24℃　　　　　C. 22.5℃　　　　D. 30℃

4. 在选择住宿的招待所、饭店、宾馆、会议中心之时，要充分考虑（　　）是否方便。
   A. 饮食　　　　B. 交通　　　　　C. 住宿　　　　　D. 行程

5. 专职司机开车时，其座次最尊位是（　　）。
   A. 后排左坐　　B. 副驾驶座　　　C. 后排中坐　　　D. 后排右座

6. 乘坐多排座轿车时，应以距离车门的远近为序。上车时，距离车门最（　　）者先上；下车时，距车门最（　　）者先下，其他人随后由近而远依次而下。
   A. 远、近　　　B. 近、远　　　　C. 近、中　　　　D. 近、左

7. 主人和客人两人并行时，应遵循以（　　）为尊的原则。
   A. 前　　　　　B. 后　　　　　　C. 左　　　　　　D. 右

8. 乘坐有人值守的电梯，陪同者应主动（　　），乘坐无人值守的电梯时，陪同者应当先进去，后出来。
   A. 后进后出　　B. 先进先出　　　C. 先进后出　　　D. 先进不出

9. 主宾双方并排坐于正门一侧时，离门较（　）的座位为尊位，较近的座位为卑位。

A. 前　　　　B. 后　　　　C. 远　　　　D. 近

10、沏茶不可斟得太满，一般以（　）分满为宜，否则会有厌客或逐客之嫌。

A. 七八　　　B. 三四　　　C. 五六　　　D. 九十

二、判断题

1. 在接到一项接待任务之前，作为主人的接待者在拜访者到来之前，通常应做好必要的准备工作。（　）

2. 为了妥善安排接待工作，受访者应提前了解拜访者的基本情况，如姓名、性别、年龄、单位、职务，其他酌情了解。（　）

3. 选择合适的规格即受访者应根据拜访者的身份、职务、来访目的及其与自己的关系安排接待的级别。一般是采取对等接待。（　）

4. 受访者应按照整洁、美观、大方的风格要求布置接待场所，公共区域、门外周边、楼梯等公众区域，不用清洁。（　）

5. 接待时应准备水果、点心、报刊、图书等，不用准备小孩物品。（　）

6. 为来宾准备交通工具时，一般只考虑单程。（　）

7. 一次大型接待，往往涉及的环节比较多，为了周全地做好接待工作，关键是做好职责内的工作，不应过多与其他部门合作。（　）

8. 乘坐由专职司机驾驶的轿车时，坐于前排者，都应后上车，先下车，以便照顾坐于后排者。（　）

9. 引领客人进入室内时，主人应主动为其开门或关门，并做到"门朝内开己先入，门朝外开客先入"。（　）

10. 即奉茶时应以右手恭敬地递给客人。（　）

三、简答题

1. 待客前有哪些准备？

2. 待客过程中有哪些行为规范？

3. 行车礼仪注意事项。

4. 乘车座次礼仪有哪些?

5. 待客座次礼仪规范。

6. 奉茶礼仪和注意事项。

四、案例分析题

案例1：某省自然资源丰富，有茂密的森林、大型的矿床、独具特色的物产、理想的区位。但由于历史的原因，其社会经济基础相当薄弱，这就制约他们经济的腾飞。改革开放后，该省筑巢引凤，广交天下朋友们，共同开发他们的丰富宝藏。该省接待部门的同志积极、认真地做好领导的助手，热情接待有关部门的来访人员，尽最大努力为来宾提供工作和生活上的方便，并且不失时机地向来宾介绍该省丰富的自然资源和发展潜力，同时不做隐瞒，坦率地说明由于缺乏资金，宝藏仍沉睡地下，未能产生应有的效益。为中国走向现代化服务，若是能以外资加本地资源来共同开发，彼此都将获利受益。接待部门的同志还根据来宾情况主动穿针引线，沟通该省有关部门、单位与来宾的联系，促进了来宾与各职能部门的相互了解，增进了合作意向，增强了来宾在该省投资的决心，仅一个铝厂项目投资便达27亿元，一个化肥总厂项目就投资7.5亿元。

请问：

1. 该省接待部门的同志从哪几方面为该省经济建设做出了重要贡献？

2. 请你从做好接待工作这个角度来说说，接待工作是"潜在的生产力"。

案例2：一次某地党代会人数比较多，食宿安排难度大。会议接待人员工作做得好，得到了代表的夸奖，领导的通报表扬。

会议接待人员的做法是，改变过去等待领导批示为主动建议、请示，从会议住地的安排到经费预算，事先到有关单位、宾馆调查摸底、综合分析，做准备，先后三次做出四个会议食宿饭店和会场安排方案呈报领导决策参考。最后领导决定，按方案提出的意向选择了食宿、交通、会场较为有利的锦宁饭店作为大会食宿饭店，锦宁剧场做大会会场。在接待工作中，从代表食宿、讨论地点、会场安排、医疗保健、车辆调度、组织代表乘车，到老同志的关照逐项落实到人，一环扣一环，环环不脱节。全体接待人员全力以赴，一心扑在接待工作上，坚守岗位，积极努力，按高要求善始善终做好工作。

请问：

（1）这次接待工作获得良好效果的主要原因在哪里？

（2）请从被动与主动的角度谈谈接待工作。

第五章
车站服务礼仪

引言

铁路客运站是铁路网的重要组成部分,是铁路与城市的结合点,以往它主要是办理旅客乘员客运业务和旅客列车到发整备等技术作业的场所,而今已发展成为城市和区域的综合交通枢纽和现代化客运中心,在城市发展中的地位、作用和影响发生了根本性的变化。伴随着动车组的运行,现代铁路客运站既要突出铁路功能,满足旅客方便、快捷、舒适乘车的要求,又要满足城市发展需求和综合交通协调发展的要求。

学习目标

知识目标

1. 了解车站客运服务礼仪的内容和特点。
2. 了解安全检查礼仪的内容。
3. 了解问询引导礼仪的内容。
4. 了解验票服务礼仪的内容。
5. 了解其他岗位服务礼仪的内容。

技能目标

1. 掌握车站客运服务礼仪的基本要求。
2. 掌握车站客运员服务礼仪的程序及标准。
3. 掌握客运值班室服务礼仪的基本要求。

第一节 车站客运服务礼仪概述

> **● 引 例**
>
> 为了提高客运工作人员的服务质量,广州站在客运服务人员中开展了"假如我是一名旅客"的活动。主要内容包括:每人携带一个装有10公斤以上物品的行李袋,从站内步行到站前路售票大厦,以售票员签字为准;购票后,步行返回车站无空调的第七候车室,同旅客一道候车一小时以上,中途不得离开候车区域,在由专人登记确认候车时间后,即可随旅客一同进入站台。车站还规定,每个参加活动的人员事后都要写一篇心得体会及今后打算。平时见惯了旅客购票候车的客运服务员,算是吃了不少苦头。一位值班员在活动结束后说:参加"假如我是一名旅客"活动,使我们感到做旅客也确实不容易,这项活动拉近了我们与旅客的距离。

客运部门是铁路的门面和窗口,服务人员的语言、态度和行为,关系着铁路的声誉,在运输竞争日趋激烈的今天,铁路的声誉和形象直接关系着铁路的发展与铁路的效益。

一、车站客运服务礼仪的内容

铁路车站客运人员是指车站在售票窗口、候车室、进站通道、旅客站台等处为旅客提供服务保障安全的工作人员,其主要工作职责是指客运人员对车站旅客购票、乘降、出站的安全服务所承担的责任。因此,车站服务礼仪对于提升服务质量、展示铁路形象、满足旅客需求具有重要意义,这就要求铁路客运服务人员在为旅客服务时要有良好的态度,要不卑不亢、礼貌热忱,微笑发自内心。牢记自己代表的是铁路的形象,绝不能抱着无所谓的态度。车站服务礼仪包括售票处服务礼仪、候车厅服务礼仪、贵宾室服务礼仪、站台服务礼仪、出站口服务礼仪等。

二、车站客运服务礼仪的特点

（一）良好的仪容仪表是车站服务形象的表现

车站服务工作的特点是直接面向旅客为其提供服务，来自四面八方的旅客对为其服务的工作人员会留下直接而深刻的印象。良好的仪容仪表会产生积极的宣传效果，在一定程度上，车站服务人员的仪容仪表反映了一个组织团体的服务形象和管理水平。

（二）良好的仪容仪表是优质服务的表现

服务人员的仪容仪表能满足旅客视觉美方面的需要，同时又使他们感受到优质的服务，自己的身份地位得到应有的承认，求尊重的心理也会得到满足。

（三）良好的仪容仪表是车站管理水平的表现

服务人员的仪容仪表不仅反映了铁路的经营管理者的管理理念和管理水平，而且也通过个人形象的直接展现，体现出铁路工作者的自尊自爱。

三、车站客运服务礼仪的基本要求

（一）仪容仪表

车站服务人员必须注重个人的仪容仪表和风度，这是由其工作性质决定的。要求工作时精神饱满、仪容整洁、举止大方、表情自然。根据铁道部旅客运输服务质量标准要求，车站服务人员有以下着装要求：

着装要做到统一规范，整洁大方，佩戴职务标志；胸章（长方形职务标志）佩戴在上衣左胸口袋上方正中，上衣左胸无口袋时，佩戴在相应位置；臂章（菱形职务标志）佩戴在上衣左袖肩下四指处；车站女工作人员可淡妆上岗。

（二）服务用语

在铁路客运服务中，我们要用礼貌用语。礼貌用语是服务性行业的从业人员在接待宾客时使用的礼貌语言，它具有体现礼貌和提供服务的双重特性，是服务人员用来与宾客进行信息沟通的重要的交际工具，是优质服务的一种体现形式。

在服务用语上，客运车站服务人员要谈吐文雅、语言轻柔，语调亲切甜润，音量适中，讲究语言艺术。服务语言要求使用普通话，服务语言表达规范、准确、口齿清晰。运用"请、您好、谢谢、对不起、再见"等文明用语。对旅客称呼得体。统一称呼时为"各位旅客"，个别称呼时为"同志""小朋友""先生""女士"等。

（三）服务态度

在服务态度上，客运车站服务人员要诚恳、热情、和蔼、耐心。

微笑，可以和有声的语言及行动相配合，起到"互补"作用，充分表达尊重、亲切、友善快乐的情绪。微笑服务更是优质服务中不可缺少的内容。

在铁路旅客服务过程中，微笑必须贯彻全程。与旅客交流时首先就应露出微笑，而且绝不会因为旅客的反应而被动地改变微笑的面孔。

（四）行为举止

在行为举止上，客运车站服务人员要表现得动作优雅，彬彬有礼。

在车站客运服务中，服务工作人员要以礼待人。在职业道德修养、文化知识修养、心理素质修养和行为习惯修养方面，提高自己的水平，提高自己的自我控制能力，勤学苦练，自觉调整养成良好的行为习惯。

第二节 车站客运员服务礼仪程序及标准

一、班前准备工作

（一）客运值班员

（1）参加点名会，接受命令指示，了解列车运行情况及重点工作。做到命令清楚，当日工作全面掌握。

（2）按各岗位分工布置本班组的工作任务，提出具体要求。做到分工合理、任务明确。

（3）检查仪容仪表，组织班组列队上岗。做到着装整齐、精神饱满。

（4）组织对岗交接，检查服务区域人员上岗、保洁质量、服务设施、定置管理等情况。发现设备故障等情况，及时报告。做到交接清楚、卫生达标、备品齐全。

（二）客运员

（1）参加点名会，接受命令指示，了解列车运行情况及重点工作。做到命令清楚、全面掌握情况。

（2）整理仪容仪表，列队上岗。做到着装整齐、精神饱满。

（3）进行对岗交接，检查负责区域保洁质量、服务设施等情况。做到卫生达标、设备良好、备品定位。

二、候车作业

（一）客运值班员

（1）定时在候车室巡视，掌握旅客候车动态及重点旅客信息。做到巡视认真、信息掌握准确。

（2）检查客运员作业执行情况，指导按标准作业，处理客运相关业务及旅客投诉。做到按理，及时处理。

（3）按规定时间（列车在折返站停留时间为20分钟：下客5分钟，保洁5分钟，具体检票由各站确定）组织客运员按时上岗，进行检票作业。做到准时上岗、不误剪、不漏剪。

（二）客运员

（1）在候车室（区域）入口处引导旅客候车。做到态度亲切、有序引导。

（2）服务在旅客周围，掌握旅客候车动态。做好重点旅客细微服务。

（3）执行作业标准，解答旅客问询，受理旅客投诉。做到首问首次负责，耐心解答问询。

（4）按广播预告，及时上岗进行检票作业，提醒旅客列车停靠站台；按规定时间停止检票，做到上岗准时、检票认真、不漏剪、不误剪。

（5）妥善处理候车室（区域）内的突发情况，及时上报。做到沉着果断，措施得当。

（6）遇列车晚点时，做好宣传、解释工作，主动帮助旅客解决困难，稳定旅客情绪。做到耐心解释，妥善处理。

三、站台作业

（一）客运值班员

（1）组织客运员列队上岗，清理站台，检查立岗情况，做好乘降组织，解答旅客问询。做到分工明确，组织有序。

（2）与列车长办理重点旅客及客运业务交接。做到交接清楚，手续齐全。

（3）及时妥善处理突发情况。做到快速反应、密切配合。

（4）组织客运员列队撤岗，行动一致。

（二）客运员

（1）列车停靠站台前5分钟列队上岗，清理站台，做好接车准备。做到按时上岗、站台无障碍物及闲杂人员。

（2）列车进站后，按分工在上车车门处立岗，面向旅客进站方向，查验车票，提示登车安全，协助重点旅客上车，劝告送客人员不要上车，组织旅客有序上车。做到分工明确，安全有序。

（3）开车铃响，组织站台上的人员退到安全线以内；列车启起后，防止随车奔跑。做到确保安全。

（4）听从客运值班员指挥，列队撤岗，行动一致。

四、出站

有序组织旅客出站，做好出站验票工作，方便旅客快捷、迅速通行。

五、班后交接

（一）客运值班员

（1）交班前，检查服务区域设备备品、卫生保洁质量、物品定位摆放等情况，核实重点旅客信息。及时审阅处理旅客留言簿，对设备故障等情况及时报告并办理交接。

（2）做到重点旅客信息翔实，重点事项交接清楚。

（3）召开班后总结会，填写值班日志。

（二）客运员

交班前，检查服务区域设备备品、卫生保洁质量，物品定位摆放等情况，核实重点旅客信息。

第三节 候车厅服务礼仪

候车厅是车站的门面和窗口,是旅客对车站服务产生深刻印象,做出评价的重要部门,宽敞明亮、整洁干净的候车大厅会给旅客一个愉悦的心情,而良好规范的服务礼仪会让旅客产生赞赏的、信赖的心情,因此,候车大厅的服务礼仪非常重要。

候车厅服务礼仪包括安全检查礼仪、问询引导礼仪、客运值班室服务礼仪、验票礼仪等。

一、安全检查礼仪

(一)着装统一

穿着规定制服,帽徽和职务标志佩戴一致,服装干净,衣扣、领带、领结整齐,符合铁道部(现为中国铁路总公司)《铁路旅客运输服务质量标准》的要求。

(二)举止彬彬有礼

检查前,应主动说声"谢谢您的合作",并主动伸手去帮旅客把包放到检测仪上或抬到桌子上,检查过后应向旅客表示感谢,如"给您添麻烦了!""祝您旅行愉快,再见!"

如果旅客比较多,应协助旅客进行检查,并婉转地提示旅客加快速度,并提醒后一位做好准备,避免出现拥挤忙乱的现象。

与旅客面对面宣传时,应做到声音温柔平和,态度和蔼亲切,并多使用"请""对不起""谢谢"等谦词,不能蛮横粗野,更不能大喊大叫。

(三)为旅客着想

安检时,如发现违禁品,应向旅客详细指出哪些物品属于违禁品,严禁带进站、带上车最好不要当着其他旅客的面检查包内的违禁品,应把包拿到一旁。因为一旦查出来会让旅客感到难堪,触犯他的自尊,有时会引起旅客的逆反心理。

（四）学会使用"对不起"

由于你的工作给旅客带来了麻烦，尽管有些工作你是按照铁路规章进行的，也应主动道歉，并对旅客的配合表示谢意。

二、问询引导礼仪

自然流畅、文雅规范、不卑不亢的礼仪引导，无疑会给我们的客运服务工作增添无限的魅力。

（一）符合岗位规范

（1）上岗前，做好仪容仪表的自我检查，做到仪表整洁、仪容端庄，符合《铁路旅客运输服务质量标准》的要求。

（2）工作中保持站立服务，站姿端正，精神饱满，面带微笑，思想集中。

（二）态度热情

（1）热情接待每一位中外宾客的问询，做到有问必答，用词准确、简洁明了。

（2）学会察言观色，善于利用肢体语言表达情感，以便更好地与服务对象交流。

（3）不得与旅客争辩，不得使用粗俗的言语、鲁莽的举止。

（三）正确引导

（1）使用正确的引导手势。正确的引导手势为手掌伸平，五指自然收拢，掌心向上，小臂稍向前伸，指向你要去的方向。切忌伸出一个手指头，指指点点。

（2）使用正确的用语，使对方有一种受人尊重的感觉。在当前的客运引导服务中，一方面应逐步推广使用先进的电子引导装置，来自动完成客运服务过程，体现一种"无声服务"的氛围，营造一个温馨、安静的车站服务环境。另一方面，我们更应增强服务人员的自身素质，努力掌握礼仪规范，不断提高服务档次，提高综合服务水平，以体现我们礼仪引导的魅力。

三、候车大厅服务礼仪

候车大厅人多嘈杂，旅客身份较复杂，文化层次相差大，客流量大，要做好文明服务礼仪体现现代铁路客运服务的新面貌,候车大厅服务是关键而艰难的一个方面。

(一)候车大厅服务礼仪规范

(1)着统一服装,做到仪表整洁、仪容端庄,符合铁道部《铁路旅客运输服务质量标准》的要求。

(2)热情回答旅客的提问。在大厅遇到有人问讯时,应停下脚步主动关切:"先生(女士),您有什么事需要我帮忙吗?"显示出你的诚恳和亲切。

(3)随时解决候车大厅中旅客遇到的困难,做到耐心细致。

(4)应始终服务在旅客的身边,不要等到旅客去找你。

(二)售货服务礼仪规范

为广大旅客提供质优价廉、具有浓郁地方特色的旅行商品,不仅能满足广大旅客旅行的基本需求,也是体现候车环境文明和谐的一个方面。如果候车大厅服务人员文明礼貌、服务有序,售货处井井有条,人员服务到位可以充分体现铁路服务的"人文关怀"。

(1)着统一服装,做到仪表整洁、仪容端庄,符合铁道部《铁路旅客运输服务质量标准》的要求。

(2)讲究个人卫生,上岗前不食带有腥味的食品,养成尊重顾客的良好习惯。

(3)在岗位上,要坚持站立服务,站姿端正,行姿文雅,精神饱满。

(4)要热情服务,耐心为顾客解答疑问和展示商品,做到百问不厌、百挑不嫌,并帮助旅客当好"参谋"。

(5)在营业期间要坚守自己的岗位,不得三五成群、扎堆聊天或东张西望,东游西逛。

(6)在顾客面前切不可打喷嚏、掏耳朵、挖鼻孔、剔牙齿或随地吐痰,注意养成举止文明的行为习惯。

四、客运值班室的服务礼仪

(一)客运值班室的服务礼仪

车站的客运值班室,可以说是一个比较重要的服务岗位。它既是"问讯处",又是"消防队",更是指挥所,每天都有接待不完的旅客和处理不完的事务。

在值班室，我们不但要解决旅客的投诉、接待重点旅客的来访、处理特殊旅客的困难，还要兼顾站车交接等一些问题，特别要做好"补救服务"。

因此，值班室的工作人员应该是素质高、经验丰富的客运工作骨干，必须要有高度的责任心，时刻从车站和铁路的大局考虑，从为旅客服务的观点出发，尽量满足不同层次旅客的需求。

如果发现异常情况，要立即向上级汇报，千万不能一推了之。

（二）客运值班室的服务礼仪规范

（1）着统一服装，做到仪表整洁、仪容端庄，符合铁道部《铁路旅客运输服务质量标准》的要求。

（2）接待旅客时，保持精神饱满、面带微笑，思想集中，注意讲究自己的形象，坐姿、站姿和行姿都要自然得体。客运值班员要成为车站使用礼貌用语的表率，出言谨慎、口气婉转、态度诚恳、谦逊有礼。

（3）对旅客的问询，要尽力给予全面、详细、准确的答复，使对方感到可信、放心、满意，对自己能答复的问题，绝不借口推脱给其他部门解答。

（4）在接待旅客投诉时，首先要做到热情接待、耐心听取、冷静分析，即使对方怒气冲冲情绪激动，甚至蛮不讲理，也不能受其影响而冲动。相反，要心平气和、善解人意、逐步引导，充分尊重投诉者的心情，尽力帮助旅客处理好事务。

（5）在处理突发事件时，要沉着、冷静、果断，及时与有关方面通报信息，尽快求得指示和协助，在礼貌服务中体现出优质、高效。

五、验票服务礼仪

验票是车站服务工作中重要的环节，这其中蕴含着服务艺术。验票时对旅客的尊重和礼貌能反映出车站的文明水平。在验票服务岗位上，也应该注重自己的言行和举止，自觉地树立良好的形象。

验票服务礼仪规范：

（1）着统一服装，做到仪表整洁、仪容端庄，符合铁道部《铁路旅客运输服务质量标准》的要求。

（2）验票中微笑着面对旅客，说话的语气平和、吐字清楚、态度和蔼。

（3）如遇想上车补票而手上没票的旅客，要态度严肃、语气坚定地说："对不起，这位先生（女士请问您的车票呢？"）。或者说："对不起，先生（女士），这趟车是对号入座，您必须凭票上车。"还可以说："先生（女士），您能先补张车票后，再进站吗？"

（4）如果因车站工作的失误给旅客造成麻烦，或者是旅客对车站某些工作不满意时，要从站和全局的角度考虑问题，要主动向旅客道歉，并想方设法为旅客解决困难。

验票秩序是反映车站文明程度的标准，尤其是在客流量大而列车停站时间短时，更能反映出车站的服务水准。

第四节 其他岗位服务礼仪

一、售票处服务礼仪

售票窗口虽小，却是车站服务的前沿阵地。曾经有过统计，旅客对于售票窗口的评价90%在于售票员的态度。伴随着网络售票的应用，对售票窗口的服务提出了新的要求。售票员必须不断学习，提高自身技能，才能更好地为广大旅客提供服务。虽然售票时售票员与旅客只有几句简单的问答和几个简单的动作，但也要讲究售票艺术和礼仪规范。

售票员服务礼仪规范：

（1）着规定的制服。工作服要经常清洗、熨烫，保持清洁整齐。必须佩戴职务标志或工号牌，做到仪表整洁、仪容端庄。

（2）工作时，精神饱满、思想集中，不与同事闲聊。

（3）旅客购票时，要主动热情，态度和蔼，面带笑容。

（4）售票时，做到准确无误；对旅客表达不清楚的地方，要仔细问清楚，以免出错。

（5）业务熟练，工作有序，讲求效率。

有些车站根据售票窗口操作流程，可以形成"三语两声"的语言规范，即"讲好开头语，坚持标准语，用好结束语，做到服务开头有问候声，服务结束有道别声。"我们每个车站都可以从中总结规律和经验，让车票又快又好地到达旅客手中。

二、贵宾室服务礼仪

如果说车站是铁路运输服务的"窗口"，那么贵宾室就是"窗口"中的亮点。贵宾室是车站服务中的一个重要岗位，说它重要，不仅体现在这里是迎接领导和贵宾的场所，更重要的是它可以引导客运服务的方向与潮流，服务质量的好坏、服务水平的高低，从一定程度上要影响到铁路的整体形象。

作为一名贵宾室的服务人员，更要注重礼仪修养，提高服务技能，尽情地展现铁路服务的风采与魅力。

（一）贵宾室礼仪规范

（1）着装要求。贵宾室的服装有特殊要求，车站一般有统一的制服，靓丽而端庄。不要浓妆艳抹，要体现自然美，体现你清纯、高雅的品质。

（2）仪容仪表，发型要梳理整齐，保持清洁。蓬头垢面为客人服务，会给人以懒散、精神不振的感觉。

（二）谈吐文雅，彬彬有礼

（1）热情地招呼："您好！"或"您好，欢迎光临指导。"

（2）常用礼貌语言，多用"您""先生""小姐""首长"等，还应多用雅语，比如，用"贵姓"来代替"你姓什么"，用"洗手间"代替"厕所"等，体现出个人的文化素质和品德修养。

（3）当你为宾客服务或与宾客交谈时，吐字要清晰，音量要适度，以对方听清楚为准，忌高声讲话或大喊大叫。特别是当室内还有其他宾客的时候，大声说话是很不礼貌的。

（4）旅客在候车时，尽量减少对旅客不必要的打扰，如旅客不需要提供服务，服务人员之间应做好交接工作，避免重复询问。

（三）服务符合规范

（1）接待贵宾时，保持精神饱满，面带微笑，思想集中，注意讲究自己的形象,坐姿、站姿和行姿都要自然得体。

(2)为贵宾端送茶水时,要及时,并注意将茶杯轻轻放在宾客座位旁的茶几上。在展现服务魅力的背后,不仅要有优秀的心理素质、高尚的品德修养,还要有娴熟的服务技能。贵宾室服务人员掌握的服务技能越多,就越能体现车站服务水平,而这些服务技能又往往来自日常的积累与实践。

三、站台服务礼仪规范

站台是车站服务的关键岗位之一,旅客在等车和上车时容易混乱,特别是客流量大的时候。同时,由于站台上车来人往,容易发生安全事故,因此,站台服务要将安全和礼仪相结合。站台服务礼仪规范:

(1)着统一服装,做到仪表整洁、仪容端庄,符合铁道部《铁路旅客运输服务质量标准》的要求。上岗时要求不赤足穿鞋、不穿高跟鞋、钉子鞋、拖鞋,不戴首饰,不留长指甲,不染彩色指甲、头发,男性工作人员不留胡须、长发,女性工作人员头发不过肩。

(2)及时指引旅客到达列车即将停靠的站台。

(3)迎接列车时,车站工作人员要足踏白线,双目迎接列车的到来,从列车进入站台开始列车停靠站台为止。

(4)立岗姿势要求挺胸、收腹,两脚跟并拢,脚尖略分开,双手自然垂直。行走、站立姿态要端正。在工作中不背手、叉腰、抱膀、手插衣兜或裤兜里。

(5)列车进站前,要维持好站台的秩序。按车厢的距离,安排好旅客排队等车。要时刻注意旅客的安全,个别旅客如站得离铁轨较近,要提醒他们站在安全线以后,以防列车进站时出现安全事故。

(6)列车员验票时,要配合列车员组织旅客排队验票、上车,防止安全事故的发生。

(7)列车离开车站时,要足踏白线,目送列车开出站台为止。

四、出站口服务礼仪

出站口是车站服务的最后一个环节,服务礼仪依然不容忽视。当旅客下车后，出站口的卫生环境、工作人员的精神面貌、仪容仪表，以及收票、验票的服务动作、语言，都会引起旅客的注意，都能给旅客带去不同的感受。

（1）着统一服装，做到仪表整洁、仪容端庄，符合铁道部《铁路旅客运输服务质量标准》的要求。

（2）精神饱满地站在岗位上，微笑向旅客致意，给旅客亲切和热情的感受，让他们感到受尊重。

（3）在收票、验票的过程中，要言谈举止高雅，态度亲切。

（4）接票时，应主动伸手去接，认真地看清票面。在车票上做好标记后，及时还给旅客。注意不要毁坏印有票价的部分。

（5）如遇到漏票的现象，要态度平和地要求旅客到补票处进行补票。切不可遇旅客争吵或讽刺挖苦旅客。因为当众出丑会令旅客难堪，激起其逆反情绪。

（6）验票室如遇到老人、妇女、儿童，要适当注意，协助他们尽快出站。

五、其他部门礼仪规范

除上述各部门工作人员须注意讲究礼节礼貌外，车站其他部门的工作人员也应注意礼节礼貌，不论是在部门之间的工作交往，还是在接待来访中，都要体现文明礼貌的行为规范。

（1）平时做到个人的仪表整洁、着装规范；仪容端庄，注意修饰，举止文明，仪态大方。

（2）上班时精神饱满，始终面带微笑；与人交往时，表情亲切自然，与人说话时语音柔和音量适中；口齿清晰，简明扼要；敬语当先，措辞恰当。

（3）待人态度谦和，诚挚有耐心。

（4）尊重他人，注意礼让，礼貌周到，礼节得当。

（5）办公室内注意自己的坐姿，平时的站姿和行姿应讲究正确。

● **知识链接**

铁路客运职工职业道德规范

勤恳敬业：做到工作勤奋，业务熟练。廉洁奉公：做到公道正派，不徇私情。顾全大局：做到团结协作，密切配合。遵章守纪：做到服从命令，执行标准。优质服务：做到主动热情，细心周到。礼貌待客：做到行为端庄，举止文明。爱护行包：做到认真装卸，认真负责。

思考与练习

一、填空题

1. 车站客运服务礼仪的特点中良好的仪容仪表是_____、_____、_____的表现。

2. 根据铁道部《旅客运输服务质量标准》要求，要求车站服务人员着装要做到_____、_____、_____；胸章（长方形职务标志）佩戴在上衣_____口袋_____，上衣左胸无口袋时，佩戴在相应位置；臂章（菱形职务标志）佩戴在上衣_____；车站女工作人员可_____。

3. 车站客运服务礼仪要求车站客运服务人员在服务态度上，要_____、_____、_____、_____。

4. 车站客运员服务礼仪程序包括_____、_____、_____、_____、_____。

5. 候车厅服务礼仪包括_____、_____、_____、_____等。

6. 在安全检查礼仪中，着装统一是指客运服务人员的着装要符合铁道部《铁路旅客运输服务质量标准》的要求，穿着_____、_____、_____和_____佩戴一致，服装_____、_____、_____、_____整齐。

7. 客运服务人员在上岗前，应该做好_____的自我检查，_____、_____，要符合铁道部《铁路旅客运输服务质量标准》的要求。

8. 车站可以根据售票窗口操作流程，形成_____的语言规范，即"讲好，坚持，用好，做到服务开头有_____，服务结束有_____"。

二、简答题

1. 客运值班人员与客运员的服务程序与作业标准是什么？
2. 车站在进行安全检查时应该注意哪些问题？

3. 候车厅问询引导礼仪的正确引导方式包括哪些？

4. 客运值班室服务礼仪规范要求客运值班员如何答复旅客问询和处理旅客投诉，以及如何处理旅客突发事件？

5. 贵宾室服务礼仪有哪些规范？

6. 停止检票后，几位旅客匆匆赶来，要求检票进站，请问你将如何处理？

三、案例分析题

在2016年7月的一次突发事故中，哈尔滨客运段有18趟列车受阻，晚点在10个小时以上的就有7趟。天津车队担当的大连临客，在开原站受阻4个多小时，4号车厢的乘客情绪激动。车长受到围攻和谩骂，他在这节车厢向乘客鞠躬30多次，最终感动了乘客。为了保证餐饮的正常供应，每位服务人员在早晨只喝了一碗粥，并继续为乘客提供细致的服务，这种精神感化了大家，乘客主动帮助服务人员清理车厢卫生，还组织了义务宣传队，到各车厢宣传要文明乘车，最终列车安全到达目的地。

请问：

1. 车长用什么方式最终化解了矛盾？他为什么要这样做？

2. 在面对乘客的不满情绪和过激语言时，我们客运人员该如何处理？

四、实训题

模拟客运服务工作情境进行实践操作，了解并掌握车站客运员的作业程序与标准，熟悉铁路客运车站售票窗口、候车室、进站通道、旅客站台等处的服务礼仪要求。

第六章
列车乘务服务礼仪

引 言

列车乘务工作是铁路运输服务中直接面对旅客服务的窗口,它直接代表着中国高铁的形象。乘务员服务质量的好坏对于增加顾客满意度,培养旅客忠诚度,提升铁路整体形象都具有重要的意义。本章讲授的是列车乘务礼仪,动车组服务质量规范,旅客运输作业标准,动车组列车餐饮服务,细微服务等。

学习目标

知识目标

1. 了解列车乘务服务礼仪的仪容。
2. 了解列车乘务服务礼仪的行为。
3. 了解列车乘务服务礼仪的服务用语。
4. 了解列车乘务服务礼仪的服务质量规范。
5. 了解餐饮礼仪相关知识,列车服务中餐饮服务礼仪要求。

技能目标

1. 掌握列车乘务礼仪的仪容、行为举止。
2. 掌握列车乘务服务礼仪的质量规范操作。
3. 掌握列车乘务服务礼仪的欢迎词和服务用语。
4. 掌握列车行进途中作业服务礼仪:列车行进中、列车到站前、列车到站停车、列车起动后、到达终点站。
5. 掌握动车组餐饮服务的行为礼仪要求为旅客服务。
6. 掌握列车服务礼仪中重点旅客服务等注意事项。

第一节 乘务礼仪

> **● 引 例**
>
> 一次北京至深圳的高铁上,商务车厢是满客,还有5名VIP旅客。列车组自然是不敢掉以轻心。头等车厢15号座位是一位外籍旅客,入座后对列车员还很友善,并不时和列车员做鬼脸儿开开玩笑。列车开行后这名外籍客人一直在睡觉,列车员忙碌着为VIP一行和其他客人提供餐饮服务。然而两个小时后,这名外籍旅客忽然怒气冲冲地走到服务区,大发雷霆,用英语对列车员说道:"两个小时的时间里,你们竟然不为我提供任何服务,甚至连一杯水都没有!"说完就返回座位了。旅客突如其来的愤怒使列车员们很吃惊。头等车厢列车员A很委屈地说:"列车长,他一直在睡觉,我不便打扰他呀!"说完立即端了杯水送过去,被这位旅客拒绝;接着她又送去一盘点心,旅客仍然不予理睬。如果是你,怎样处理?
>
> 眼看着将进入停车靠站阶段,不能让旅客带着怒气下列车。A于是灵机一动用水果制作了一个委屈脸型的水果盘,端到客人的面前,慢慢蹲下来轻声说道:"先生,我非常难过!"旅客看到水果拼盘制成的脸谱很吃惊。"真的?为什么难过呀?""其实在行车过程中我们一直都有关注您,列车开行后,您就睡觉了,我们为您盖上了毛毯,关闭了通风孔,后来我发现您把毛毯拿开了,继续在闭目休息。"旅客情绪开始缓和,并微笑着说道:"是的!你们如此真诚,我误解你们了,或许你们也很难意识到我到底是睡着了还是闭目休息,我为我的粗鲁向你们道歉,请原谅!"说完他把那片表示难过的西红柿片180度旋转,立即展现的是一个开心的笑容果盘。

乘务工作是铁路运输服务中直接面对旅客服务的窗口,它直接代表着中国铁路的形象,乘务员服务质量的好坏,是影响旅客列车服务质量的重要因素。乘务员的言谈举止，服务态度是国内外旅客乘坐列车的第一印象。

高铁乘务员的工作简单地说主要是将旅客平安地从 A 点运送到 B 点，期间提供与旅客购买车票相等级的服务。高铁乘务员的工作并不像人们想象中的那么轻松，相反是很辛苦的。他们的工作繁杂，而且要求工作中特别注意服务礼仪的运用和规范。

一、高铁乘务员上岗前的准备工作

高铁乘务员在上岗前要做好仪容仪表的自我检查工作，着统一服装，佩戴职务标志，做到仪表整洁、仪容端庄，女乘务员应淡妆上岗。

仪容遵循的原则是：整洁大方、着装一致、气质高雅、精神饱满。

仪容主要包括列车乘务人员的容貌、举止、姿态、风度等。在和旅客的日常交往中，列车乘务人员的仪容最直接地呈现在旅客面前，不但会引起旅客的特别关注，而且可以影响到旅客对铁路的整体评价。在某种程度上，仪容也是铁路职工的道德修养、文化水平、审美情趣、文化修养等的外在表现，直观地反映出职工的审美趣味和企业文化。着装得体、举止恰当，不仅能赢得旅客的信赖，给人留下良好的印象，而且还能够提高与人交往的能力。相反，着装不当、举止不雅，不但会降低自己的身份，还会损害铁路的企业形象。由此可见，仪容是一门艺术，它既要讲究协调、色彩，也要注意场合、身份；同时它又是铁路企业文化和铁路企业形象的具体体现。

乘务人员值乘时，应按规定穿着制服，统一换装，帽徽和职务标志佩戴一致，服装干净，衣扣、领带、领结整齐；值乘时佩戴统一胸章，佩戴位置为左胸上方，平衡端庄。列车长值乘时，必须戴帽；列车员在目迎、目送和在车门立岗时必须戴帽，暑期另有规定的除外。大檐帽应戴端正，帽徽对着鼻梁上方，贝雷帽应戴微斜，帽徽在左眉上方。

发型要求做到美观大方，男发长度不过耳领，女发不过肩，不染彩发，头发梳理服帖，不蓬乱。女乘务员应该淡妆上岗，不得浓妆艳抹，必须补妆时，不在旅客面前补妆；男乘务员不留胡须。

值乘时，严禁佩戴金、银、玉、珠宝等饰物，佩戴的手表、发结、发卡等选择应适当，使其遵行与面容、发型协调一致。不留长指甲，不涂指甲油，保持清洁。鞋面整洁，不赤足穿鞋，不穿高跟鞋、钉子鞋等。禁止在值乘时挽袖子或卷裤脚，不敞胸露怀，途中休息不穿制服时，不得穿着开线少扣的衣服。

值乘时，禁止挠痒、吸烟、吃东西、掏耳朵、抠鼻子、剔牙、叉腰、手叉衣兜。不准高声喧哗、说笑打闹、勾肩搭背。

乘务员在值乘四小时以前和在执行职务中禁止吃生葱、生蒜等有异味的食品。

二、高铁乘务员服务礼仪

高铁乘务员服从列车长指挥，排成纵队，步伐整齐、一致，按规定线路到站台接车。放置好个人物品后，检查值乘车厢内安全、服务设施设备情况，检查值乘车厢内卫生保洁、整备情况，做好放行准备。

（一）高铁乘务员迎客礼仪

列车广播通知放行旅客后，值班列车员应锁好厕所，打开车门，悬挂好车厢活动顺序号牌，擦净车门扶手，在车厢门外面面向旅客放行方向以立正站姿迎客。乘务员在站立时应挺胸、抬头、收腹、沉肩，手臂自然下垂，中指贴裤缝，两脚脚跟略分开，两眼平视或注视服务对象。品牌高铁乘务员迎宾或立岗时，两手在体前交叉，交叉时四指并拢，右手拇指插放在左手掌内，右手压左手。

当旅客前来登车时，要热情问候和指示，相应服务用语有："您好""欢迎乘车、请出示车票""请勿带危险品上车，谢谢"。经查验车票后，引导旅客上车。对老弱病残幼旅客进行搀扶帮助。

1. 站姿

遵循的原则：面朝旅客、精神饱满、表情自然、面带微笑。

标准站姿要求乘务员在站立时"挺胸、抬头、收腹、沉肩"，手臂自然下垂，中指贴裤缝，两脚脚跟略分开 10 厘米左右，两眼平视或注视服务对象。品牌高铁乘务员迎宾或立岗时，两手在体前自然交叉，交叉时四指并拢，右手拇指放在左手掌内，右手压左手。在值乘时乘务员采用的站姿情况主要有：

（1）车门口立岗。

（2）始发介绍，终到站通报。

（3）通报站名。

（4）一分钟汇报。

（5）双层列车全程服务采用站立式。

2. 敬礼

敬礼时，敬礼者目光要注视受礼者，右手取捷径迅速抬起，手心向下，略偏外20度，大臂平直与肩膀成一线，五指并拢，自然伸直，中指距右角帽檐2厘米。在值乘时采用敬礼的情况有：

（1）车门口遇领导检查工作时，采用立正姿势后，再面向领导敬礼，敬礼时动作有力，面带微笑，礼毕还原。

（2）列车始发后或终到前的进出站时，应立正敬礼。

（3）列车长向领导汇报工作时应立正敬礼。

3. 坐姿

遵循的原则：自然平稳、端庄文雅、面带微笑。

乘务员入座时，面向旅客，平稳坐下，坐座席的2/3，坐下后两脚自然分开，双肩平稳放松，规定两手五指自然并拢放在大腿上。女性要求双膝并拢，右手压在左手放双膝之间。穿着裙子时，裙子向前拢，左手自然放在体前，坐姿端庄文雅。与旅客坐下交谈时，两眼注视旅客，精力集中。值乘中在乘务室坐下休息时，遇旅客问询，应该起身回答，非特殊情况不得在旅客的座席、卧铺落座。

4. 行姿

遵循的原则：精神饱满、自然平稳、脚步轻盈、庄重大方。

行走时要求做到挺胸、收腹、沉肩；双手自然摆动，身体重心略向前倾，低抬腿，轻落步，双肩并齐，表现精神饱满，有朝气。为旅客引领时，应走在旅客前方1米左右，随时注意旅客是否跟上。到达座、铺位时轻轻转身，面向旅客，用右手或左手指示座、铺位的位置，略欠身请旅客就座。左手或右手自然放在身体前，走路遇迎面旅客时，应侧身礼让，因为工作需要必须超越旅客时，要礼貌致歉。

5. 蹲姿

遵循的原则：半腿弯曲、动作轻缓、文雅大方。

工作中需要下蹲时，上身需略前倾，采用单腿弯膝的下蹲姿势，动作不宜过快过猛，并随时注意来往的旅客。

6. 手势

遵循的原则：手势正确、动作优美、自然轻盈。

手势要求动作正确，易于理解，配合语言，幅度适当。使用手势时，应尊重旅客风俗习惯。手势要求动作正确，易于理解，给旅客指示方向时，用手势表示，以肘关节为轴，小手臂伸直，手指自然并拢，手掌略偏向上。

用手势指示目标时，眼睛兼顾旅客和指示目标，面带微笑，配合语言使用。

7. 握手

遵循的原则：面带微笑、注视对方。

握手时要求乘务员伸手自然，用力适当，时间适宜，微笑致意，握手时，上身略微前倾，头略微下低，与对方掌心相对，轻轻握住对方四指，以3秒左右为宜；与领导握手时，应主动向领导表示问候，待领导伸手后，再与其握手。

8. 卧铺作业

遵循的原则：举止端庄、行动稳健。

在卧铺车中行走、讲话、关门要轻，回答旅客提问时应站稳，坐着时应起立，双手自然下垂，目视对方，保持距离，不用手势。

进入包房时，应先敲门，经旅客允许后方可入内，离开时，应退出包房后转身离去，旅客离开包房时应及时整理包房卫生。

卧铺车的卧具必须在旅客下车后收取。其他作业程序应遵循部（局）颁标准。

卧铺车内温度冬季应不低于22℃，夏季不高于26℃，应保持空气新鲜，非空调车内的温度执行《铁路旅客运输管理规则》规定的标准。

（二）列车行进途中作业服务礼仪

列车行进途中作业服务礼仪包含内容有：列车行进中、列车到站前、列车到站停车、列车起动后、到达终点站等。

1. 列车行进中

（1）致欢迎词。

首先我们来看列车长致辞内容：

各位旅客，早上好，我是本次列车的列车长××，我谨代表全组乘务员欢迎各位旅客乘坐本次列车。

本次列车是由××站开往××站的××次列车，全程×公里，运行时间为×小时×分钟，正点到达××站的时间是×点×分。为您服务的乘务组属于××。从现在起，我们将全天候为各位服务。您有事或需要帮忙时，请告诉您车厢的乘务员。欢迎大家对我们的工作多提意见和建议，以便改进我们的工作。请将您的意见和建议写在"旅客意见簿"上。各位旅客，非常荣幸您乘坐本次列车，并祝您旅途愉快。谢谢！

接下来是乘务员致辞：

各位旅客，××次列车由××站开出了。我们欢迎大家乘坐本次列车，并向旅客们问好。

您乘坐的这节车厢是××号车厢。我是本车厢的列车员，我将陪同您度过旅行生活。大家在旅行中有什么困难和要求，请提出来，我们将尽力帮助解决，为了广泛征求旅客们的意见，车厢两端挂有旅客意见簿，您看到我们的工作有哪些不足之处，请批评指正，以便改进工作，更好地为您服务。

预祝大家旅行愉快，身体健康。

（2）行李和座位调整。

乘务员将行李按规定摆放整齐，帮助旅客调整行李，礼貌提醒衣帽钩是挂衣物，不放置行李。

乘务人员提醒旅客尽快就座，在保障安全和不违反政策的前提下，可以为特殊旅客调整座位。

（3）向旅客提供应需服务，做好重点旅客的服务，及时送开水，做好车厢内的清洁工作。

清扫卫生宣传用语为："旅客们，为了给您创造一个舒适、整洁的旅行环境，我们将进行卫生清扫工作，请大家给予协助，谢谢！"

根据气温变化，调整空调车车厢内温度，确保车厢内温度适宜，创造舒适的乘车环境。

及时掌握车厢内的旅客情况，耐心解答旅客提出的问题。

（4）协助查验车票。

查验车票时的常用语是："旅客们，为了了解大家的去向，更好地为大家服务，下面我们将进行去向登记和查验车票工作，请大家把车票准备好，谢谢合作。"

2. 列车到站前

及时向旅客通告站名、到达及开车的时间，提醒旅客不要忘记随身携带的物品，组织好旅客提前到门口等候下车。到站通报用语为："旅客们，列车前方就要停靠××站了，到站时间为××点××分，到××站的旅客，请提前做好下车准备，谢谢！""旅客们，××站就要到了，请您整理好行李物品，在车门口等候下车。"

列车进站提前到达车厢门口，打开安全锁，面向站台致注目礼。

3. 列车到站停车

列车进站停稳后打开车门，悬挂好车厢活动顺序号牌，打开翻板，擦净扶手，车门立岗。

照顾旅客下车，礼貌地向旅客道别。

对上车旅客进行验票，引导旅客登车。

发车铃响站线、铃停登车、取下车厢顺序号牌，翻起脚踏板，站立车门，观察站台动态。

4. 列车起动后

车动关锁车门，面向站台致注目礼至出站台，放好顺序号牌，检查车门锁闭情况。重新开启厕所，整理车容。

5. 到达终点站

提前进行车厢的全面清扫整理，并向旅客通告。终到宣传用语为："各位旅客，列车前方站是本次的终点站车站，请大家将行李物品准备好，不要把东西遗忘在列车上。一路上大家对我们的工作给予了大力支持，我向大家表示感谢，欢迎下次再乘坐我们的列车。最后请大家带着美好的祝福下车，把宝贵的意见留给我们，谢谢！"

按规定时间提前锁闭厕所。列车进站，提前到车厢门前等候，面向站台致注目礼。

列车进站停稳后打开车门，悬挂好车厢顺序号牌，打开翻版，擦净扶手，车门立岗。

照顾旅客下车，礼貌地向旅客道别。

旅客都离开后，再次进行车厢内务整理，从大号车厢开始巡视，检查有无旅客遗失物品等，做到动作速度，检查仔细，发现问题按章处理，办理好业务交接。

6. 退乘阶段

（1）召开退乘会，讲评当日工作，填写乘务日志，批注留言簿。做到讲评全面，记录翔实，批注准确。

（2）对随车保洁情况做出鉴定。做到保洁情况清楚，鉴定结果准确。

（3）带领乘务组退乘，做到着装整齐，列队退乘。

（4）将列车服务信息系统手持移动终端及有关设备等交担当段指定地点，做到设备状况，数量交接清楚，手续完备。

三、服务用语

遵循的原则：态度热情、用语文明、表达准确清晰、使用普通话。

在服务时应注重语言沟通，尊重旅客，礼貌热情，讲普通话。讲话时应音量适当，用语准确得体、简洁清晰，根据不同的服务对象和服务场合运用恰当的称呼。

在值乘时必须使用"请""您好""谢谢""对不起""再见"等文明用语；做到"请"字当头、"谢"字随口，讲普通话。

（一）汇报用语

在列车门口遇有领导时，应说："领导您好，欢迎检查指导。"

在车厢两头遇有领导时，必须对乘务作业进行一分钟汇报："领导您好，欢迎检查指导，我是本车厢列车员，胸章号码××号，车厢标准定员×人，现有人数××人，重点旅客在×号，我已为他提供了重点服务，治安联防队员在××号座，到站为终点站，本车厢设施齐全完好。"

"下面将按程序作业，请领导多指示。"

（二）车门用语

在列车门口要说："您好！""欢迎乘坐本次列车！"

（三）迎宾词

当列车开出后，乘务员要致迎宾词："各位旅客，大家好，欢迎大家乘坐本次列车。本次列车是由×开往×的列车，我是本车厢乘务员，胸章号码

×号,在旅途中我将服务在大家周围,旅客们有什么困难和要求,请向我提出,我会尽力帮助大家解决。本车厢为无吸烟车厢,旅客们对我们的服务工作有什么意见和要求,请您写在意见簿上,以使我们改进,更好地为大家服务。最后祝大家旅途愉快、一路平安。下面请大家把茶杯准备好,我们将为您送水泡茶,谢谢。"

（四）送水用语

"旅客们,现在为大家供应茶水,需要开水的旅客请您把茶杯准备好。"

（五）整理行李架及车帽钩时的用语

"旅客们,为了大家旅途安全和车厢的美观,下面我将进行行李架和衣帽钩的整理,请大家予以配合,谢谢。"

（六）检查危险品时的用语

"旅客们,为了保证您的旅行安全,列车是不能携带危险品的,下面我们将进行危险品检查,请旅客们给予协助,谢谢。"

（七）验查车票时用语

"旅客们,我们为了了解大家的去向,更好地为大家服务,下面我们将进行去向登记和验查车票工作,请大家把车票准备好,谢谢协助。"

（八）劝阻车内旅客吸烟用语

"先生,对不起,我们车厢是无烟车厢,为了您和他人的身体健康,保持车内空气清新,请不要吸烟,谢谢。"

（九）到站通报用语

"旅客们,列车前方就要停靠××站,到××站时间为××:××,到××的旅客,请提前做好下车准备,谢谢。""旅客们,××站就要到了,请你们整理好行李物品,在车门口等候下车。"

（十）清扫卫生宣传用语

"旅客们,为了给您创造一个舒适、整洁的旅行环境,我将要进行卫生清扫工作,请大家给予协助,谢谢。"

（十一）卧铺熄灯宣传用语

"旅客们,晚上好,为了保证大家夜间充分休息,本车厢就要熄灯了,会客的同志,请回到自己的车厢或铺位去,请大家给予协助,谢谢大家。晚安!"

（十二）终到宣传用语

"各位旅客，列车前方车站是本次列车的终点站××车站，请大家将行李物品准备好，不要把东西遗忘在列车上。一路上大家对我们的工作给予了大力支持，我向大家表示感谢，欢迎下次再次乘坐我们的列车。最后，请大家带着美好的祝福下车，把宝贵的意见留给我们。谢谢！"

（十三）广播用语

列车广播应及时转播新闻联播，根据旅程编排的其他广播节目应符合旅行特点，健康、轻松、活泼、亲切。

第二节 旅客列车服务质量规范

● 引 例

自觉高标准保安全

广州客运段京广车队列车长段冰霜，十七年如一日，在工作岗位上，锻炼出了扎实过硬的业务本领，曾获得"火车头奖章""十杰青年"等荣誉称号。今年，段冰霜被评为集团一季度新时代广铁榜样。段冰霜在工作中力求上进、不断学习培训，为做好车班安全管理工作他付出了比常人更多的时间与精力。

乘坐Z202次列车的老人旅客较多，在安全工作上段冰霜更加用心和有耐心。在巡视车厢过程中，段冰霜总会一档一档的铺位去查看，遇到老人家携带的水壶放在茶几上时，都会细心的提醒他们安全摆放。临走时不忘嘱咐他们一次性拖鞋遇水容易湿滑，上洗手间时一定要特别注意。

乘务员在车上不但要为旅客提供热情周到的服务，更重要的是提供车上安全的保证。乘务员按照动车组列车服务质量规范，才能有效地做好乘务工作。

一、动车组列车服务质量规范适用范围

《铁路旅客运输服务质量规范》对中国铁路总公司所属铁路运输企业的动车组列车旅客运输服务提出了质量要求。

二、术语和定义

（一）动车组列车

动车组列车指由若干带动力和不带动力的车辆以固定编组组成、两端设有司机室的一组列车。

（二）重点旅客

重点旅客指老、幼、病、残、孕旅客。特殊重点旅客是指依靠辅助器具才能行动，需特殊照顾的重点旅客。

（三）安全秩序

（1）防火防爆、人身安全、食品安全、现金票据、结合部等安全管理制度健全有效。

（2）出、入动车所前，由车辆、客运人员对上部服务设施状态进行检查，办理一次性交接；运行途中，发现上部服务设施故障时，客运乘务人员立即向列车长报告，并通知随车机械师共同确认、处理。

（3）各车厢灭火器、紧急制动阀（手柄或按钮）、烟雾报警器、应急照明灯、防火隔断门、紧急门锁、紧急破窗锤、气密窗、厕所紧急呼叫按钮及车门防护网（带）、应急梯、紧急用渡板、应急灯（手电筒）、扩音器等安全设施设备配置齐全，作用良好，定位放置。乘务人员知位置、知性能、会使用。

（4）安全使用电源，正确使用电器设备。电器元件安装牢固，接线及插座无松动，按钮开关、指示灯作用良好；不乱接电源和增加电器设备，不超过允许负载。配电室（箱）、电气控制柜锁闭，无堆放物品。不用水冲刷车内地板、连接处和车内电器设备。

（5）餐车配置的微波炉、电烤箱、咖啡机等厨房电器符合规定数量、规格和额定功率，规范使用，使用中有人监管，用后清洁，餐车离人断电。

（6）执行车门管理制度。

①列车到站停稳后，司机或随车机械师开启车门，并监控车门开启状态。

开车前，列车长（重联时为运行方向前组列车长）接到车站与客运有关的作业完毕通知后，按规定通知司机或随车机械师关闭车门。

②动车组列车停靠抵站台时，到站前乘务人员提前锁闭辅助板指示锁并打开翻板，开车后及时将翻板及辅助板指示锁复位。

③餐车上货门仅供餐车售货人员补充商品、餐料时使用，无旅客乘降。

④列车运行中，车门、气密窗锁闭状态良好。定期巡视，保持通道畅通。发现车门未锁闭或锁闭状态不良时，指派专人看守，并及时通知随车机械师处理。

（7）安全标志设置齐全、规范，符合标准。采用广播、视频、图形标志、服务指南等方式，宣传安全常识和车辆设备设施的使用方法，提示旅客遵守安全乘车规定。

（8）运行中做好安全宣传和防范，车内秩序、环境良好，无闲杂人员随车叫卖、捡拾、讨要。发现可能损坏车辆设施和影响安全、文明的行为及时制止。

（9）全列各处所禁止吸烟，加强禁烟宣传，发现吸烟行为及时劝阻，并由公安机关依法查处。

（10）行李架、大件行李存放处物品摆放平稳、牢固、整齐。大件行李放在大件行李存放处，不占用席（铺）位，不堵塞通道。锐器、易碎品、杆状物品及重物等放在座（铺）位下面或大件行李存放处。衣帽钩限挂衣帽、服饰等轻质物品。使用小桌板不超过承重范围。

（11）发现旅客携带品可疑及无人认领的物品时，配备乘警（或列车安全员，下同）的列车通知乘警到场处理；未配备乘警的由列车长按规定处理，对危险品做好登记、保管及现场处置，并交前方停车站（公安部门）处理。

（12）发现行为、神情异常的旅客时，重点关注，配备乘警的列车通知乘警到场处理；未配备乘警的由列车长按规定处理，情形严重时交列车运行前方停车站处理。

（13）发生旅客伤病时，提供协助，通过广播寻求医护人员帮助；情形严重的，报告客调。

（14）办理站车交接，短编组动车组列车在4、5号车厢之间；长编组动车组列车在8、9号车厢之间；重联动车组列车在列车运行方向前组第7、8号车厢之间。

（15）乘务人员进出车站和动车所（客技站）时走指定通道，通过线路时走天桥、人行地道，走平交道时做到"一停二看三通过"，不横越线路，不钻车底，不跨越车沟，不与运行中的机车车辆抢行。进出车站时集体列队。

（16）乘务人员在接班前充分休息，保持精力充沛，不在班前、班中、折返站饮酒。

（四）设备设施

（1）车辆设备设施齐全，符合动车组出所质量标准。

①乘务员室、监控室、多功能室、洗脸间、厕所、电气控制柜、备品柜、储藏柜、清洁柜、衣帽柜、大件行李存放处、软卧会客室等不挪作他用或改变用途。多功能室用于照顾重点旅客。

②车辆外观整洁，内外部油漆无剥落、褪色、流坠；车内顶棚不漏水，内外墙板及车内地板无破损、无塌陷、不鼓泡；渡板及各部位压条、压板、螺栓不松动、无翘起；脚蹬安装牢固，无腐蚀破损；手把杆无破损、松动。各部位金属部件无锈蚀。

③广播、空调、电茶炉、饮水机、照明灯具、电子显示屏、电视机、车载视频监控终端、控制面板、电源插座、车门、端门、儿童票标高线、地板、车窗、翻板、站台补偿器、窗帘、座椅、脚蹬、小桌板、靠背网兜、茶桌、座席号牌、衣帽钩、行李架、垃圾箱、洗手盆、水龙头、梳妆台、面镜、便器、洗手液盒、一次性坐便垫盒、卫生纸盒、擦手纸盒、婴儿护理台、镜框、洗脸间门帘、干手器、商务座车小吧台、呼唤应答器、阅读灯、软卧车铺位号牌、包房号牌、卧铺栏杆、扶手、呼叫按钮、沙发、报刊栏、餐车侧门、餐桌、吧台、冰箱、展示柜、微波炉、电烤箱、售货车等服务设备设施齐全，作用良好，正常使用，外观整洁，故障、破损及时修复。

④车厢通过台外端门框旁设儿童票标高线。儿童票标高线宽10毫米、长100毫米，距地板面分别为1.2米和1.5米，以上缘为限，距内端门框约100毫米。

⑤车内各种服务图形标志型号一致，位置统一，安装牢固，齐全醒目，符合规定。

⑥车厢外部的电子显示屏显示列车运行区间、车次、车厢顺号等信息，车内电子显示屏显示列车运行区间、车次、车厢顺号、停站、运行速度、温度、中国铁路客户服务中心客户服务电话（区号+电话号码）、安全提示等

信息，显示及时、准确。

（五）服务备品

（1）服务备品、材料等符合国家环保规定，质量符合要求，色调与车内环境相协调。

（2）服务备品齐全，干净整洁，定位摆放。布制、易耗备品备用充足，保证使用。布制备品按附录规定的时间使用和换洗，有启用时间（年、月）标志。

①软卧车（含高级软卧车）。包房内有被套、被芯、枕套、枕芯、床单、垫毯、卧铺套、靠背套、茶几布、一次性拖鞋、衣架、不锈钢果皮盘、带盖垃圾桶、热水瓶、面巾纸盒及服务指南、免费读物。备有托盘、热水瓶和一次性硬质塑料水杯。

②软卧代座车。包房内有卧铺套、靠背套、不锈钢果皮盘。包房门框上原铺位号牌处有座席号牌。备有热水瓶和一次性硬质塑料水杯。

③商务座车。提供小毛巾，就餐时提供餐巾纸、牙签。有耳塞、靠垫、鞋套、一次性拖鞋、清洁袋和专项服务项目单、服务指南、免费读物。备有防寒毯、耳机、眼罩、托盘、热水瓶和一次性硬质塑料水杯。

④特、一、二等座车。有清洁袋、免费读物和服务指南，放置在座椅靠背袋内或其他指定位置。有座椅套、头枕片；特、一等座车座椅有头枕。电茶炉配有纸杯架的，有一次性纸杯。乘务组备有热水瓶、耳塞和一次性硬质塑料水杯。

⑤餐车。有座椅套。有售货车、托盘、热水瓶、一次性硬质塑料水杯。备有餐巾纸、牙签。

⑥洗脸间有洗手液、擦手纸（或干手器）。

⑦厕所内有芳香盒和水溶性好的卫生纸、擦手纸，坐便器有一次性坐便垫圈，小便池内放置芳香球。

（3）贴身卧具（被套、床单、枕套）和头枕片干燥、清洁、平整，无污渍、无破损，已使用与未使用的折叠整齐，分别装袋保管。卧具袋防水、耐磨，干净，无破损。贴身卧具与其他布质备品分类洗涤；洗涤、存储、装运及更换不落地、无污染。

（4）卧车垫毯、被芯、枕芯等非贴身卧具备品干燥、清洁，无污渍、无破损，定期晾晒。被芯、枕芯先加装包裹套，再使用被套、枕套。包裹套定期清洗，保持干燥整洁。

（5）布制备品定位存放在储物（藏）柜内。无储物（藏）柜或储物（藏）柜容量不足的，软卧车定位放置在3、7、11号卧铺下。

（6）有厕所专用清扫工具，与车内清扫工具分开定位存放在清洁柜内；无清洁柜的定位隐蔽存放。商务座、特等座、一等座车厢客室内不存放清洁工具。清扫工具、清洁剂材质符合规定。

（7）清洁袋质地、规格符合规定，具有防水、承重性能。

（8）每标准编组车底配备两辆垃圾小推车，垃圾小推车、垃圾箱（桶）内用垃圾袋，垃圾袋符合国家标准，印有使用单位标志，与垃圾箱（桶）规格匹配，厚度不小于0.025毫米。

（9）列车配有票剪、补票机、站车客运信息无线交互系统手持终端和GSM-R通信设备；乘务人员配置具备录音功能的手持电台及音视频记录仪。设备电量充足，作用良好。站车客运信息无线交互系统手持终端在始发前登录，途中及时更新信息。

（六）整备

（1）出库标准。

①车厢内外各部位整洁，窗明几净，四壁无尘，物见本色。

②外车皮、站台补偿器内外、窗门框及玻璃、扶手干净、无污渍。

③天花板（顶棚）、板壁、边角、地板、连接处、灯罩、座椅（铺位）、空调口、通风口、电茶炉、靠背袋网兜内等部位清洁卫生，无尘无垢无杂物。

④热水瓶、果皮盘、垃圾箱（桶）、洗脸间内外洁净。

⑤餐车橱、柜、箱干净无异味，分类标志清晰，商品、餐、饮品和备品等分类定位放置。

⑥厕所无积便、积垢、异味，地面干净无杂物。污物箱内污物排尽。

⑦深度保洁结合检修计划安排在白天作业，范围包括车厢天花板、板壁、遮阳板（窗帘）、灯罩、连接处、车梯、商务座椅表面、座椅（铺位）缝隙、座椅扶手及旋转器卡槽、小桌板、脚踏板、暖气罩缝隙、洗手液盒、车厢边角，以及电茶炉、饮水机内部。

⑧布制品、消耗品和保洁工具等服务备品配备齐全，定位放置，定型

统一。

⑨卧具叠放整齐，摆放统一，床单、头枕片、座席套、茶几布等铺设平整，干净整洁。

⑩清洁袋、洗手液、卫生纸、擦手纸、一次性坐便垫圈、服务指南、免费读物、商务座专项服务等备品补足配齐，定位放置。服务指南中含有旅行须知、乘车安全须知、本车型的设备设施介绍、主要停靠站公交信息、铁路12306手机客户端和微信公众号二维码及本趟列车销售的商品价目表、菜单。

⑪垃圾小推车等保洁工具及售货车等备品定位放置，不影响旅客使用空间。

⑫可旋转式座椅转向列车运行方向。

⑬定期进行"消、杀、灭"，蚊、蝇、蟑螂等病媒昆虫指数及鼠密度符合国家规定。

（2）途中标准。

①使用垃圾小推车和专用工具适时保洁，保持整洁卫生。旅客下车后及时恢复车容。

②各处所地面墩扫及时，干燥、干净；台面、桌面、面镜擦抹及时，干净、无水渍。

③洗脸（手）池、电茶炉沥水盘清理，擦抹及时，无污渍，无残渣，无堵塞，无积水；垃圾车、垃圾箱（桶）、清洁袋、靠背袋网兜、果皮盘清理及时，无残渣；厕所畅通无污物，无异味，按规定吸污。

④餐车餐桌、吧台、工作台、微波炉及各橱、箱、柜内保持洁净。

⑤清洁袋、洗手液、卫生纸、擦手纸、一次性坐便垫圈等备品补充及时；卧具污染更换及时。

⑥垃圾装袋、封口、无渗漏，定位放置，在指定站定点投放；不向车外扫倒垃圾、抛扔杂物。

（3）终到标准。

终到站时车内无垃圾、污水、粪便、异味。垃圾装袋、封口、无渗漏，到站定点投放。

①到站立即折返标准

②站台侧车外皮、门框、车窗干净，无污物、无积尘。

③车内地面清洁,行李架、大件行李存放处、扶手及座椅(铺位)、窗台上和靠背网兜内干净整洁;垃圾箱(桶)内无垃圾,无异味。

④热水瓶、果皮盘内外洁净,垃圾箱(桶)、洗脸间四周洁净。

⑤餐车橱、柜、箱干净无异味,分类标志清晰,商品、餐、饮品和备品等分类定位放置。

⑥洗脸间、厕所面镜洁净,洗脸(手)池、便器无污物、无异味。电茶炉沥水盘洁净。

⑦布制品、消耗品和保洁工具等服务备品配备齐全,定位放置,定型统一。

⑧卧具叠放整齐,摆放统一,床单、头枕片、座席套、茶几布等铺设平整,干净整洁。

⑨清洁袋、洗手液、卫生纸、擦手纸、一次性坐便垫圈、服务指南、免费读物、商务座专项服务等备品补足配齐,定位放置。

⑩保洁工具、售货车等备品定位放置,不影响旅客使用空间。

⑪可旋转式座椅转向列车运行方向。

(七)文明服务

(1)仪容整洁,着装统一,整齐规范。

①头发干净整齐、颜色自然,不理奇异发型、不剃光头。男性两侧鬓角不得超过耳垂底部,后部不长于衬衣领,不遮盖眉毛、耳朵,不烫发,不留胡须;女性发不过肩,刘海长不遮眉,短发不短于7厘米。

②面部、双手保持清洁,身体外露部位无文身。指甲修剪整齐,长度不超过指尖2毫米,不染彩色指甲。

③女性淡妆上岗,唇线与口红的颜色一致;眉毛修剪整齐,眉笔和眼线为黑色或深棕色;眼影的颜色与制服一致;使用清香、淡雅型香水。工作中保持妆容美观,端庄大方。补妆及时,在洗手间或乘务间进行。不浓妆艳抹。

④乘务组换装统一,衣扣拉链整齐。着裙装时,丝袜统一,无破损。系领带时,衬衣束在裙子或裤子内。外露的皮带为黑色。佩戴的外露饰物款式简洁,限手表一只、戒指一枚,女性还可佩戴发夹、发箍或头花及一副直径不超过3毫米的耳钉。不歪戴帽子,不挽袖子和卷裤脚,不敞胸露怀,不赤足穿鞋,不穿尖头鞋、拖鞋、露趾鞋,鞋的颜色为深色系,鞋跟高度不超过

3.5厘米，跟径不小于3.5厘米。

⑤佩戴职务标志，胸章牌（长方形职务标志）戴于左胸口袋上方正中，下边沿距口袋1厘米处（无口袋的戴于相应位置），包含单位、姓名、职务、工号等内容。臂章佩戴在上衣左袖肩下四指处。按规定应佩戴制帽的工作人员，在执行职务时戴上制帽，帽徽在制帽折沿上方正中。除列车长外，其他客运乘务人员在车厢内作业时可不戴制帽。

⑥餐车加热、供应餐食时，服务人员戴口罩、手套；女性穿围裙。

（2）表情自然，态度和蔼，用语文明，举止得体，庄重大方。

①使用普通话，表达准确，口齿清晰。服务语言表达规范、准确，使用"请、您好、谢谢、对不起、再见"等服务用语。对旅客、货主称呼恰当，统称为"旅客们""各位旅客""旅客朋友"，单独称为"先生、女士、小朋友、同志"等。

②旅客问询时，面向旅客站立（工作人员办理业务时除外），目视旅客，有问必答，回答准确，解释耐心。遇有失误时，向旅客表示歉意。对旅客的配合与支持，表示感谢。

③坐立、行走姿态端正，步伐适中，轻重适宜。在旅客多的地方，先示意后通行；与旅客走对面时，要主动侧身面向旅客让行，不与旅客抢行。列队出（退）勤（乘）时，按规定线路行走，步伐一致，箱（包）在同一侧。

④立岗姿势规范，精神饱满。站立时，挺胸收腹，两肩平衡，身体自然挺直，双臂自然下垂，手指并拢贴于裤线上，脚跟靠拢，脚尖略向外张呈"V"字形。女性可双手四指并拢，交叉相握，右手叠放在左手之上，自然垂于腹前；左脚靠在右脚内侧，夹角为45度呈"丁"字形。

⑤列车进出站时，在车门口立岗，面向站台致注目礼，以列车进入站台开始，开出站台为止。办理交接时行举手礼，右手五指并拢平展，向内上方举手至帽檐右侧边沿，小臂形成45度角。

⑥清理卫生时，清扫工具不触碰旅客及携带物品。挪动旅客物品时，征得旅客同意。需要踩踏座席、铺位时，带鞋套或使用垫布。占用洗脸间洗漱时，礼让旅客。清洁厕所时，作业人员戴保洁专用手套。

⑦夜间作业、行走、交谈、开关门要轻。进包房先敲门，离开时应倒退出包房。

⑧不高声喧哗、嬉笑打闹、勾肩搭背，定时定点分批用乘务餐，其他时段不在旅客面前吃食物、吸烟、剔牙齿和出现其他不文明、不礼貌的动作，不对旅客评头论足，接班前和工作中不食用异味食品。餐车对旅客供餐时，不在餐车逗留、闲谈、占用座席、陪客人就餐。

（3）温度适宜，环境舒适。

①通风系统作用良好，车内空气清新，质量符合国家标准。始发前对车厢进行预冷、预热，空调温度调节适宜，体感舒适，原则上保持冬季18℃~20℃，夏季26℃~28℃。

②车内照明符合规定。夜间运行（22:00~7:00）时，座车照明开关置于半灯位；始发、终到站和客流量大的停站，以及列车途经地区与北京时间存在时差时自行调整。

（4）广播视频。

①广播常播内容录音化。使用普通话。经停少数民族自治地区车站的列车可根据需要增加当地通用的民族语言播音。过港列车可增加粤语播音。直通列车可增加英语播报客运作业信息。

②广播语音清晰，音量适宜，用语准确，不干扰旅客正常休息。自动广播系统播报正确。

③视频系统性能良好，使用正常，始发前开启系统播放节目，播放内容符合规定并定期更新。

④广播、视频内容以方便旅行生活为主，介绍宣传安全常识和车辆设备设施的使用方法，提示旅客遵守安全乘车规定，播报前方停站、到站信息等内容，可适当插播文艺娱乐、文明礼仪、沿线风光、民俗风情、餐食供应、广告等节目。

（5）用水供应。

①饮用水保证供应，途中上水站按规定上水。

②运行途中为有需求的重点旅客提供送水服务；售货车配热水瓶，利用售货时为有需求的旅客提供补水服务。

（6）运行途中，厕所吸污时或未供电时锁闭厕所，其他时间不锁厕所。厕所锁闭时，为特殊情况急需使用厕所的旅客提供方便。

（7）公共区域的电源插座保证符合标示范围的旅行必需的小型电器正常

使用。

（8）通过图形符号、电子显示、广播、视频、服务指南等方式宣传旅客运输服务信息，引导旅客自助服务。

（9）卧具终点站收取，贴身卧具一客一换。到站前提醒卧车旅客做好下车准备，不干扰其他旅客。夜间运行，卧车乘务员在边凳值岗，并定时巡视车厢。始发后和夜间客运乘务人员对卧车核对铺位。列车剩余铺位在列车办公席或指定位置公开发售，公布手续费收费标准。

（10）发现旅客遗失物品妥善保管，设法归还失主，无法归还时编制客运记录交站处理。无法判明旅客下车站时交列车终到站处理。

（11）根据旅客乘坐列车等级和席别提供相应服务。

①商务座车配有专职人员，主动介绍专项服务项目，提供饮品、餐食、小食品、小毛巾、耳塞等服务。饮品有茶水、饮料，品种不少于六种，茶水全程供应。逢供餐时间的，免费供应餐食。供餐时间为：早餐8:00以前，正餐11:30~13:00、17:30~19:00。正餐以冷链为主，配用速溶汤，分量适中，可另行配备面点、菜品、佐餐料包等。品种不少于3种，配有清真餐食，定期调整。选用非油炸类点心、蜜饯类、坚果类等无壳、无核、无皮、无骨的休闲小食品，品种不少于六种，独立小包装。

②"G"字头跨局动车组特、一等座车提供饮品、小食品、送水等服务。

（12）全面服务，重点照顾。

①无需求无干扰。通过广播、电子显示屏等方式宣传服务设备的使用方法，方便旅客自助服务。

②有需求有服务。在各车厢电子显示屏公布中国铁路客户服务中心客户服务电话（区号+电话号码）。实行首问首诉负责制。受理旅客咨询、求助、投诉，及时回应，热情处置，有问必答，回答准确；对旅客提出的问题不能解决时，指引到相应岗位，并做好耐心解释。

③重点关注，优先照顾，保障重点旅客服务。

a.按规范设置无障碍厕所、座椅、专用座席等设施设备，作用良好。

b.对重点旅客做到"三知三有"（知座席、知到站、知困难，有登记、有服务、有交接）；为有需求的特殊重点旅客联系到站提供担架、轮椅等辅助器具，及时办理站车交接。

c.尊重民族习俗和宗教信仰。经停少数民族自治地区车站的列车可按规定在图形标志增加当地通用的民族语言文字，可根据需要增加当地通用的民族语言播音。

（八）应急处置

（1）火灾爆炸、重大疫情、食物中毒、空调失效、设备故障和列车大面积晚点、停运、变更径路、启用热备车底等非正常情况下的应急处置预案健全有效，预案内容分工明确，流程清晰。日常组织培训，定期组织演练，培训演练有记录，有结果，有考核。

（2）配备照明灯、扩音器、口笛等应急物品，电量充足，性能良好。灾害多发季节增备易于保质的食品、饮用水和应急药品，单独存放。

（3）遇火灾爆炸、重大疫情、食物中毒、空调失效、设备故障和列车大面积晚点、停运、变更径路、启用热备车底等非正常情况时，及时启动应急预案，掌握车内旅客人数及到站情况，维持车内秩序，准确通报信息，做好咨询、解释、安抚、生活保障等善后工作。

①列车晚点15分钟以上时，列车长根据调度、本段派班室（值班室）或车站的通报，向旅客公告列车晚点信息，说明晚点原因、预计晚点时间。广播每次间隔不超过30分钟，可利用电子显示屏实时显示。

②遇列车空调故障时，有条件的，将旅客疏散到空调良好的车厢；需开启车门通风的，按规定安装防护网，有专人防护。在停车站，开启站台一侧车门；在途中，开启运行方向左侧（非会车侧）车门。运行途中劝阻旅客不在连接处停留，临时停车严禁旅客下车。在站停车须组织旅客下车时，站车共同组织。按规定做好旅客到站退还票价差额时的站车交接。

③热备车底的乘务人员、随车备品和服务用品同步配置到位。遇启用热备车底时，做好宣传解释，配合车站组织旅客换乘其他列车，或者按照车站通报的席位调整计划组织旅客调整席位，按规定做好站车交接。

④遇变更径路时，做好宣传解释，配合车站组织不同径路的旅客下车，按规定做好站车交接。

⑤车门故障无法自动开启时，手动开启车门，并通知随车机械师处理；无法关闭时，由专人看守并通知随车机械师处理。使用车门紧急解锁拉手后，及时复位。

⑥发生烟火报警时,随车机械师、列车长和乘警根据司机通知立即到报警车厢查实确认,查看指定车厢的客室、卫生间,随车机械师重点查看电气设备。若发生客室或设备火情,列车长或随车机械师立即通知司机按规定实施制动停车,并启动应急预案进行处理;若确认因吸烟等非火情导致烟火报警时,由随车机械师做好恢复处理,乘警依法调查,并向旅客通告。

⑦发生人身伤害或突发疾病时,积极采取救助措施,按规定办理站车交接,客运乘务员不下车参与处理。必要时可请求在前方所在地有医疗条件的车站临时停车处理。

(九)列车经营

(1)餐饮经营。

①餐饮经营符合有关审批、安全规定,证照齐全有效。食品经营单位的食品安全管理制度健全。

②餐车销售的饮食品符合国家有关规定。销售的商品质价相符,明码标价,一货一签,价签有"CRH"标志,提供发票。餐车明显位置、售货车、服务指南内有商品价目表和菜单,无只收费不服务行为。

③餐车整洁美观,展示柜布置艺术,与就餐环境相协调;厨房保持清洁,各种用具定位摆放。商品、售货车等不堵通道,不占用旅客使用空间。售货车内外清洁,定位放置,有制动装置和防撞胶条。

④商品柜、冰箱、吧台、橱柜不随意放置私人物品(乘务员随乘携带的餐食等定位存放)。餐食、商品在餐车储藏柜、冰箱内定位放置,不占用旅客使用空间。

⑤餐车配置的微波炉、电烤箱、咖啡机等厨房电器符合规定数量、规格和额定功率,保持洁净。

⑥经营行为规范,文明售货,不捆绑销售商品。非专职售货人员不从事商品销售等经营活动。餐车实行不间断营业,并提供订、送餐服务。销售人员不在车内高声叫卖、危险演示,销售过程中主动避让旅客。夜间运行时,不得进入卧车销售,座车可根据情况适当延长或提前销售时间,但不得超过1小时。

⑦供应品种多样,有高、中、低不同价位的旅行饮食品。尊重外籍旅客和少数民族的饮食习惯。盒饭以冷链为主,热链为辅,常温链仅做应急备用,

有清真餐食。

⑧餐饮品、商品有检验、签收制度，采购、包装、贮存、加工、运输、销售符合食品卫生安全要求。

⑨不出售无生产单位、生产日期、保质期和过期、变质，以及口香糖、方便面等严重影响列车环境卫生的食品。超过保质期限的食品单独存放、回收销毁。

⑩一次性餐饮茶具符合国家卫生及环保要求。

（2）广告经营规范。广告发布的内容、形式、位置等符合有关规范，布局合理，安装牢固，内容健康，与列车环境协调，不挤占铁路图形标志、业务揭示、安全宣传等客运服务内容或位置，不影响安全和服务功能，不损伤车辆设备设施。

（十）高铁快运

（1）高铁快运使用专用箱、冷藏箱、集装袋等集装容器以集装件的形式在高铁车站间运输，集装件应装载在列车指定位置，载客动车组列车可将集装件装载大件行李存放处、二等车厢最后一排座椅后空档处、集装件专用存放柜、动卧列车预留包厢等位置；一节车厢内大件行李存放处和最后一排座椅后空档处预留不少于三分之一的空间供旅客使用；集装件码放在车厢内最后一排座椅后的空当处时，不影响座椅靠背后倾；需中途换向的列车，不使用最后一排座椅后的空当处。利用高铁确认列车运输时，集装件还可码放在二等座车座椅间隔处等位置，但不得码放在座椅上；装载重量不超过列车允许载重量。

（2）有押运员跟车作业的列车，列车长要对押运员的证件检查和登记。无押运员跟车作业的列车，列车乘务人员在运行途中巡视、检查高铁快运集装件码放、外包装、施封等状况。发现高铁快运集装件短少或外包装、施封破损立即报告列车长。列车长到场确认后，组织查找，必要时报警。上述异常情况列车长开具客运记录，载明现有集装件数量、编号或内装物品实际情况，到站时交快运公司工作人员处理。

（3）遇列车故障途中需更换车底或终止运行时，由列车长通知押运员，由押运员负责集装件换乘和后续处置。无押运员时，列车长报告被换乘车所在地铁路局高铁客服调度员（客运调度员）高铁快运装载情况，乘务组临时看管集装件。换乘地点在车站时，原列乘务组在车站协助下组织集装件换乘，不具备换乘条件时集装件随原列回程或交车站临时看管；换乘地点在区间时，集装件随原列回程；列车长在换乘或交车站前开具客运记录附于集装件上。

（十一）人员素质

（1）身体健康，五官端正，持有效健康证明。

（2）具备高中（职高、中专）及以上文化程度，保洁人员可适当调整。

（3）持有效上岗证，经过岗前安全、技术业务培训合格。从事餐饮服务的人员有卫生知识培训合格证明。广播员有一定编写水平，经过广播业务、技术培训合格。

（4）列车长从事列车乘务工作满2年。列车值班员从事列车乘务工作满一年。列车长、商务座、软卧列车员能够使用简单英语。

（5）熟练使用本岗位相关设备设施，熟知本岗位业务知识和职责，掌握担当列车沿途停站和时刻，以及上水、吸污、垃圾投放等作业情况。熟悉本岗位相关应急处置流程，具备应对突发事件能力。

（十二）基础管理

（1）管理制度健全，有考核，有记载。定期分析安全和服务质量状况，有针对性具体整改措施。

（2）按规定配置业务资料，内容修改及时、正确。除携带铁路电报、客运记录外，车上不携带其他纸质资料台账。

（3）各工种在列车长的领导下，按岗位责任各负其责，相互协作，落实作业标准，有监督，有检查，有考核。

（4）业务办理符合规定，票据、台账、报表填写规范、内容准确、完整清晰。配备保险柜，营运进款结算准确，票据、现金及时入柜加锁，到站按规定解款。

（5）客运乘务人员配备统一乘务箱（包），集中定位摆放；洗漱用具、茶杯等定位摆放。

（6）库内保洁作业纳入动车所一体化作业管理，动车所满足一体化吸污、保洁等整备作业条件。

（7）备品柜、储藏柜按车辆设计功能使用，备品定位摆放。单独配置的

第六章 / 列车乘务服务礼仪

备品柜与车身固定，并与车内环境相协调。

（8）定期开展职业技能培训，培训内容适应岗位要求，评判准确。

第三节 旅客运输作业标准

● 引 例

新疆"动姐"服务礼仪标准不逊空姐：除了硬件设施先进外，动车最吸引人的就是"动姐"的微笑服务。帅气又不失女人味的深蓝色套装，系着新疆特色艾德莱斯丝巾，"动姐"们身材高挑，面容姣好，形象绝对不亚于空姐。新疆首批"动姐"们都是精挑细选，平均年龄23岁，全部具有大专以上学历，列车长全部是本科以上学历。当一排排身着统一制服的维、汉、回、朝鲜族、满族美丽动人的"动姐"拖着拉杆行李箱从面前经过时，不知情者还以为碰到了空姐。从选拔乘务员开始，每个人都经历了艰苦磨炼。比如练站姿对于她们最初就非常困难，头上要顶一本书，练微笑的时候，嘴里要含一根筷子。

根据新疆地区旅客特点，乌鲁木齐南至哈密的列车，全程实行维汉双语服务。每列动车组上配备了七名工作人员，其中：列车长一名、乘务员三名、保洁员三名。动车乘务员在乌鲁木齐客运段全段范围内，经过严格的选拔和考试，分批次派到北京和武汉铁路局进行了专业培训，取得了高铁乘务员任职资格。

旅客列车的服务工作主要由旅客列车乘务组完成。旅客列车乘务组是旅客列车为完成旅客及行李、包裹的运送任务而由旅客列车乘务人员组成专门服务组织。一般来说，我国铁路的旅客列车乘务组一般由列车长、列车员、列车行李员、广播员、餐车供应人员、检车员、电车员、乘警等组成。

一、列车长作业标准

（一）接车准备作业

1. 接受任务

按规定时间到派班室摘抄文件、电报、调度命令，了解列车编组情况；到收入部门请领票据；到业务部门接受业务通知和任务。到车队接受工作布置，编制趟计划，填写乘务报告。点名时检查出乘人员的仪表仪容、着装、标志、证件。召开出乘会布置趟计划，提出工作重点、具体要求、组织学习。列队到派班室点名，接受命令、指示。

2. 接车作业

列车长带领列车乘务组排队接车。与终到车长办理交接（库内保洁的列车，检查与保洁队交接情况和车容、备品、设备设施等）。检查各车厢安全设施、车辆设备、服务备品、卧具、卫生情况和各工种交接情况。

3. 库内作业

组织做好三乘联检，并做好相应记录。检查各工种库内整备作业。检查出库卫生并做好卫生鉴定。检查餐车、售货始发前各项准备工作和上餐料、商品情况。审批广播计划、餐车供应计划。

（二）始发作业

（1）检查放行前的各项准备工作（车容、乘务室整理、供水准备情况、备品定位、厕所、端门锁闭、仪表仪容着装、标志等）。

（2）检查列车运行区间牌的揩抹、垃圾袋准备情况。

（3）检查车内备品定位和厕所内卫生纸、芳香球摆放。

（4）根据车站放客预告和列车放客通知，检查各车厢乘务员统一打开车门，悬挂活动顺号牌、擦扶手、面向旅客放行方向站立情况。

（5）列车长按具体分工立岗，掌握旅客上车情况，安排重点旅客。

（6）与车站有关人员办理交接。

（7）检查行李员监装、交接情况，做好业务处理及各项安全工作。

（三）途中作业

1. 巡视车厢

始发开车后全面检查，途中每两小时巡视车厢一次。检查车厢各项安全制度落实情况；检查各车厢乘务员仪表仪容、车内卫生、车容整理垃圾装袋投放、乘务纪律等情况；检查全面服务及重点旅客照顾，文明用语、举止言行情况；检查广播宣传、节目安排、行包装卸和站车交接情况；检查饭菜质量、价格、供应秩序、食品卫生和商品销售，列车经营等情况；检查列车通过大桥、隧道和停站厕所锁闭等工作；检查乘务员的清晨、夜间、交接班作业；检查列车途中供水情况；检查旅客去向登记、资料填写，检查、了解各车厢旅客动态。

2. 业务处理

接待安排重点旅客。核对卧铺使用情况和办理旅客上下车补票事宜。核实车内人数，及时正确填写"三报一表"（预报、区段密度报告、分界站报告，旅客密度表），接收车站乘车人数通知单。组织查验车票，发现违章、按章处理。接待旅客来访，受理旅客投诉，及时批注旅客留言簿。召开三乘碰头会，沟通情况，发现问题及时处理。到站与车站办理交接，按规定编制客运记录等。组织检查危险品，做好列车安全宣传与防范。遇有领导乘车时，主动汇报，按规定递交乘务报告，接受指导。妥善处理列车突发事件。及时向派班室和车队汇报，并视情况向有关部门汇报。

（四）终到（折返）站作业

（1）检查各工种终到站前的准备工作。

（2）与终到站办理客流情况、重点旅客、遗失物品等业务交接工作。

（3）检查乘务员车门立岗重点旅客下车、扶老携幼。

（4）检查垃圾装袋交站情况。

（5）检查列车加水情况。

（6）批注旅客留言簿，收集运输生产数据，填写各项台账和业务报表。

（7）在折返和终到站向派班室和车队汇报单程乘务工作情况并接收任务。

（8）组织召开折返和终到会布置返程乘务工作、组织有关业务学习，总结乘务工作。

（9）折返站组织全体乘务员在公寓或列车休息，安排看车人员，并检查"三关一熄"执行情况。

（10）终到站与接班列车长办理交接。

二、软座车厢列车员作业标准

（一）接车准备作业

1. 出乘准备

按规定时间到指定地点集合、点名。穿着规定服装，佩戴职名标志，仪容整洁。参加出乘会，接受列车长工作布置、上级指示学习有关文件和业务通知。列队到派班室（驻站所）点名、接受命令。

2. 接车作业

由列车长带领排队接车。与对班列车员（保洁员）交接车内卫生质量、设备设施、服务设备、活动备品。交接内容：列车运行区间牌、内外顺号牌、活动顺号牌、不锈钢送水壶（带套、帽）、水桶、清扫用具封闭式不锈钢垃圾箱（桶）、车窗遮光帘和纱帘、座席套、头靠套、不锈钢果皮盘、桌布、地毯、高档热水瓶、防倒架、洗手液（皂）、细瓷茶杯、坐便器一次性垫圈。

3. 车内作业

卫生整备作业内容：通风、顶棚、行李架、衣帽钩、毛巾杆、板壁、地面、窗框、蹬脚、茶桌、暖气罩、配电室、电茶炉室、乘务室、厕所、洗脸间、通过台、烟灰盒、连接处、脚踏板车梯、扶手。

车容整备作业内容如下：

摆放窗帘、悬挂内外顺牌号、列车运行区间牌、旅客留言簿，厕所摆放卫生纸、芳香球，坐式厕所内放一次性垫圈，洗脸间有洗手液（皂）、干手器（擦手纸）。

整理座席套、按规定时间换头靠套、铺台布、清洁用具定位摆放。出库卫生鉴定（库乘分离列车按出库卫生标准验收车内卫生）。铺地毯。

做好放行前各项准备工作（车容、乘务室整理、摆放果皮盘）。

整理仪容仪表，女乘务员淡妆上岗，着装统一，佩戴职务标志。

（二）始发作业

（1）列车广播通知放行后，锁闭厕所、端门，打开车门，悬挂活动顺号牌，擦扶手，面向旅客放行方向立岗迎客，验票上车扶老携幼。热情引导旅客上车。

（2）铃响站线铃停登车翻板取牌站立车门、观察站台动态。

（3）车动关锁车门（塞拉门锁安全锁），面向站台致注目礼至出站，放活动顺号牌，检查"四门"锁闭情况。

（4）开启厕所，自我介绍，整理车容，消扫车厢，宣传禁烟、"禁危"，进行重点旅客登记。

（5）为旅客全面倒开水一次。

（三）途中作业

1. 途中服务

向旅客提供应需服务。做好重点旅客的服务。开水供应及时。定时扫拖地面、冲洗厕所，按规定查验车票。

2. 到站前作业

进站前15分钟清理果皮盘。到站前，通告站名、到开时刻，并提前组织重点旅客到车门口等候下车。提前三分钟冲洗厕所和锁闭厕所。列车进站提前到岗（塞拉门开安全锁），面向站台致注目礼。

3. 站停作业

停稳开门，悬挂活动顺号牌，打开翻板，擦扶手，车门立岗。车门验票，扶老携幼，组织旅客乘降。按规定投放袋装垃圾。铃响站线、铃停登车、翻板取牌、站立车门、观察站台动态。

4. 开车后作业

车动关锁布门（塞拉门锁安全锁），面向站台致注目礼至出站台，放活动顺号牌，检查"四门"锁闭情况。按规定开启厕所（补充卫生纸），清扫车厢，整理车容。

（四）终到（折返）站作业

（1）全面清扫整理，通告宣传（到站前注意事项、结束语）。

（2）冲洗厕所，按规定时间提前锁闭厕所，列车进站提前到岗、面向站台致注目礼。

（3）停稳开门，悬挂活动顺号牌，打开翻板，擦扶手，车门立岗，扶老携幼，帮助重点旅客下车。

（4）按规定投放袋装垃圾。

（5）锁闭车门，巡视检查车厢，发现遗失物品及时交列车长处理。

（6）旅客下车后，补做卫生，整理座席套和头靠套。

(7) 与对班列车员（保洁队）交接服务备品、车内卫生质量和设备设施。

(8) 参加折返、终到会，听取列车长总结乘务工作。

三、软卧车厢列车员作业标准

（一）接车准备作业

1. 出乘准备

按规定时间到指定地点集合、点名。穿着规定服装，佩戴职务标志，仪容整洁。参加出乘会，接受列车长工作布置、上级指示，学习有关文件和业务通知。列队到派班室（驻站所）点名、接受命令。

2. 接车作业

由列车长带队排队接车。与对接列车员（保洁队）交接车内卫生质量、设备设施、服务设备、活动备品和清点卧具。

交接内容：列车运行区间牌、内外顺号牌、活动顺号牌、不锈钢送水壶（套帽）、水桶、清扫用具、封闭式不锈钢垃圾桶（箱）、车窗遮光帘和纱帘、票夹、花瓶、地毯、棉被、被套、小单、枕套、褥单、卧铺套、靠背套、桌布、不锈钢果皮盘、带盖杂物桶、高档热水瓶、防倒架、布艺衣架、一次性拖鞋、书报架和报纸杂志、边座套、洗手液（皂）、干手器（擦手纸）、消毒柜、细瓷茶杯、烟灰缸、衣刷床刷、鞋刷、坐便器一次性垫圈等。

3. 车内作业

卫生整备作业内容：

通风口、包房顶棚、行李架、衣帽钩、板壁、地面、窗台、窗框、窗头灯、铺面、蹬脚、茶桌、暖气罩、配电室、电茶炉室、乘务室、厕所、垃圾箱（桶）、洗脸间、通过台、烟灰盒、连接处脚踏板车梯、扶手等。

车容整备作业内容如下：

整理窗帘、悬挂内外顺牌号、列车区间运行牌旅客留言簿、厕所内摆放卫生纸、芳香球、坐式厕所放一次性垫圈，包房内摆放一次性拖鞋、衣架，洗脸间应备洗手液（皂）、干手器（擦手纸）。整理、更换卧具，铺放地毯，清洁用具定位摆放。

出库卫生鉴定（车库分离列车按出库卫生标准验收车内卫生）。做好放行前的各项准备工作（车容、乘务室整理，灌热水瓶，摆放果皮盘）。

整理仪容仪表，女乘务员淡妆上岗，着装统一，佩戴职务标志。

（二）**始发作业**

列车广播通知放行后，锁闭厕所、端门，打开车门；悬挂活动顺号牌，擦扶手，面向旅客放行方向立岗迎客，验票上车，扶老携幼，热情引导旅客上车。

铃响站线、铃停登车、翻板取牌、站立车门、观察站台动态。

车动关锁车门（塞拉门开安全锁），面向站台致注目礼至出站，放活动顺号牌，检查"四门"锁闭情况。

开启端门、厕所，扫拖两头换卧铺牌对旅客进行登记，重点旅客做到"三知一有"（知座席、知到站、知困难、有登记、有服务、有交接），宣传禁烟"禁危"，介绍车用设施设备、服务内容。

（三）**途中作业**

1. 到站前作业

提前30分钟为下车旅客换票，收回卧铺牌。清理果皮盘，做好到站前卫生工作。列车到站前，通告站名、到开时刻，通知下车旅客整理物品，做好下车准备，帮助重点旅客提前到车门口等候下车。列车进站提前到岗，面向站台致注目礼。

2. 站停作业

停稳开门，悬挂活动顺号牌，打开翻板，擦扶手，车门立岗。先下后上，扶老携幼，车门验票，组织旅客乘降。按规定投放袋装垃圾。铃响站线、铃停登车、翻板取牌、站立车门、观察站台动态。

3. 开车后作业

车动关锁车门（塞拉门开安全锁）、面向站台致注目礼出站、放活动顺号牌，检查"四门"锁闭情况。开启端门、厕所、扫拖两头。对上车旅客及时换票、登记、介绍车厢设施设备、服务内容。主动、动巡视车厢，更换热水瓶开水，及时续开水。

4. 夜间作业

进行夜间卫生作业，清理果皮盘，倒烟灰盒，冲刷厕所洗脸间擦抹，面镜明亮无水渍，整理乘务室，保持车内卫生整洁。宣传发间注意事项，按规定清铺。按规定时间关半夜灯、拉合窗帘。按规定坐边座，每半小时巡视，掌握旅客和车厢电器设备动态。

5. 清晨作业

拉窗帘、通风，天亮关灯。旅客洗漱，做好服务。更换热水瓶开水，整理车容清理果皮盘、保持洗脸间，厕所干净无水渍。帮助旅客提供送餐等服务。

6. 交接班作业

全面进行卫生清扫，车容、备品整理。交接卧铺使用情况、重点旅客、服务设施及备品，填写交接簿。排队交接班。

（四）终到（折返）站前作业

（1）全面清扫整理，通告宣传（到站前注意事项、结束语）。

（2）提前一小时为旅客换票，收回卧铺牌。

（3）冲洗厕所，按规定时间提前锁闭厕所、端门，帮助重点旅客做好下车准备。

（4）列车进站提前到岗（塞拉门开安全锁），面向站台致注目礼。

（五）终到（折返）站作业

（1）停稳开门，悬挂活动顺号牌，打开翻板，擦扶手，车门立岗，扶老携幼，帮助重点旅客下车，防止闲杂人员上车。

（2）旅客下车完毕，袋装垃圾交站。

（3）锁闭车门，巡视检查车厢，发现遗失物品及时交列车长处理。

（4）旅客下车后，补做卫生，整理卧具。

（5）与对班列车员（保洁队）交接服务备品、清点卧具、车内卫生、质量和设备设施。

（6）参加终到（折返）会，听取列车长乘务工作总结。

（7）按规定进公寓休息。

四、广播员作业标准

（一）接车准备作业

1. 出乘准备

出乘前与列车广播业务主管人员联系，领取资料和备品，听取有关事项传达，专题稿件交广播主管人员审批。按规定时间到指定地点集合、点名。穿着规定服装，佩戴职务标志，仪容整洁。参加出乘会，接受列车长布置重点工作，上级领导指示，学习有关文件和业务通知。列队到派班室（驻站听）点名，接受命令、指示。

2. 接车作业

由列车长带领排队接车。与对班广播员交接广播备品、设备设施。

3. 车内作业

清扫广播室，整理备品。编制广播趟计划，交列车长审批。检查广播设备，发现故障及时报修处理。

（二）始发作业

1. 开车前作业

检查广播线路。整理仪容仪表，女乘务员淡妆上岗，着装统一，佩戴职务标志。广播通知乘务员迎接旅客上车。列车广播用汉英两种语言介绍旅客须知和停站预确报。宣传对号入座（铺）、行李摆放注意事项。介绍列车去向、车次、主要停车站及时刻宣传"禁危"、禁烟等有关规定。开车前五分钟通告送客人员下车。

2. 开车后作业

致欢迎词，介绍列车概况，预告广播节目。介绍安全和旅行常识。

（三）中途作业

（1）根据广播计划按时收转新闻，播放专题节目。

（2）配合列车服务工作，宣传安全、服务、卫生、旅行常识。

（3）开车后、进站前、停稳后通报站名和停站时间。

（4）就餐通告，介绍供应时间、品种、售价、方法。

（5）夜间停止播音前，要预告夜间停车站的到、开时刻、介绍夜间旅行注意事项。

（6）清晨第一次播音，介绍列车运行情况，洗漱注意事项。

（7）介绍服务项目、沿线风光、名胜古迹、旅行知识。

（8）做好科普知识宣传。

（9）遇有临时停车做好通告，列车晚点超过30分钟时，通过广播向旅客道歉。

（10）播音不干扰旅客正常休息，正常播音时间7:00—12:00，15:00—22:00，

22:00后始发的列车可在开车后广播30分钟;凌晨终到列车,可提前30分钟广播。

(四)终到(折返)站作业

(1)终到城市概况,卫生宣传,介绍列车终到站、中转乘车次及时刻。

(2)致列车欢送词。

(3)整理备品资料,填写交接簿。

(4)检查广播机械,关机、关灯、关闭电源、锁门。

(5)参加终到(折返)会,听取列车长乘务工作总结。

(6)与对班广播员交接广播备品、设备设施。

第四节 动车组列车餐饮服务

引 例

据中国之声《全球华语广播网》报道,最近,网上有这样一条消息刷屏了——"喜大普奔,坐火车也能叫外卖啦"。中国铁路总公司最近发布公告,2017年7月17日起,乘坐G、D字头动车组列车的旅客可以在12306网站、APP等平台预订所乘列车的餐食以及沿途供餐站供应的社会品牌餐食,并且可以用支付宝和微信来支付。这次试点的供餐站共27个,有长春站、长春西站、沈阳北站、石家庄站、天津西站、太原南站等。旅客订餐成功以后,铁路车站服务人员会把餐食送到订餐旅客指定的车厢和席位。

在火车上叫外卖是中国铁路第一次将餐饮服务大门向社会开放。此外,2018年1月1日起,铁路部门不再执行"15元盒饭不断供"这一硬性规定,而是将针对多样化需求为旅客提供高、中、低档不同饮食产品。

全路对高铁餐食的研发已经有400多个品种,中国铁路餐饮供应不但有10元以上的,还有很多10元以下的,比如说饺子、包子、面包等各种餐食供应。网友调侃说,妈妈再也不用担心我在火车上只能吃泡面啦。

列车餐饮服务是铁路旅客运输服务的重要组成部分，也是铁路与旅客沟通的重要纽带，旅客在旅途中的餐饮需求也是旅客最基本的需求之一。如今，各种旅客运输方式间的竞争重心已经由价格因素逐渐转变为对完整性、人性化服务的选择，作为铁路来讲，要加强餐车服务及服务礼仪方面的规范和建设，做到"一切以旅客为中心，充分满足旅客需求"。

一、餐车摆放布置要求

（一）餐车布置

高速动车组餐车的位置根据车型及编组会有所不同，短编组列车餐车一般位于 5 号车厢，长编组位于 9 号车厢，而重联列车餐车一般位于 5 号及 13 号车厢。

餐车内应设有吧台及餐桌。有的短编组列车设有吧台，不提供餐桌。

（二）餐具

列车餐车内的餐桌，一般为四人座位，摆放遵循中餐礼仪。

二、餐吧车服务人员的基本素质

（一）餐吧车服务人员服饰要求

（1）头发干净整齐、颜色自然，不理奇异发型、不剃光头。男性两侧鬓角不得超过耳垂底部，后部不长于衬衣领，不遮盖眉毛、耳朵，不烫发，不留胡须；女性发不过肩，刘海长不遮眉，短发不短于两寸。

（2）面部、双手保持清洁，身体外露部位无文身。指甲修剪整齐，长度不超过指尖 2 毫米，不染彩色指甲。

（3）女性淡妆上岗，唇线与口红的颜色一致；眉毛修剪整齐，眉笔和眼线为黑色或深棕色；眼影的颜色与制服一致；使用清香、淡雅型香水。工作中保持妆容美观，端庄大方。补妆及时，在洗手间或乘务间进行。不浓妆艳抹。

（4）换装统一，衣扣拉链整齐。着裙装时，丝袜统一，无破损。系领带时，衬衣束在裙子或裤子内。外露的皮带为黑色。佩戴的外露饰物款式简洁，限手表一只、戒指一枚，女性还可佩戴发夹、发箍或头花及一副直径不超过3 毫米的耳钉。不歪戴帽子，不挽袖子和卷裤脚，不敞胸露怀，不赤足穿鞋，不穿尖头鞋、拖鞋、露趾鞋，鞋跟高度不超过 3.5 厘米，跟径不小于 3.5 厘米。

（5）佩戴职务标志，胸章牌（长方形职务标志）戴于左胸口袋上方正中，下边沿距口袋1厘米处（无口袋的戴于相应位置），包含单位、姓名、职务、工号等内容。菱形臂章佩戴在上衣左袖肩下四指处。按规定应佩戴制帽的工作人员，在执行职务时戴上制帽，帽徽在制帽折沿上方正中。除列车长外，其他乘务人员在车厢内作业时可不戴制帽，如图6-4-1所示。

图 6-4-1

（二）餐饮服务工作中的动作要求

（1）使用普通话，表达准确，口齿清晰。服务语言表达规范、准确，使用"请、您好、谢谢、对不起、再见"等服务用语。对旅客称呼恰当，统称为"旅客们""各位旅客""旅客朋友"，单独称为"先生、女士、小朋友、同志"等。

（2）旅客问讯时，面向旅客站立（工作人员办理业务时除外），目视旅客，有问必答，回答准确，解释耐心。遇有失误时，向旅客表示歉意。对旅客的配合与支持，表示感谢。

（3）坐立、行走姿态端正，步伐适中，轻重适宜。在旅客多的地方，先示意后通行；与旅客走对面时，要主动侧身面向旅客让行，不与旅客抢行。列队出（退）勤（乘）时，按规定线路行走，步伐一致，箱（包）在同一侧。

（4）立岗姿势规范，精神饱满。站立时，挺胸收腹，两肩平衡，身体自然挺直，双臂自然下垂，手指并拢贴于裤线上，脚跟靠拢，脚尖略向外张成"V"字形。女性可双手四指并拢，交叉相握，右手叠放在左手之上，自然垂于腹前；左脚靠在右脚内侧，夹角为45°呈"丁"字形。

（5）列车进出站时，在车门口立岗，面向站台致注目礼，以列车进入站台开始，开出站台为止。办理交接时行举手礼，右手五指并拢平展，向内上方举手至帽檐右侧边沿，小臂形成45度角。

（6）清理卫生时，清扫工具不触碰旅客及携带物品。挪动旅客物品时，征得旅客同意。需要踩踏座席、铺位时，戴鞋套或使用垫布。占用洗脸间洗漱时，礼让旅客。清洁厕所时，作业人员戴保洁专用手套。

（7）夜间作业、行走、交谈、开关门要轻。进包房先敲门，离开时应倒退出包房。

（8）不高声喧哗、嬉笑打闹、勾肩搭背，不在旅客面前吃食物、吸烟、剔牙齿和出现其他不文明、不礼貌的动作，不对旅客评头论足，接班前和工作中不食用异味食品。餐吧车对旅客供餐时，不在餐吧车逗留、闲谈、占用座席、陪客人就餐。

三、餐吧车服务人员的行为礼仪

餐吧车服务是铁路企业形象的"名片"之一，因此在餐吧车服务中的礼节、礼貌是不可缺少的一部分，它渗透在列车餐饮服务的方方面面，贯穿服务过程始终。无论是餐服员还是餐服长，都应该是这趟列车的"礼仪大使"，把就餐旅客放在"贵宾"的位置来对待。

（一）餐服人员的基本行为礼仪

餐吧车餐服员在就餐时间到来之前，首先要做好仪容、仪表和精神准备，站立在餐吧车两侧第一张桌位置迎接客人。但站姿不能过于僵硬，应该有亲和力。

旅客到来时，餐吧车餐服员要热情相迎，主动问候"您好，欢迎您就餐。"在引领旅客时，应问清是否预约过位置、几位就餐，然后引到合适的座位。按照习惯，要先引导女性入座；如果是一对夫妇或者一对恋人用餐，应该引导到比较安静的位置；对老年或者行动不便的旅客要主动搀扶；男、女独自用餐的旅客，一般不喜欢在中间的位置就餐；重要宾客应该引导到餐吧车的中部就餐，避免车厢下车轮的振动而产生的杂音，并且主要贵宾要面对列车前行方向。

（二）与旅客交流的注意事项

（1）餐服员在为客人服务时不宜表示过分亲热。

（2）不可用手搭拍客人之肩膀。

（3）如遇顾客不礼貌之言行或其他事故，对顾客不可争论或辩白应婉转解释，要以顾客永远是对的态度服务顾客。

（4）回答顾客之询问，如不知道，不可随便说"不知道"。

（5）未经客人之同意，决不可抱玩客人的小孩，免得使其不悦。

四、餐饮服务的礼节、礼貌

（一）礼节

礼节是人们在交往时，表示相互尊重的惯用形式，如在交际场合相互表示尊敬、问候、祝颂、慰问以及给予必要的协助与照料等。不同国籍，不同的场合，表现的礼节不同，如：中国古代的跪拜、作揖，现代的握手、敬礼；一些国家的人们在见面时拥抱、双手合十、亲吻等表现形式，都是不同礼节的具体表现形式。乘务员常用到的礼节有握手礼节和鞠躬礼节。

（二）礼貌

礼貌是人们在相互交往中，通过语言、表情、行为、态度表示相互尊重和友好的言行规范。它体现了时代的风尚与道德水准，反映着人们受教育的程度。餐饮餐服员在服务工作中应做到举止端庄文雅，语言谦虚恭敬，态度诚恳热情。虽然不同的时代、不同的民族、不同的环境表现礼貌的形式不尽一致，但礼貌的基本核心是相同的。礼貌可分为礼貌行动和礼貌语言两个部分。礼貌行动是一种无声的语言，如微笑、点头、握手、鼓掌等。礼貌语言是一种有声的行动，如使用"您""请""欢迎光临"等敬语。

人们在交往中讲礼貌有助于建立相互尊重友好合作的关系，有助于调节公共场所人际间的相互关系，也有助于缓解矛盾、避免冲突，所以餐饮餐服员应在工作中自觉开展文明礼貌服务。

五、餐饮服务语言要求

（一）服务语言要求

在服务工作中餐服员对旅客的主动、热情、耐心、周到、文明礼貌的接待都要运用语言来表达。在服务当中语言美对提高服务质量是十分重要的。

（1）说话要礼貌、文明，不要粗鲁、难听。

（2）说话要委婉、热情，不要生硬、冰冷。

（3）乘务中基本礼貌服务用语例句

①称谓语：××先生，××小姐，××女士，××夫人；您的先生（夫人），那位先生（女士）。

②欢迎语：欢迎光临，欢迎您乘坐我们这趟列车，希望您旅途愉快。

③问候语：您好！早晨好！晚安！××先生（小姐、女士），您感觉好些了吗？有事请叫我，我马上就来。

④告别语：再见！明天见！祝您旅途愉快！祝您一路顺风！欢迎您再次乘坐我们的列车。

⑤征询语：我能为您做些什么吗？需要我帮您做些什么吗？您还有别的事吗？这会打扰您吗？如果不介意的话，我可以……吗？请您讲慢一些好吗？您能够……吗？

⑥应答语：不必客气，没关系。这是我应该做的。照顾不周的地方，请多指正。好的。是的。我明白了。非常感谢。谢谢您的好意。

⑦婉言推托语：您提的问题我们一定考虑，多谢您的关心。谢谢您的好意，但是……您提的要求是可以理解的，让我们想想办法，一定尽力而为。先生，很遗憾，我们不能帮您的忙。

⑧道歉语，实在对不起，请原谅。打扰您了。失礼了。感谢您的提醒。我们立即处理。

六、重点旅客的餐饮服务要求

（一）重点服务要求

（1）了解掌握服务对象，例如车内有团体、外宾、首长等重点旅客乘车。

（2）主动征求旅客服务需求，根据现有服务条件，组织完成需求，如：婚庆餐、生日餐等。

（3）了解不同民族风俗习惯，设计好个性服务需求计划。

（4）尽量满足个性需求。

（5）根据旅客需求推荐特色菜肴。

①掌握各地方菜系的口味特点。

②根据本次列车饭菜特点有针对性推荐质量标准：旅客接受、满意为标准。

（二）不同年龄宾客的餐饮服务要求

1. 老年宾客到餐厅就餐

要求餐服员能耐心听取他们的要求，热情细致地为他们服务，并能与他们在点菜上菜的过程中多用语言交流。餐服员应尽量满足他们的要求，并主动向他们介绍一些容易消化、松软多汁的菜肴，老人就餐时间稍长，餐服员要注意各环节的服务程序。

2. 中青年宾客就餐

要求餐服员提供迅速及时的服务，要求饭菜能丰富多彩，比较重视新品种的选择。餐服员要提供熟练的服务程序，推荐味道突出、香脆爽口的菜肴，并在就餐过程中注意服务的效率。

3. 儿童就餐服务

为儿童就餐服务要热情主动，口气和蔼可亲。注意尽量不要上多骨刺的或块大条长的菜肴。在点菜时可以加以指导。

（三）不同职业宾客的餐饮服务要求

普通旅客比较讲究经济实惠，偏爱价廉、量大、能下饭的菜肴。但随着生活水平的提高，他们对菜肴的要求也逐渐讲究质量精细，但要数量充足。

知识分子、干部比较喜欢质细、清淡、少而精的菜肴。

文艺界人士则要求菜肴鲜嫩、营养价值较高，口味要避酸辣、免刺激。

运动员既重视菜肴的营养价值，又要求数量充裕。

不同职业的宾客，除具有不同的要求和习惯之外，又都具有一个共同点，就是品尝具有中国特色的菜肴。所以，餐服员要注意推荐和引导，以使各国各层次职业的宾客都能受到满意的服务。

（四）外宾旅客的服务接待工作

（1）清楚外宾的基本情况，知国籍、知人数、知饮食嗜好、知用餐标准、知就餐时间。

（2）就餐前做好餐厅内外环境卫生，保持餐厅空气新鲜、橱窗商品陈列要高雅美观、台面陈列要符合标准要求。

（3）接待外宾本着热情周到，以礼相待，坚持原则，不卑不亢的精神，积极认真地做好对外宾服务工作。

（4）接待外宾，必须尊重各国宾客的不同风俗、生活习惯和应有礼节，外宾中如有女宾应优先让座，安排主宾席，餐吧车可安排在运行方向的里座，上饭菜均应优先，以示尊敬。

（5）餐服员在就餐前，应做到服装、人容、车容，清洁整齐，迎接外宾时；应点头示意，手势让座，表示欢迎。不应主动与外宾有握手的表示。当外宾对我们的工作有赞扬的表示时，应以点头致意以表示感谢和回礼。

（6）对不了解或很少看到的外宾的衣着、容貌、携带品及宗教、信仰、风俗、习惯等异常现象不应表示惊奇或聚众、围观，亦不得讥笑、讽刺，乱加品评，更不应以为外宾不懂我国语言。在接待外宾联系事项时，应通过陪同、翻译人员办理，以免发生误会。

七、餐饮接待服务礼仪程序和标准

（一）客人用餐期间的接待程序、标准

（1）接到客人到餐吧用餐的通知后，维护餐吧秩序，做好卫生恢复，餐服长要指派专人做好餐台的摆放定型，检查桌布及靠背纱的洁净度，提前准备餐食，客人用餐前站在餐吧处立岗迎候。

（2）与引领列车长做好衔接，并问候："您好，欢迎您！您请"要有直臂式手势，协助车长按主次席位依次安排客人就座。

（3）客人就座后，先递送小毛巾，要使用毛巾托，并致用语，"请您净手"。

（4）客人就座后，餐服人员为客人打开餐食包装，用语："我来协助您打开包装，请您慢用"，并将餐具和湿纸巾一并上齐，及时撤下取下的包装封皮。

（5）客人用餐期间，餐服长指派专人为客人服务，其他餐服人员要做好旅客的服务工作，避免产生旅客反感，及时清理餐台。

（6）客人用餐结束，及时清理餐台，为客人送餐后水果和茶水，并致问候语"您用好了吗？请您用茶水"，待客人离开餐吧时，餐服长恭送客人，"请您慢走"。

（二）客人在餐吧休息、开会、交流意见时的程序、标准

（1）客人开会前，送好第一遍水，做到一人不漏。

（2）会议开始后，第一位发言人刚开始发言时，切忌马上送水，以免中断发言人的思路，待发言人逐渐进入角色后，水杯还有二分之一时，再适时为客人加水。

（3）两位发言人衔接时，不要加水。

（4）切忌与客人夺杯，更不能小声交谈。

（5）不要过多在餐吧来回走动，做到三轻，即：说话轻、走路轻、操作轻。

● **知识链接**

CRH 餐饮—动车组餐车保洁规范

第一章 总则

本规范是对餐车卫生保洁及服务用具洗刷的具体规范。明确了餐车设备设施的保洁标准，是运行管理部员工开展日常保洁工作的基本依据和指导性文件，同时也是运行管理部监督和审核的依据性文件。运行管理部所有工作人员在实际工作中必须严格遵照执行，并在执行中不断提出改进意见。对《餐车保洁手册》的修订、补充过程就是公司质量体系不断完善的过程，以期达到公司对运行管理部的质量期望。

第二章 监督检查

1. 运行管理部经理及相关部门负责对本规范的落实情况进行监督。成立监督检查组，负责日常监督检查工作。由分管领导任组长，并由运营、品控等相关部门的人员参与。

2. 监督检查组根据日常运营和管理的项目、内容和范围，制定和不断完善"动车组列车餐车保洁规范"，并可作为评定和考核动车组列车餐饮服务的依据。

第三章 保洁标准与依据

动车组列车餐车保洁主要内容是推车、吧台、垃圾桶以及储存柜的清洁，重点部位包括但不限于以下内容：

清洁空调口、天花板、微波炉、冷藏柜、冷冻柜、展示柜、咖啡机、热水炉、服务台、水池、垃圾桶、车内门缝、备份箱格、餐台、餐桌、座椅、小推车、地面。

动车组列车餐车保洁程序

清理杂物：清洁吧台面、柜面、用干毛巾擦拭，小推车等各死角易沾杂质需用去污剂、塑料刷等将死角内杂质挑出，然后用洗涤剂抹布擦拭再清水冲洗，最后用干净抹布擦拭。

热水炉下的水池滤网下有锈垢，需用去污剂、钢丝球擦拭。

清洁备份箱格、饮品机、微波炉、用干毛巾擦拭、微波炉内用干净洗洁剂抹布擦拭。

餐车途中保洁作业内容标准

1. 清洁垃圾桶。
2. 清洁餐车、连接处地板。
3. 清洁水池、热水炉。
4. 清洁吧台、服务台表面。
5. 清洁餐车内微波炉、冷冻柜、冷藏柜。
6. 清洁展示柜内部、表面。
7. 整理吧台、冰柜、展示柜上物品。
8. 清洁餐桌。

餐车途中保洁作业质量标准

1. 垃圾桶内装袋，桶外无垃圾，桶内无异味，再定点站及时卸下垃圾。
2. 餐车地面无垃圾、无污物、无水迹。
3. 水池、热水炉内无水垢、污渍、锈迹。
4. 吧台、服务台表面干净清洁、缝隙内无污物。

餐车途中保洁作业质量标准

1. 微波炉、冷冻柜、冷藏柜内无碎渣、无残余食品、无油渍。
2. 展示柜内部无污渍、无锈迹，外部玻璃干净明亮。
3. 吧台、冰柜、展示柜上物品摆放整齐、不杂乱、无杂物。
4. 餐桌表面无杂物、无污渍，及时清理剩余食品。

餐车库内深度保洁作业质量标准

1. 餐车内空调口、通风口、天花板不得有污渍、灰尘。

2. 垃圾桶无污渍、油渍、无异味。

3. 餐车、连接处地板无水迹、无污渍、显本色，连接处墙面干净明亮。

4. 水池、热水炉无锈迹、无污渍、无水迹。

5. 吧台、服务台表面干净明亮，背面无污渍、灰尘，缝隙内不得有污渍。

6. 微波炉、冷冻柜、冷藏柜内无碎渣、无残余食品、无油渍，微波炉背散热处无灰尘、无污渍，冷冻柜、冷藏柜密封处无污渍。

7. 展示柜内部无污渍，锈迹，水迹，外部玻璃干净明亮，无痕迹，展示柜移门缝隙内干净无污渍。

8. 小推车外部及内部干净明亮、显本色，各缝隙内无污物。

9. 餐车内保洁工作卫生死角包括但不限于水池、热水炉下的水池、冰箱、展示柜、微波炉底部、微波炉散热口、餐车内通风口、吧台门连接处、冰箱及水池底部、冰箱密封圈、小推车内部。

餐具清洗、消毒程序

1. 清：将回收剩余再餐具内的食物残渣倒入废物桶内并刮干净。

2. 洗：将刮干净的餐具用在水中加入适量的食用洗涤剂清洗干净。

3. 冲：用流动的自来水将附在食具上的洗涤剂冲洗干净。

4. 消毒：用 10g 消毒粉按 5L 水配置，消毒水的有效氯浓度 250~300ppm 进行浸泡消毒，一次使用只能消毒 25 件餐具，消毒时间为 15~20 分钟，消毒时餐具不能露在消毒水上面，消毒水不能重复使用，消毒清洗时要戴手套。

5. 五保洁：将已经清洗消毒的餐具放置于专用保洁箱内。清洗消毒过的餐具在使用前先用开水冲洗再使用。

保洁作业工具标准

小推车、水池：去污剂、钢丝球、百洁布。

地板：拖排、垃圾铲、扫把。

微波炉：去污剂、百洁布。

吧台台面：洗涤剂、去污剂。

> 百洁布展示柜：百洁布。
>
> 储藏室：洗涤剂、百洁布。
>
> **第四章 保洁验收程序标准**
>
> 保洁作业完成后，项目公司质量监察人员首先进行自查，不合格者要求返工，并在规定的作业时间内陪同铁路方委托验收人进行检查，并对检查得分情况进行确认。

第五节 细微服务

> • 引 例
>
> ### 2083次列车：细微服务化"怨气"
>
> 受恶劣天气影响，大连至海拉尔的2083次列车在唐王山至鞍山区间被困长达8个小时。"旅客们，前方由于电网故障、线路结冰造成列车临时停车，目前正积极抢修，因晚点给您带来的不便，我们深表歉意……"为稳定旅客情绪，列车广播室每隔10分钟就播报一次列车最新动态的宣传解答信息。
>
> 与此同时，列车长时宝庆在第一时间将旅客客流和车辆设备等情况迅速向路局和段汇报。添乘干部任进辉组织"三乘"人员会议，迅速启动应急预案，要求每节车厢乘务员做好车内巡视和车内服务工作，并对重点旅客进行统计。
>
> 安抚旅客最好的办法就是尽力为他们做点什么。由于冰雪导致接触网断电，致使18处集便器无法正常使用。旅客如厕成了大问题，列车一晃动，污水四溅，气味呛鼻。望着旅客痛苦的表情，7号车厢乘务员时强，屏住呼吸用方便面盒把便池清理干净，让旅客应急，自己则跑到一旁干呕。看到这一切，一些旅客眼里的"怨气"变成了敬佩。
>
> 5号车厢乘务员温海龙顶住压力，耐心安抚旅客，热心照顾重点旅客，全力满足旅客各种需求，做到每问耐心解答，地面随脏随扫，连续作业6个

小时，用真诚细致的服务赢得了旅客的理解。

因为列车滞留时间长，车上供应的食品几乎被旅客抢购一空。列车长时宝庆紧急联系鞍山站站长请求支援，得到迅速回应。19时57分，列车刚停靠鞍山站，20斤鸡蛋，100个馒头，10箱方便面，20斤圆葱、白菜，一箱干脆肠等应急食品随即被送上列车。

21时34分，运行了13个小时4分钟的2083次列车顺利驶进沈阳站，恢复正常运行状态。由于列车乘务人员处置得当，虽然列车晚点8小时，但旅客投诉为零。（资料来源：人民网）

齐齐哈尔客运段海连车队第四班组的乘务员用实际行动奋力抵抗天灾，用细致入微的服务呵护720名旅客平安到达目的地。

在延误发生之后，不管是什么原因导致的延误，不管高铁公司有没有直接的责任，也不管是不是乘务员能解决的问题，旅客因为乘坐我们的列车遭遇了延误，时间和其他方面受到损失，我们应该向旅客道歉并帮助旅客。"态度决定结果！"，不一样的服务态度就有不一样的服务结果。改变服务的态度，尊重旅客，关心旅客，赢来旅客的满意和感激。乘务员应第一时间出现在旅客面前，及早关注旅客情绪动态，急旅客所急，想旅客所想，把旅客关心和重视的事情放到第一位，提前主动地去了解、去解决、去宣传解释，化被动的等待为主动的告知和处理，及时消除、化解旅客心中的不满和质疑。由于很多原因，现在旅客有时候根本就不相信我们的解释，或者根本就不听解释。但即使是这样，我们仍得耐心一遍一遍去解释。客舱要时刻有人。由于列车延误的最大特点是不确定性，信息可能随时变更，旅客会变得焦虑，不满的情绪会相互传递，一旦积累到一定程度就容易爆发。因此，一定要确保客舱时刻有人，以便把所有不断变更的信息，及时、有效地传递给旅客，做好广播。同时做好现场的解释与安抚工作，积极主动地为旅客排忧解难、出谋划策，以争取旅客的理解。这时候的乘务员就如足球比赛中的中后卫、自由人、工兵一样不停地在客舱转。我们要宽容旅客，让他们发泄，有时可以把他们当淘气的小孩，有时可以当朋友，当亲人。让旅客感觉到他们非常特殊，非常重要，让他们知道他们就是我们关注的焦点，我们的唯一目的就是为他们服务，尽最大努力满足他们的需求。

列车延误后我们要及时了解旅客的需求，根据旅客的需求调整服务程序，帮助旅客想办法，尽可能去解决问题。

一、旅客的需求

大致可以分为以下几种：

（1）重要旅客，有重要的事情等着去办。他们会有随从，而随从会先领导急而急，为领导分忧。

（2）希望尽快开车，或者尽快改签，尽快启程的旅客。这部分旅客多是商务人士，有重要的商务活动或是重要的会议，可能一笔很大的合同等着他去谈判。这些旅客心情很着急，会很容易动怒。

（3）转车的旅客，他们更多担心的是赶不上下一列车。因为有些列车不是每天都有，错过了，等下一班就得好几天后，到时住宿吃饭都会很成问题。

（4）旅行团旅客，他们的行程已安排好了，延误就意味着行程减少。很多是一家人出来旅游，或者是亲朋好友，又或者是邻居间的相互劝说才出的门。本来兴致很高，很是兴奋，不想遇到延误，心情会咯噔一下跌入谷底。当家长的，当领导的自然要出来知道原因。

（5）时间非常紧急的旅客，家里有重大事情，如生病急需治疗，一旦错过了，可能造成可怕的后果。这些旅客，包括他们的同伴很容易激动，情绪失控。

（6）外国旅客，由于语言不通，人生地不熟，列车延误后，他们不知道该怎么办。

（7）无人陪伴的儿童、老人。他们可能第一次坐高铁，遇上延误，会不知所措。在目的地等待的家长、亲人，更是着急。

（8）没有什么要紧的事，愿意听从高铁公司的安排，餐饮呀，等候呀，去宾馆等候休息呀；这些旅客心情不着急，吃好喝好，休息好就行。

我们要同时多关注客舱空调温度，通风状况，卫生间清洁。认真对待特殊旅客，拿出真诚的服务，对VIP旅客多关注，服务要周到；对金银卡会员，多问候，个性化服务，细致热情；对无人陪伴老人、儿童，要及时联系家人，耐心陪伴；对病残旅客多关心，多观察，多呵护。做好了这些细微服务，才能让旅客体验到列车延误下工作人员的用心，做到真正的人性化服务。列车延误时，乘务员应学会巧妙服务，在旅客心情十分焦虑时，要选择让旅客容易接受的方式，避免激怒旅客。旅客询问列车有没有具体起动时间，而乘务员又真的不知道，那么乘务员可以告诉旅客，"我们在时刻关注列车信息，一有消息会第一时间通知您"。或者马上去求助列车长，获得最新信息。在列车延误时，面对旅客的抱怨，乘务员更要用积极的态度去解释并寻求解决的办法，而不是和旅客一起抱怨。在旅客心急如焚，情绪激动时，端一杯水上前，"先生：您辛苦，请先喝点水，请再耐心等一会儿……"这一小小的举动，情绪最激动的旅客的脸色也许一下子会好很多。

列车延误服务工作任重道远。延误时的各种矛盾不是一天两天可以化解的，需要社会各界的监督和宽容，更需要旅客的理解和配合。列车延误后的服务工作并非单靠一方就可以顺利保障，需要铁路公司、火车站、旅客三方面积极配合，需要各个部门切实有效的行动，更需要在每次实践保障后不断总结，持续改进。

二、重点旅客预约服务

● 案 例

重点照顾送爱心

根据旅客的不同需求，K603次列车细化了团体旅客、老年旅客、孕（产）妇旅客、儿童旅客及残疾旅客等五类重点旅客服务标准，使列车服务更温馨、更细腻。今年春运中，K603次硬卧车厢上来一位年近古稀、行动不便的刘大爷。旅途中，乘务员不时为老人端茶送水、扶上厕所、联系用餐。夜间1点多钟老人小便失禁，弄脏了被套，被正在巡视车厢的小李发现，小李及时的为老人更换被套并扶老人到洗漱间清洗，老人不好意思，小李说："刘爷爷，您就当我是您的亲孙女"。一席话感动得老人热泪满面。

12306网站关于重点旅客服务预约注意事项：

（1）中国铁路客户服务中心网站（www.12306.cn）注册用户可为本人及常用联系人通过"铁路12306"微信公众平台办理重点旅客预约服务。非注册用户可先行注册后办理或通过12306铁路客服电话办理。

（2）重点旅客预约服务受理乘车前12至72小时依靠轮椅、担架等辅助器具旅行的老年、伤病、残疾等已购车票旅客服务需求。铁路站车提供优先进站、协助乘降、便利出站等服务，不办理代购车票等其他业务。

（3）预约服务提交完成后，工作人员将不晚于乘车前两小时与您联系，因特殊情况未接到工作人员电话时，请拨打12306铁路客服电话进行确认。

旅客身份信息与车票身份信息不一致、不符合重点旅客预约服务条件的，铁路部门有权拒绝受理。

（4）已提交预约服务的旅客，办理车票改签、变更到站、退票或取消服务时，须及时通过12306铁路客服电话变更或取消服务。

三、遗失物品查找服务

（1）中国铁路客户服务中心网站（www.12306.cn）注册用户可为本人及常用联系人通过"铁路12306"微信公众平台办理遗失物品查找服务。非注册用户可先行注册后办理或通过12306铁路客服电话办理。

（2）填写时，请按照服务单内容逐项填写完整，详细描述遗失地点及遗失物品具体信息。

（3）服务提交完成后6小时内（23：00—次日6：00顺延），铁路工作人员将与您联系，告知查找情况。对查找到的物品，确定返还事项。因特殊情况未接到工作人员电话时，请拨打12306铁路客服电话进行确认。

（4）遗失物品的管理、转运应符合《铁路旅客运输规程》的相关要求。

四、细微服务精显真心

● 案 例

太原客运段K604次列车服务旅客侧记

追风年代，人们更青睐"G"字头、"D"字头列车的风驰电掣，普通的

"红皮车"如何才能赢得旅客的认同?有着二十载"红旗列车"光荣历史的太原客运段运京车队 K604/3 次列车用实际行动给出了答案。千里旅途,他们用真心、爱心和关心诠释了"以服务为宗旨,待旅客如亲人"的深刻内涵,为旅客打造了"诚之旅"。

K604/3 次列车往返于关公故里运城和首都北京间,到站时间早,为了避免旅客集中排队、到站来不及洗漱,列车实施了"提醒唤客法",在旅客上车换票时多问一句,对需要体面下车办事的旅客提前唤醒,留足洗漱时间;对到站后马上就能入住酒店、不需要在车上洗漱的旅客则推迟唤醒时间,让他们多休息一会儿。为了让旅行更舒适、更温馨,车队站在旅客角度总结提炼出"六项特色服务",极大地方便了旅客,受到了广泛赞誉。

五、细微之处见关心

比如:有的列车为了解答旅客旅行中遇到的各种"小难题",每个乘务室都配有"便民袋",里面有牙签、针线、清凉油等,随时可为旅客提供贴心服务;软卧车厢悬挂了运城、北京两地天气预报;11 号车厢乘务室设置母婴室,为婴儿母亲哺乳提供便利……一个个细小的举措,体现了乘务员对旅客的关心,架起了列车与旅客之间的连心桥。

● 知识链接

1. 铁路服务重在细微

火车站、各趟列车上都结合各自实际,推出了一系列特色服务。"以服务旅客创先争优"活动为载体,在站台上新建了"旅途驿站"中转候车室,免去了中转旅客出站再进站的麻烦;推出了"爱心传递接力卡",让重点旅客在购票、候车、检票、上车环节享受到了爱心接力点对点全程服务。特别是"游佳服务岗"是该站一张亮丽的名片,服务岗工作人员每人都掌握了简单的手语对话,与聋哑旅客进行交流,帮助解答他们各类问题,并填写爱心传递卡,引导聋哑旅客候车、进站、上车,与列车办理交接等,赢得了包括聋哑人在内的重点旅客的高度赞誉。以一流的温馨服务展现了铁路客运服务新形象和新风貌。

铁路部门的共同点，就是他们不光从硬件入手，改善旅客候车、乘车环境，更重要的是推出的一些人性化服务措施，"细微之处见真情"，让旅客在旅途中感受到温馨服务、暖暖真情。（资料来源：新浪网）

2. 从细微处体现铁路服务转变

在十一小长假期间，铁路部门为确保广大旅客出行顺利。铁路牢固树立"以服务为宗旨，带旅客如亲人"的服务理念，为最大限度满足旅客出行需求，做出不懈努力。

十一期间，铁路面对客流高峰压力，实行高峰运行图，增开临客。为方便旅客乘车，列车推出许多便民利民措施，如列车加强安全宣传，增强旅客在旅途中的安全意识；成立班组志愿服务小组，针对特殊重点旅客给予重点照顾等等，为避免旅客发生意外伤害事故，铁路职工放弃与家人团聚祭祀出游的好机会，坚守岗位，全力以赴保安全、保畅通，维持旅客进站上车秩序，扶老携幼。为给旅客提供信息咨询，使旅客在旅途中安全、方便、快捷。为给旅客提供最温馨的服务，节假日期间，便民服务岗等特色服务品牌让旅客在出行中感受温暖，科室干部也到车站接送车，发现问题与不足及时反馈改进，更好地服务旅客。

从这些措施中不难看出，铁路积极改革不忘千方百计为旅客提供周到细微的服务，体现出人性化特色。列车在服务中不仅从硬件入手，改善旅客乘车条件、环境，而且还推出的一系列人性化服务措施，"细微之处见真情"，让旅客在旅途中感受到温馨服务、暖暖真情。虽然节假日期间，铁路职工不能陪在家人身边，但作为铁路职工，选择了铁路，就意味着选择了服务，选择了责任。只有从旅客最关心的小事做起，把工作做到他们的心坎上，才能让广大旅客认同和满意。因此，就让我们调节好心态，带着高昂的激情做好节假日的安全保障工作吧！（资料来源：新浪网）

本章小结

本章主要介绍了列车乘务服务礼仪，包括列车乘务礼仪，动车组服务质量规范，旅客运输作业标准，动车组列车餐饮服务，细微服务等。

掌握好列车乘务礼仪是影响旅客列车服务质量的重要因素。乘务员的言谈举止，服务态度是国内外旅客乘坐列车的第一印象。掌握好列车行进途中作业服务礼仪在列车行进中、列车到站前、列车到站停、列车起动后、到达终点站等礼仪服务工作。乘务员掌握动车组列车服务质量规范，规范对中国铁路总公司所属铁路运输企业的动车组列车旅客运输服务提出了质量要求，才能有效地做好乘务工作。掌握旅客运输作业标准，做好列车长、列车员、广播员等作业标准。掌握动车组列车餐饮服务中车摆放布置要求，掌握餐吧车服务人员的基本素质，按照餐饮接待服务礼仪程序和标准做好服务人员的行为礼仪、礼貌、语言等。掌握好细微服务中重点旅客预约服务，及遗失物品查找服务工作。

思考与练习

一、单选题

1. 高铁乘务员岗前应该做到的下列说法错误的是（　　）。
   A. 穿着正装，以西装为主
   B. 头发干净整洁，以短发为主
   C. 袜子以深蓝、黑、深灰色为主，也可不穿
   D. 手部清洁，指甲不能过长

2. 乘务人员进入列车前应该听从（　　）指挥。
   A. 车站值班员　　B. 站长　　　　C. 列车长　　　　D. 班组长

3. 工作人员要（　　）地站在出站口等待旅客们。
   A. 随机　　　　　B. 精神饱满　　C. 边做别的工作　D. 边休息

4. 列车在发车后是以（　　）前提，避免打扰旅客。
   A. 快速　　　　　B. 安全　　　　C. 舒适　　　　　D. 以上都有

5. 短编组列车餐车一般位于（　　）车厢，长编组列车一般位于（　　）车厢。
   A. 5，6　　　　　B. 1，8　　　　C. 5，9　　　　　D. 8，16

6. 由于列车行走晃动，要求乘务员做到（　　）。
   A. 稳　　　　　　B. 轻　　　　　C. 灵　　　　　　D. 巧

7. 关于安全使用电源，正确使用电器设备，下列说法错误的是：（ ）

A. 不乱接电源和增加电器设备，不超过允许负载

B. 可用水冲刷车内地板、连接处和车内电器设备

C. 电器元件安装牢固，接线及插座无松动，按钮开关、指示灯作用良好

D. 配电室（箱）电气控制柜锁闭，无堆放物品

8. 下列选项错误的是：（ ）

A. 男性发型轮廓分明，梳理整齐

B. 男性两侧鬓角不得长于耳垂底部，前不遮眼，后不长于衬衣领，不得烫发，可以剃光头

C. 女性乘务员值乘时应盘发，盘发后发髻大小适宜

D. 女性乘务员前额刘海应统一向后或两侧梳理整齐露出眉毛及额头

二、多选题

1. 车厢内外各部分整洁要求：（ ）

A. 窗明几净　　B. 四壁无尘　　C. 物件本色　　D. 地面无杂物

2. 车容整理需遵循的原则：（ ）

A. 庄重整洁　　B. 美观大方　　C. 标志齐全　　D. 醒目牢固

3. 高铁车站站台工作内容包括（ ）三个环节。

A. 列车开出站台后　　　　　B. 列车停靠站台前

C. 列车进站后　　　　　　　D. 开车响铃后

三、简答题

1. 高铁乘务员迎客礼仪的站姿有哪些？

2. 重点旅客的餐饮服务要求有哪些？

四、案例分析题

某列车上，一名旅客上车后向列车员小李索要毛毯，可是毛毯放在后服务车厢，当时小李正在疏导旅客，不能及时满足旅客需求，便请旅客稍等片刻。小李引导旅客完毕后到后服务车厢拿毛毯，可是毛毯总共只有十几条，当小李回到旅客面前时毛毯一路发放仅剩下一条了。此时又有一位带着小宝

宝的母亲需要毛毯，小李权衡再三后将最后一条毛毯发给了带小宝宝的母亲。小李的做法引发了年长旅客的不满，还说要投诉他的服务态度，小李也觉得很委屈。

请问：

1. 你认为小李做错了吗？
2. 如果你是小李该如何处理这种情况？

第七章
高铁服务民俗礼仪和涉外礼仪

引 言

随着人类社会的不断发展,礼仪也深入到社会的各个方面,在全球化的大背景下,不管是国家各个地方的民俗礼仪还是涉外礼仪都被人们赋予了越来越多的内容,并且在不断地融合,本章讲授的是关于华东、华中、华南、华北、西南、西北、东北部分省、市、自治区的民俗礼仪,以及涉外礼仪。

学习目标

知识目标

1. 了解华东、华中、华南、华北、西南、西北、东北东北部分省、市、自治区的民俗礼仪。
2. 了解涉外礼仪中的日常礼仪。
3. 了解迎宾礼仪的基本要求。

技能目标

1. 具备涉外的礼仪修养。
2. 能够在涉外交往中贯彻实施。
3. 掌握接听和拨打电话的礼仪。
4. 掌握符合涉外礼仪的规范要求。

第一节 国内各地区民俗礼仪

> **● 引 例**
> 有家酒店入住了一少数民族团体，团体中美丽的少女们各个戴着一个很漂亮的鸡冠帽。有名酒店男员工与之熟悉了一些后，出于好奇，用手摸了一下一位少女的帽子，结果事情弄到族长那里去，族长以为男员工爱上了那位少女，向她求婚。后经酒店领导出面调解，二者以兄妹相称。
> 因此，在与少数民族的交际中，应了解并尊重少数民族的风俗礼仪。

一、华东

（一）简介

辖区：华东包括安徽、江苏、山东、上海、福建、浙江等。

这里江南水乡，风光秀美，古文化遗存丰富，又是中国经济开发程度最高，工商业比较发达的地区，可以领略当今中国发达城市的风采。华东地区在全国旅游区中占重要位置。这里丘陵星罗棋布，平原横贯东西，湖河纵横交错，历来就有"鱼米之乡"和"人间天堂"之美称。华东旅游以上海、苏州、杭州为中心，尤其以山水园林见长，可谓"江南美景，誉满中华。"

当地乡村旅游亮点：阴柔的氛围，小桥流水，吴越文化，水稻文化，临河两面坡式民居。

（二）安徽省

1. 安徽省高铁站

合肥南站、马鞍山东站、阜阳西站、芜湖新火车站、马鞍山东站、黄山北站、六安火车站、安庆站、铜陵北站、蚌埠南站、淮南东高铁站、池州站、宿州东站、滁州高铁站、宣城泾县高铁站。

2. 安徽省知名旅游景点

世界文化遗产——西递、宏村。

世界文化和自然遗产——黄山风景名胜区。

国家级重点风景名胜区——黄山市的黄山风景区、池州的九华山、安庆的天柱山、滁州的琅琊山、黄山市的齐云山五处，有国家级自然保护区三个，国家森林公园 23 个。

3. 安徽礼仪风俗

这里以蚌埠为例。蚌埠人主要过春节、端午节、中秋节、清明节等。另外，旧时农历七月七过牛郎织女节，各戏班演《天河配》；七月十五过中元节，亦为"鬼节"，由佛门或地方人士集款，请和尚、尼姑搭台诵经，晚上在淮河放河灯，在街上放路灯，为"孤鬼"超度亡灵；九月九过重阳节，城里人结伴秋游，登高望远。50 年代后，除春节、端午节、中秋节外，仅有清明节相沿至今。按公历规定的国家法定节日，习俗与外地基本相同。

4. 安徽省饮食文化特点

徽菜系又称"徽帮""安徽风味"，是中国著名的八大菜系之一。其总体风格是清雅纯朴、原汁原味、酥嫩香鲜、浓淡适宜，并具有选料严谨、火工独到、讲究食补、注重本味、菜式多样、南北咸宜的共同特征。著名的菜肴有符离集烧鸡、火腿炖甲鱼、腌鲜鳜鱼、火腿炖鞭笋、雪冬烧山鸡、红烧果子狸、奶汁肥王鱼、毛峰熏鲥鱼、生仔鸡。

（三）江苏省

1. 江苏省高铁站

沪宁高铁沿线——南京站、仙西站、宝华站、镇江站、丹徒站、丹阳站、常州站、戚墅堰站、惠山站、无锡站、无锡新区站、苏州新区站、苏州站、苏州工业园区站、阳澄湖站、昆山南站、花桥站。

京沪高铁沿线——昆山南站、苏州北站、无锡东站、常州北站、丹阳北站、镇江南站、南京南站、徐州东站。

2. 江苏省知名旅游景点

南京：中山陵风景区、汤山温泉、玄武湖公园、夫子庙、红山森林动物园、老山国家森林公园、明孝陵、总统府、栖霞、雨花台等。

无锡：华西村、央视无锡影视基地、三国城、太湖·鼋头渚、善卷洞、蠡园、龙头渚、无锡古运河等。

徐州：马陵山自然保护区、泉山国家森林公园、汉兵马俑、九里山前古战场、狮子山汉兵马俑等。

苏州：周庄、拙政园、苏州乐园、同里、狮子林、枫桥·寒山寺、角直、木渎、天平山等。

3. 江苏省礼仪风俗

这里以无锡为例。无锡旧俗，年初一早晨开门，要放三声开门爆仗。早餐吃糕丝、圆子、面条，取团圆、高升、长寿、长春之意。这天，只吃隔年除夕的剩饭，寓意"有余"。吃饭时不能以汤浇饭，也不吃粥，怕出门遇雨。还忌向邻居乞火、汲水，告诫不骂人，不发怒，不讲不吉利的话，祈求全年平安吉祥。

4. 江苏省饮食文化特点

口味清鲜平和，咸甜浓淡适中，南北皆宜。并且，淮扬菜的选料尤为注重鲜活、鲜嫩；制作精细，注意刀工，尤以瓜雕享誉四方；调味清淡味，强调本味，重视调汤，风味清鲜；色彩鲜艳，清爽悦目；造型美观，别致新颖，生动逼真。菜式繁多，体系庞大。做工精细，特别讲究刀工，注重菜品形态和雕刻。色香味形俱佳。选料讲究时令新鲜，原料以河鲜比重较大，"醉蟹不看灯、风鸡不过灯、刀鱼不过清明、鲟鱼不过端午"。烹饪善用火候，擅长炖、焖、煨、焐、蒸、烧、炒。

（四）山东省

1. 山东省高铁站

青荣城际铁路（13个）——荣成站、文登东站、威海站、威海北站、牟平站、烟台南站、烟台站、桃村北站、海阳北站、莱阳站、莱西北站、即墨北站、青岛北站、城阳站（拆迁改建）、夏格庄站、芝罘站（未启用）。

胶济客运专线（10个）——济南站、济南东站（极少车次停）、章丘站、淄博站、青州市站、昌乐站、潍坊站、高密站、胶州北站、青岛站。

京沪高铁（山东段）（6个）——德州东站、济南西站、泰安站、曲阜东站、滕州东站、枣庄站。

2. 山东省知名旅游景点

（1）山东省沂蒙山旅游区。

(2) 济南市天下第一泉景区。
(3) 枣庄市台儿庄古城景区。
(4) 山东威海刘公岛景区。
(5) 山东烟台龙口南山景区。
(6) 山东青岛崂山景区。
(7) 泰安市泰山景区。
(8) 济宁市曲阜明故城(三孔)旅游区。
(9) 烟台市蓬莱阁旅游区(三仙山—八仙过海)。
(10) 山东省潍坊市青州古城旅游景区。
(11) 山东省潍坊市青州古城旅游景区。

3. 山东省礼仪风俗

(1) 山东酒桌礼仪山东人素善饮,天下皆知。山东人其实论酒量比不上蒙古人,论饮酒的猛烈程度比不上东北人。但是,山东人酒桌上的风俗和礼节多,喝法也多。

入座:山东自古是礼仪之邦,所以酒桌上的宾主、长幼之分是不能马虎的。酒桌上,一般冲门口的位置是主人或者东家的(就是买单请客的人),酒桌上有时戏称为"庄主"。

倒酒:山东人喜欢喝酒,尤其喜欢大碗喝酒。这似乎有梁山好汉之遗风。如今虽然不用大碗了,但小杯是不用的。山东时下的标准杯是三两三的高脚玻璃杯(究竟是什么人最先时兴起来的这种杯子无从考证,但一瓶白酒正好能倒三杯)。

酒桌上的鱼:一般山东人请客,酒桌上必定要有鱼。鱼在山东算"大菜",酒桌上叫"大件"。别看什么山珍海味,和鱼相比也只能叫"小菜"。不是山东人稀罕鱼,主要是图个吉利,"年年有余"嘛。一般上鱼的时候,鱼头冲客人,表示对客人尊重。这个时候,客人要喝鱼头酒,尾巴方向的人要喝鱼尾酒,一般是"头三尾四",然后大家一起吃鱼。剩下的鱼骨头一般不撤,等主人叫端走再用剩下的鱼骨头做个汤的时候,其实是在说:酒席进行得差不多了,该结束了。鱼骨头做的汤叫"杂鱼汤",就是把鱼骨头和碎鱼肉加汤,加胡椒、醋再炖,味道很鲜美。没喝过的朋友可以自己做来尝尝,既好吃又不浪费。等鱼汤上来了,大家喝掉各自的杯中酒,继续吃饭,然后筵席结束。

（2）人际交往

和山东人交往你要记得一个字就是诚，山东人豪爽、大度、朴实，讲究礼尚往来，你敬我一尺我敬你一丈。

4. 山东省饮食文化特点

山东菜以鲁菜为主，鲁菜的特点：鲁菜是"北食"的典范，源出于古称齐鲁之邦的山东，比粤菜更为古老。其历史可追溯至春秋战国时期儒家宗师孔子关于"食不厌精，脍不厌细"的饮食名言。明、清两代，鲁菜已经成为宫廷膳食的主体，对京、津、东北各地的饮食结构和特征有较大影响，现今的鲁菜主要由济南和胶东两地的地方风味组成。菜品大方朴实，适应性强。

（五）上海市

1. 上海市高铁站

上海到青浦区、吴江区、湖州市的城际铁路途经滁州站、定远站、济南西站、泰安站、曲阜东站、沧州西站、德州东站，沪宁城际铁路途经镇江站、昆山南站、上海虹桥站。

沪杭客运专线：途经上海虹桥站，经松江南—金山北—嘉善南—嘉兴南—桐乡—海宁西—余杭南引入杭州东站。

2. 上海市知名旅游景点

外滩：旧上海的金融中心，聚集着上海地标性的建筑，是去上海观光旅游的必到之地。

南京路步行街：南京路步行街是上海著名的购物场所，来这里既能感受到旧时代的烙印，又能感受到新时代的发展。

豫园：建于明朝，原为一座私家园林。充分地展示了江南园林的美。

上海城隍庙：展现了老上海的沧桑巨变。在其附近有很多上海特色小吃。

东方明珠广播电视塔：亚洲第一、世界第三的高塔，是上海的地标之一。

世博公园：第41届世界博览会在上海举办，在这里可以看到科技的发展速度已超过你的想象。

3. 上海市礼仪风俗

老人过66岁生日的时候，要女儿烧66块肉给他们吃并且不得分给其他人吃，象征"六六大顺"，是对长寿、健康、平安的一种美好期盼。

上海、江浙等地方在中秋节有吃芋艿的习惯，因为农历八月中旬正是芋艿上市的季节，而且芋艿与"运来"相近，希望能够好运连连。

4.上海市饮食文化特点

上海人的口味，以鲜为特色，所选用的原料，无论是蔬菜或肉类，都要求新鲜，为了迎合这种饮食爱好，菜市场均设有水族箱或饲养笼，将各种鱼类、禽类活养着供顾客选购，即点、即宰、即售，方便顾客食用。

上海人饮食习惯：

夏秋季节，由于上海天气炎热，人们食欲不大，为增进食欲，保证营养，上海日常饮食以清淡、鲜爽、嫩滑等消暑祛热的菜式为主，家庭一般常用瓜类制成清香可口的汤。夏天上海时蔬有贡菜、金针菜等，不过夏天上海人一般讲究清淡，菜诸如糖拌番茄、糖拌黄瓜等，一般是番茄煸冬瓜汤，要么雪菜肉丝豆腐羹。

在北风凛冽、寒气袭人的冬春季节，上海的家庭饮食以营养丰富、滋补暖身、味道香浓的菜式为主。

（六）福建省

1.福建省高铁站

武夷山北站、武夷山南站、建瓯站、南平站、古田站、福州站、厦门站、龙岩站。

2.福建省知名旅游景点

武夷山世界文化与自然遗产地，是"国家首批5A级风景区"。主要景区有云窝—天游景区、九曲溪竹筏漂流景区、一线天—虎啸岩景区、武夷宫景区、大红袍—水帘洞景区五大景区。

3.福建省礼仪风俗

语言上的客套。设宴请客，客人来了，主人多说"劳驾，劳驾"，客人呢？遇寿庆抱拳说"拜寿"，时髦地说"健康长寿"；其他的喜庆宴请均统说"恭喜"，唯丧宴，客人以肃然不语表示哀痛为佳，低头紧握主人的手，至多说一声"保重"，千言万语都在一言中，甚至"无声胜有声"。在宴会上，主人劝酒说"请重酌"，"没好菜，给侬骗啦"（因为收人家红包，只好谦说"骗"了）；客人说"吃好了"，不说"吃完了"（不吉利）。

4.福建省饮食文化特点

福建各地主食以稻米（即大米）为主。自古以来，八闽粮食种植以水稻为冠，以珍馐海味而著称，在烹饪界独树一帜，成为全国八大菜系之一——闽菜的主体，故有"福州菜飘香四海，食文化千古流传"之称。近年来，福州还引进了川菜、粤菜、京菜、浙菜和西餐、西点等其他菜系的名菜，使饮食业形成繁花似锦、众星拱月的盛景，被人称为"美食家的乐园"。

（七）浙江省

1.浙江省高铁站

杭州、宁波、义乌等均设有高铁站。

2.浙江省知名旅游景点

杭州西湖，千岛湖，西溪国家湿地公园，凤凰寺，大慈岩。

3.浙江省礼仪风俗

一年中的某一天不能拿扫帚扫地，也不能倒垃圾。这是因为怕"扫走财气，肥水外流"；这一天不能喝粥，要是年初一喝粥，财物就不会进门，而且会像水一样流走；这一天不能吵架、骂人或打碎碗、杯、瓷器等易碎器皿。这一天，连说话都要格外小心，不能说"破""死""光""穷"这些不吉利的字。如果小孩子不懂事，说了这些不吉利的话，大人就得赶紧说"小囡不懂事，小囡放屁，百无禁忌"。

4.浙江省饮食文化特点

杭菜分为"湖上帮"和"城里帮"两派。"湖上派"用料以鱼虾和禽类为主，擅长生炒、清炖、嫩熘等技法，讲究清、鲜、脆、嫩的口味，注重保留原味。"城派"用料以肉类居多，烹调方法以蒸、烩、氽、烧为主，讲究轻油、轻酱、清淡鲜嫩的口味，注重鲜咸合一。

二、华中

（一）简介

辖区：华中包括河南、湖南、湖北等。

四周山地丘陵环绕，长江，鄱阳湖、洞庭湖坐镇中央，大江两岸湖群密布，号称千湖之区。武当、匡庐、衡山、武陵源耸立其间，黄鹤楼、岳阳楼、滕王阁一衣带水。多姿多彩而奇绝瑰丽的山川溪石、林莽湖泊，千奇百怪又诡秘变幻的峭岩洞穴、草木虫鱼，孕育出一个个桃花源境界；绿树丛丛，屋舍俨然，流水潺潺，松涛阵阵，炊烟袅袅。近处河道、堤岸、舟楫，远方田野、村落、山影，扑朔迷离，变幻无穷，到处宛如一幅幅水墨小品。以此为粉本，产生了虚淡冲静的道教文化，并成为中国道教的主要活动中心。

当地乡村旅游亮点：阴柔氛围，水乡泽国，荆楚文化，水稻文化，临河两面坡式民居。

（二）河南省

1. 河南省高铁站

郑州东站、洛阳龙门站、安阳东站、新乡东站、信阳东站、许昌东站、驻马店西站、漯河西站、鹤壁东站、三门峡南站、开封北站、商丘站。

2. 河南省知名旅游景点

芒砀山、太行大峡谷、红旗渠、碴岈山、伏牛山、龙潭大峡谷、老君山—鸡冠洞、中原大佛、安阳殷墟、白云山、清明上河园、云台山、龙门石窟、嵩山少林寺。

3. 河南省礼仪风俗

河南省由于居住的回族人民多一些，所以信仰伊斯兰教的人也多一些，回族人民每年主要过三个重大节日，即开斋节、古尔邦节和圣纪节，节日均以伊斯兰教历计算。

服饰方面，回族群众很多依然喜欢传统的穆斯林服饰——男子多带小白帽，女子戴各种花色的头巾。男子多留有大胡子。

4. 河南省饮食文化特点

河南菜属北方菜系，但又有自己独特的豫菜特征。河南的菜肴重实用、丰富，不重花样，素油低盐，调味适中。一般认为河南菜以开封菜和鹿邑菜为代表。全省各地汉族的饮食习俗差异不大，少数民族中的蒙古、满等民族的饮食习俗已基本汉化（但居住在叶县等地的满族仍忌食狗肉）。河南居住的回族人数较多，居住也相对集中，饮食风俗，特别是在肉食的选择上，仍保留本民族独特习俗。

（三）湖南省

1. 湖南省高铁站

岳阳东站、汨罗东站、长沙南站、株洲西站、衡山西站、衡阳东站、耒阳西站、郴州西站。

2. 湖南省知名旅游景点

湖南知名旅游景点有：衡山、张家界、韶山、凤凰古城。

3. 湖南省礼仪风俗、民族

湖南是个多民族的省份。在湖南境内居住的有汉族、土家族、苗族、侗族、瑶族、回族、壮族、白族、维吾尔族等多个民族。

宗教信仰：

在湖南，流传的宗教有佛教、道教、伊斯兰教、天主教、基督教。

湖南少数民族禁忌：

土家族吃饭时忌端碗立于他人背后，面向其背吃。亦忌吃猪鼻，忌吃猪尾，未婚男女忌吃猪蹄子。

苗家人最忌外人以"苗子"相称，家里来了贵客，苗族必杀鸡以酒招待；苗族人不喜欢吃羊肉，忌讳吃狗肉，禁止杀狗、打狗。

侗族不可坐在门槛上吃饭，忌讳看别人吃东西。户内供奉祖先的神龛，为最神圣之处。一切凶器，都不准放置其上，否则，为对神大不敬，会招致惩罚。寨内举行祭礼活动期间，禁忌外人入寨。

瑶族是十分注重礼仪的民族，路途相遇，不论相识与否，都要热情打招呼，平日里洗脸盆不能拿来洗脚，用餐时忌讳互用碗筷，忌讳衣裤当户晒，忌讳在屋内乱吐痰，普遍禁食狗肉。十分尊重长辈和老人，在老人长辈面前，不跷二郎腿，不说污秽的话，不直呼老人和长辈的名字。

4. 湖南省饮食特点

在湖南，"吃"具有比较丰富的社会意义。首先在人们的婚嫁丧娶这类大事中，总是以吃作为其重要内容。结婚称"吃喜酒"；有人去世，俗称"吃肉"；添了人口，一定要吃"满月"；过生日，则要吃荷包蛋，吃"寿面"。其次，"吃"也是人们重要的社交手段之一，朋友、熟人见面，第一句问候常常是"吃饭了吗？"去朋友家做客，能够吃到10或12道菜，就意味着受到了主人最热情的款待。

湘江流域的菜以长沙、衡阳、湘潭、为中心，是湖南菜系的主要代表。它制作精细，用料广泛，口味多变，品种繁多。其特点是：油重色浓，讲究实惠，在品味上注重酸辣、香鲜、软嫩。在制法上以煨、炖、腊、蒸、炒诸法见称。

（四）湖北省

1. 湖北省高铁站

湖北省高铁站有：武汉、汉口、宜东、荆州、咸宁、恩施、潜江、天门、黄石北、麻城北、武昌等。

2. 湖北省知名旅游景点

武当山、黄鹤楼、长江三峡、神农架。

3. 湖北省礼仪风俗

这里以武汉为例。武汉，简称"汉"，别称"江城"，是湖北省省会、中部六省唯一的副省级市和特大城市，中国中部地区的中心城市，长江经济带核心城市，全国重要的工业基地、科教基地和综合交通枢纽，也是中央军委武汉联勤保障基地驻所。

湖北省宗教信仰：

湖北省宗教基本情况：湖北省是一个有多种宗教的省份，佛教、道教、伊斯兰教、天主教和基督教五教俱全。楚人信奉的神灵有天神，如有上皇（太乙）、日神（东君）、云神（云君）、司命（大司命、少司令）、风伯（飞廉）、雨神（屏号）、日御（曦和）、月御（望舒）等；有地神，如有山神（山鬼）、水神（地宇）、土伯（冥主）、海若、河伯（冯夷）、洛嫔（宓妃）、湘君、湘夫人等。

4. 湖北省饮食文化特点

楚人饮食之原料，为楚地所产，它的特色和水平，与楚地物产资源特色和生产力发展水平相一致。楚人饮食文化最鲜明地体现了鱼米之乡的特色，其主要特点是：①稻为主食②嗜好鱼肉③蔬菜多样④汤品繁多⑤好酒多茶。

湖北很多地方口味偏重，湖北饮食中糖和盐基本不一起放。

三、华南

(一) 简介

辖区：华南包括广东省、广西壮族自治区、海南省、台湾省、香港特别行政区、澳门特别行政区等。

华南地区位于中国南部。北与华中地区、华东地区相接，南面包括辽阔的南海和南海诸岛，与菲律宾、马来西亚、印度尼西亚、文莱等国相望，华南地区边界的武夷山、南岭也大致是人类学的分界线。西南界线是中国与越南、老挝、缅甸等国家的边界。广东、福建有华南虎。下面以广东省、广西壮族自治区为例介绍华南地区的民俗礼仪。

(二) 广东省

1. 广东省高铁站

广州南、广州北、庆盛、清远、韶关、虎门、光明城、深圳北、深圳坪山9个车站。

2. 广东省知名旅游景点

广州长隆、世界之窗、罗浮山、海陵岛、白云山、西樵山等。

3. 广东省礼仪风俗

广东人爱喝早茶，倒茶时也有学问：不能先给自己倒，必须先给其他人倒，最后给自己倒。别人给自己倒茶时为了表示谢意，应该用手指头在桌子上敲几下(用左手还是右手没有限制)。这个简单的动作，来源于一个饶有趣味的传说。话说乾隆皇帝下江南时，有一次扮作仆人，给扮作主子的随从倒茶。随从受宠若惊，若是在皇宫里，此等待遇当跪拜叩头谢之。但是这是在宫外，不能暴露乾隆的天子身份，于是随从灵机一动，便发明了以上手势代替跪拜叩头之礼，并流传沿袭至今。还有就是不管别人的杯子里是否满了，都应该点滴几下以示尊重。

广东人饮早茶的茶叶主要分为红茶和花茶，也有少数人饮用绿茶。饮用绿茶的主要是潮汕人，潮汕人有饮浓烈绿茶的习惯。早上经过一夜的睡眠，肚里空空的，饮用浓烈绿茶很容易伤胃，一般人都不适合饮用，小孩更不宜饮用，所以只有少数上了年纪的人习惯饮用。广府人饮用的多是菊普茶，菊普茶是普洱茶混合菊花，早上饮用菊普茶肠、胃比较舒服。不过酒楼会根据顾客不同的需求备有多种茶叶,比如普洱茶、水仙茶、铁观音等。

4.广东省饮食文化特点

饮食文化在广东文化中是很重要而且很有特色的一个分支,粤菜享誉海内外,"食在广州"也早已闻名于世。在粤菜中,飞禽走兽、山珍海味、野菜山花,无不可入肴,蛇、鼠、雀、虫、狗、猫等,在其他菜系中令人瞠目结舌的用料,却被广东人奉为席间珍品。事实上,广东人的这种无所不吃的饮食特点,也正是其开放的心态在饮食上的反映。所谓一方水土养一方人,不同的地理环境造就了不同的地域性格。广东是中外文化交流的必经之地,形成了广东人开放性的思维结构。

粤菜在配料、刀工、火候、烹饪时间、起锅、包尾、器皿、上菜方式等诸多环节都有着非常严格的要求。如做鱼讲究即杀即烹,这样才能保持鱼的鲜味;再如其拼盘的制作,必须注意配料的选择,以达到造型美观、口味丰富的效果,一道好的拼盘,不仅是一盘佳肴,更是一件艺术品,让人赏心悦目,胃口大开。饮食制作的精细与广东人强调个人价值、追求享受的文化分不开。广东文化表现出对舒适、快乐、美好生活的追求,以拼命地干活,尽情地享受为宗旨。

(三)广西壮族自治区

1.广西壮族自治区高铁站

南宁(南宁火车东站,南宁火车站)、柳州、桂林、来宾、贵港、梧州、贺州、北海、玉林、钦州、防城港、百色、合浦、宾阳、鹿寨、永福、三江、恭城、钟山、桂平、平南、藤县、隆安县、田东县、田阳县、平果、兴业。

2.广西壮族自治区知名旅游景点

桂林山水、青秀山、黄姚古镇、涠洲岛、北海等。

3.广西壮族自治区礼仪风俗

壮族是个好客的民族,到壮族村寨任何一家做客,按传统习俗客人会被认为是全寨的客人,往往几家轮流请吃饭,有时一餐饭吃五、六家。平时也有相互做客的习惯,比如一家杀猪,必定请全村各户每家来一人,共吃一餐。招待客人的餐桌上务必备酒,方显隆重。敬酒的习俗为"喝交杯",其实并不用杯,而是用白瓷汤匙。

客人到家里后,必在力所能及的情况下给客人以最好的食宿,对客人中的长者和新客尤其热情。用餐时须等最年长的老人入席后才能开饭；长辈未动的菜，晚辈不得先吃；给长辈和客人端茶、盛饭，必须双手捧给对方，而且不能从客人面前传递，也不能从背后传递；先吃完的要逐个对长辈、客人说"慢吃"再离席；晚辈不能落在全桌人之后吃饭。

壮族多种稻，十分爱护青蛙，有些地方的壮族有专门的"敬蛙仪"，所以到壮族地区，严禁捕杀青蛙，也不要吃蛙肉。每逢水灾或其他重大灾害时，壮族都要举行安龙祭祖活动，乞求神龙赈灾。仪式结束后，于寨口立碑，谢绝外人进寨。

4. 广西壮族自治区饮食文化特点

广西是一个多民族自治区，除汉族外，主要聚居着壮、瑶、苗、侗、彝等十一个少数民族。广西地形复杂且地处亚热带，气温高雨量足，禽畜种类繁多，蔬果四时不断。平原地区的麻鸭、三黄鸡，滨海地区的海产品，还有环江菜牛、巴马香猪、廉州鱿鱼、桂林马蹄、荔浦芋头、贵县莲藕等许多知名特产，这些食材为广西菜系的形成提供了扎实的物质基础。居住在广西的各民族依自己的风俗习惯和嗜好，创造出了多姿多彩、具有浓厚民族特色的传统食品。

四、华北

（一）简介

辖区：华北包括北京、天津、河北、山西、内蒙古等。

当地大量的文化遗址，古墓群，古建筑群，大型古典园林，大型石窟壁画，著名的古都，构筑出丰厚浓郁的旅游文化氛围。"天苍苍，野茫茫，风吹草低见牛羊。"辽阔坦荡的草原风光和清新无染的空气，使人心宽眼阔，宁静恬淡。尤其是蒙古族牧民以游牧为主要生产方式，半在帐篷半在马背上度过，从而形成了剽悍的性格和强壮的体魄。刚中有柔、活泼轻快的舞蹈，激越嘹亮、热情奔放的歌声，以及深沉、悲壮的马头琴，进一步烘托了文化旅游氛围。

（二）当地民俗习惯

北京是世界闻名的文化古城，多民族特有的文化在这里相互渗透交融形成的地方性民俗，是中华民族民间文化史的重要组成部分，包括市肆庙会、时令节年、婚丧嫁娶等，内容十分丰富。

天津作为北方的经济中心,四大直辖市之一,它不仅具有悠久的历史,而且具有传统的民族文化和优秀的民间艺术,不同流派的书画、戏曲、音乐等,在600多年的城市发展中逐渐形成了浓郁的民俗民风和多彩的文化艺术。

河北自古属燕赵之地,名胜古迹众多。传统工艺精湛、曲阳石雕、衡水内画、蔚县剪纸等誉满天下;民俗风情独特,吴桥杂技、沧州武术、永年太极等深受旅客青睐。

山西,是中国岁时节日民俗最早出现的地区之一。山西独特的地理、历史环境形成了山西独特的民俗风情,人们称之为"黄河文化"或"黄土文化",这种特有的文化如今形成了珍贵的旅游资源。

内蒙古有丰富多彩的民族文化,蒙古族人的热情好客在少数民族中是最有名的,而羊肉又是蒙古族牧民待客的主要食品。按当地习俗,不分远亲近邻,不管常客还是初次相识,客人来了都要现杀羊。去宰杀,叫作"问客杀羊",杀羊时把羊牵到客人面前,请客人看过,客人点头允许后再杀,以示对客人尊重。而有关羊肉的各种吃法中,"手抓肉"应是最有传统最具民族特点的。"手抓肉"就是不加任何调料用白水清煮的羊肉。煮熟后,大块的羊肉肥厚多汁,热气腾腾,香气四溢。当地的蒙古人喜欢一手"把"着一大块肉,一手用蒙古刀割着吃。要是来了尊贵的客人,就要摆全羊席了,也叫"羊贝子",即整只羊在锅里煮。当地人吃,一般只煮30分钟,一刀切下去,会有血水渗出来;若用来招待汉族客人,通常要多煮十几分钟。吃肉离不开酒,蒙古人不分男女多擅豪饮。宴席上,主人斟满三银碗的酒,手捧白色的哈达面向客人,高唱祝酒歌敬酒以示真诚。按蒙古人的习俗,客人要先用右手中指蘸上少许的酒,向上向下各弹一次,表示敬天地,然后将碗中的酒一饮而尽,如果过分推辞会被视为有失诚意。

五、西南

(一) 简介

辖区:西南包括四川、贵州、云南、西藏等。

这里复杂的地形、多样的气候孕育着极为丰富多彩和景色迷人的旅游资源。一方面四川的峡谷名山、云贵的岩溶地貌、西藏的宗教古迹为本区的三大旅游特色。另一方面,粗犷有力的壮族铜鼓、彝族的火把节、白族的绕山灵、傣族的象脚鼓和孔雀舞、苗族的芦笙舞等南方少数民族风情文化，以及花山崖画、沧山崖画、剑川崖画等，共同构筑了西南地区特有的文化旅游氛围。

当地乡村旅游亮点：阴柔氛围，奇山丽水，水稻文化，一颗印与干栏式民居。

（二）当地民俗习惯

四川民风绚丽多姿，幽默的方言，独特的茶馆，可口的川菜和小吃，丰富的各种节庆。腔调优美的川剧；离奇的生活习俗和礼仪活动；以及广泛流传的曲艺、杂耍，和叹为观止的工艺。四川是一个以汉族为主的多民族的省份，各个民族有其独特的生活习惯和信仰礼仪，汉族精于农耕，手工业、商业发达。旧习土葬。有春节、端午节、端午、中秋、重阳等中华传统节日。此外，生活在巴蜀大地的四川人民也创造了具有浓郁地方特色的民俗文化。在这块土地上的其他民族有藏族、彝族、羌族、土家族和苗族等，形成了独特而丰富的地域性民族风情。

贵州少数民族热情好客，以各种礼节表示对宾客的欢迎。如苗族的敬牛角酒、"转转酒"，侗族的"拦路歌"，布依族、水族的敬酒歌等。贵州少数民族都是一夫一妻制，男女社交公开，自由恋爱。通过"游方"（苗族）、"踩月亮"（苗族）、"赶表"（布依族）、"行歌坐月"（侗族）、对歌（各少数民族）等形式相互认识并建立爱情。一般还要求父母同意，也有托媒说亲的，如土家族、水族等。贵州少数民族以大米、玉米为主食。许多地区喜爱糯食和吃"酸"，逢年过节，迎送宾客，便以糯米粑和酸腌肉、酸汤菜招待客人，或全家共餐，以示节日喜庆。回民禁忌食猪肉，禁忌食一切动物的血，禁忌食自死之物。

云南还是中国少数民族成分最多的省份，除了汉族以外还聚居着有彝、白、壮、傣、纳西、藏、瑶族等其他25个民族，占了全省总人口的近三分之一。正是由于其独特的地理风貌，特殊的气候状况，多彩的民族风情，奇特的风俗习惯，产生了许多不同于其他地方的奇异现象。随着远来的游人、匆匆的过客们在这片神奇的土地上留下短暂的足迹并离开之后，他们所耳闻目睹的那些奇闻异趣也逐渐流传开来，并每每被冠以"怪"字，也因而流传下"云南十八怪""云南二十八怪""云南八十一怪"等说法。

西藏以其特有的高原风貌、民族风情吸引着越来越多的中外游客，而藏民的饮食风俗也是旅游者津津乐道的主题。凡是去过西藏的人，都喝过酥油茶。藏族是以酥油茶敬客的，客人必须喝三碗，三碗之后，如果不想再喝，可将茶渣泼到地上，否则主人会一直劝客人喝下去。藏族的食物以青稞面、酥油茶和牛羊肉、奶制品为主。一个藏族家庭的富裕程度，取决于他们的粮食储备，而不是肉和奶的多寡，因为肉和奶家家都富足，不稀罕。藏民一般不吃马、驴等奇蹄类牲畜，也不吃鱼和鸡、鸭、鹅等禽类，而只喜欢吃偶蹄类的猪、牛、羊，尤其是风干的牛肉。在西藏高原，食品不易霉烂变质，去水又保鲜的风干牛肉在藏区极为常见。每年秋季，藏民们把鲜牛肉割成条穿成串，撒上食盐、花椒粉、辣椒粉、姜粉，挂在阴凉通风处风干，味道麻脆酥甘，香辣适口。

六、西北

（一）简介

辖区：西北包括陕西、甘肃、青海、宁夏、新疆。

西北地区以丝绸为代表的中国古代文明，一向为世界所瞩目。一方面"丝绸之路"是世界文明史上光辉的一页，它记述着中华民族的丰功伟绩；沿主线的雄关、漫道、烽燧、寺塔、皇陵、壁画和雕塑，随处可见，堪称世界最大的历史文化宝库和最长的古代艺术长廊。另一方面，欢乐彪悍的民间文体活动，幽默诙谐、轻盈潇洒的民间舞蹈，奠定了该区旅游文化氛围的基调，而敦煌莫高窟、月牙泉、千佛洞、高昌古城则是点睛之笔。

当地乡村旅游亮点：阳刚的氛围，游牧文化，平顶房、城堡院落。

（二）当地民俗习惯

陕西十大风俗习惯：面条像腰带、锅盔像锅盖、辣子是道菜、泡馍大碗卖、碗盆难分开、帕帕头上戴、房子半边盖、姑娘不对外、不坐蹲起来、唱戏吼起来。陕西十大怪其实是一种独特的生活。俗话说，"百里不同风，十里不同俗"。在陕西这块黄土地上，由于气候、经济、文化等多方面原因的影响，陕西人（关中人）在衣、食、住、行等方面，形成了一些独特的方式。外地人对此十分好奇，经过汇集称之为"陕西十大怪"（即"关中十大怪"）。

甘肃是个多民族聚居的省份，全国56个民族中，甘肃就有45个，除汉族外，人口较多的有回族、藏族、蒙古族、土族、东乡族、保安族、裕固族撒拉族、满族等，其中，东乡族、保安族、裕固族是甘肃特有的三个少数民族。各民族文化特色鲜明，民俗风情浓郁，在饮食、服饰、婚丧、节日庆典方面均有自己的特色，如藏族的香浪节、浴佛节，回族花儿会，裕固族婚礼，陇东香包节，等等。兰州的牛肉面，东乡手抓，张掖小吃，天水瓜瓜，平凉羊肉泡馍，还有琳琅满目的新鲜果蔬，山珍野菌，会让你深感甘肃是一个风情万种的游乐天堂。

青海是一个多民族地区，在72万平方公里辽阔、神秘的高原大地上，世代生息繁衍着汉、藏、回、土、撒拉、蒙古等二十多个民族。古朴壮丽的大自然塑造了青海各族人民宽厚、勤劳而又豪放的性格。在长期的生产与生活中，青海各族人民创造着自己的历史、自己的文化、自己的现实与梦想，形成并保持了独特的、丰富多彩的风情和习俗。了解他们的风土人情，对每一个旅游者来说，是一次难忘的经历。青海省世居少数民族主要为藏、回族、土、撒拉、蒙古族。其中土族和撒拉族是青海省独有的两个少数民族。青海的宗教主要有藏传佛教、伊斯兰教和基督教。藏族、蒙古族、土族多信仰藏传佛教，回族、撒拉族多信仰伊斯兰教。各民族都有着悠久的历史和优秀的文化传统，保持着独特的、丰富多彩的民族风情和习俗。青海素称"歌舞的海洋"。当你踏上这片神奇的土地，那情趣盎然的汉族社火，那舞姿婆婆的土族"安昭"，那高亢激越的撒拉"新曲"，那歌喉润的藏族"拉伊"，那悠扬动情的蒙古族马头琴声，定会使你流连忘返。"花儿"（亦称少年），是广泛流传我国西北地区的一种情歌，也是叫山歌。"花儿"是青海民歌之魂，每年农历四月至六月，河湟谷地春意盎然，百花争艳，大地一片翠绿，各地别开生面的花儿演唱会也相继开始。而每年在羊肥马壮的夏秋时节举行的青海湖赛马会、玉树结古草原歌舞会、果洛大武的朝山会等各种草原盛会上，方圆数百里的人们身着风格质朴、色彩鲜艳的服饰汇集在一起，尽情歌舞，十分热闹，紧张而热烈的赛马、射箭、赛牦牛，惊心动魄。

宁夏回族自治区是回族群众主要聚居区，其次是甘肃、青海、河南、河北、山东等地区，全国绝大多数县市都有回族分布。回族，由于长期和汉族杂居，逐渐习惯于以汉语为本民族的共同语言。受阿拉伯、波斯等传统文化的影响，又吸收汉族文化，是回族文化的两大特点，但经济生活、宗教信仰和风俗习惯等方面，回族表现出自己的特点。回族主要从事农业，也经营牧业、手工业和商业。回族工匠在制香、制药、制革等方面尤以善于经营著称，珠宝玉石业、运输业、加工业、服务业等，都是他们的传统行业。清真小吃，别具风格，享有盛名。回族是信仰伊斯兰教的民族。清真寺的建筑是回族文化的重要方面，从古至今，各地回族基本摆脱了阿拉伯和中亚建筑风格，而采纳了中国传统的殿宇式四合院为主的建筑式样，独具民族风格。过去由于受到汉族传统文化的影响，回族衣着已逐渐与汉族基本相同，但仍保留着自己的特点。西北地区的回族男装多衣服肥大，裤长及脚面，老年人扎裤腿，穿西装式的长大衣，戴青色或白色圆形平顶小帽。妇女的衣服，上窄下宽，一般长过膝或达及膝盖，都戴披肩盖头。盖头是用丝织品或棉织品做成，从头上套下，披在肩上，两耳盖在里面，颌下扣扣，只剩面部在外，俗称"古古"。回民对肉食的选择比较严格，只吃反刍类食草动物牛、羊、驼肉和食谷物类的禽肉及带鳞的鱼类。严禁食猪肉，不吃马、驴、骡、狗肉，也不食用自死的禽肉及畜血，不染烟酒。回民爱吃各种富有民族风味的传统小吃，如味美汁浓的清汤羊肉、羊羔肉、牛羊肉夹馍、羊杂碎汤、酿皮、白水鸡、切糕等，爱吃各种油煎食品，最常见的是油香和馓子。馓子条细心空，焦脆香酥，入口即碎。回民的盖碗茶很有特色，有红糖砖茶、白糖清茶、冰糖窝窝茶及"八宝茶"。"八宝茶"里面放有花生、柿饼、红枣、核桃仁、芝麻等果脯作料，揭开盖碗，香气四溢。回族婚礼多以"主麻"日（星期五聚礼日）为吉日，婚礼大都在女方家举行，吉日正午，新郎由伴郎陪同去娶亲，阿訇做证成婚。回族丧葬习俗一直保持了按伊斯兰教教规实行土葬。

  新疆居住着47个民族，主要的有13个民族。在长期的历史发展中，他们在各方面形成了本民族的风俗习惯。其中维吾尔、哈萨克、回、蒙、柯尔克孜、锡伯、塔塔尔、塔吉克、达斡尔、满、俄罗斯等少数民族的风俗习惯，都具有鲜明特色。信仰伊斯兰教的民族群众，长期遵守《古兰经》对饮食的有关规定。新疆人特别重视水源的清洁卫生，因此，不许在水渠、水池和涝坝（农村水塘）中洗衣、洗脸、洗脚和洗澡，当然，更不允许在附近养猪。在待人接物上，亲友见面都要握手问候，或手放胸前鞠躬祝安。饭前，要洗手，洗完后切忌甩手上的水，要用毛巾擦干。在丧葬方面，新疆一般少数民族都实行土葬，在信仰伊斯兰教的民族中，丧葬是不用棺材的。人死后，先由宗教人士给死者擦澡，然后以白布裹尸，用一种专门制作的平木板把尸体抬到墓穴地入葬。出葬时，不许妇女和不信仰伊斯兰教的人到墓地，人死后的第七天、第40天和一周年，家属要举行悼念活动，请阿訇念经，请亲友吃饭，此项仪式叫"乃孜尔"。信仰伊斯兰教的民族还有自己的两大节日，即肉孜节和古尔邦节，过这两个民族节日，这些民族群众都要穿上盛装，家家户户准备丰富的食品，有的家庭还要宰羊。一般说法，肉孜节是回族的大年。维吾尔族等其他信仰伊斯兰教的民族视古尔邦节为重要节日。过节时，互相登门拜谒，表示祝贺。新疆各少数民族都有自己独特的服饰和其他生活习惯，维吾尔族、哈萨克族妇女爱着彩色绸裙，戴艳丽或洁白的头巾，喜爱耳环、项链、手镯、戒指等装饰物。男性爱着西装，老人穿袷袢。在维吾尔族等家里一般都爱挂壁毯，地上爱铺地毯。

七、东北

（一）简介

辖区：东北包括辽宁、吉林、黑龙江。

满族的"国语骑射"、旗袍，朝鲜族的长袖舞、扇子舞、顶水舞，鄂温克族的"林海之舟"（驯鹿）、滑雪板，以及历史上鲜卑、契丹、女真等与中原民族争夺政权时保留下的不同时代的丰富的历史遗迹，给该区注入了丰富的旅游文化。农村旅游资源丰富，产业特色鲜明，民俗文化丰厚，发展休闲农业和乡村游市场空间巨大。城郊游、农（渔）家游、温泉滑雪游、康复健身游、登山健身游、踏青采摘游等休闲农业和乡村旅游产品，受到越来越多中外游客的喜爱。

当地乡村旅游亮点：北国风光，满等少数民族文化，小麦文化，火炕、地窖子。

（二）当地民俗习惯

北方游牧文化、渔猎文化与北方农耕文化交融与碰撞的最佳实验场。那些淳朴、豪放、敦厚而各具特色的各民族风俗，所涵盖的东北民族文化，是一束艳丽的奇葩。东北民俗是"相互融合的各民族的共俗"，东北民族文化是中华文化的一个组成部分。

"窗户纸糊在外,养好孩子孩吊起来,大姑娘吊个大烟袋。"这三大怪是过去关东独特的民俗,"窗户纸糊在外,大姑娘吊个大烟袋"反映了山民贫穷、单调的生活,现在已不多见了。而"养好孩子孩吊起来",说的是将生下来的小孩放在"悠子车"里,悠子车用四跟麻绳拴好吊在天棚木杆上,推一把悠车,小孩在里边悠哉游哉。

第二节 涉外礼仪

> ● 引 例
>
> 美国前总统克林顿出访韩国时,按妇女出嫁后从夫姓的美国习俗,称呼韩国总统金泳三的夫人为"金夫人",成了国际笑料。
>
> 在国宴上,克林顿要发表演说前,突然叫翻译走近他身旁,站在他本人和坐着的金泳三之间,是又一次失礼。
>
> 在韩国,女性婚后是保留本姓氏的。

一、日常礼仪

(一)衣的礼仪

基本礼仪要求是:得体而应景。

1. 应选择与自己所处的具体场合相适应的服装

(1)公务场合:庄重保守。

男士最佳衣着:藏蓝色、灰色的西装外套或中山装套装,内穿白色衬衫,脚穿深色袜子、黑色皮鞋,打色彩凝重的、与套装相协调的领带。

女士最佳衣着:身着单一色的西服套装,内穿白色衬衫,脚穿肉色长筒丝袜和黑色高跟鞋。有时,身着单一色彩的连衣裙亦可,但尽量不要选择以长裤为下装的套装。

小贴士:在公务场合,不允许身穿时装或便装,尤其是夹克衫、牛仔裤、运动装、健美裤、背心、短裤、旅游鞋、拖鞋或凉鞋。不宜穿过于鲜艳、过于暴露、过于透视、过于短小、过于紧身的服装。

（2）社交场合：时尚个性，展现自己。

最为常见的是：时装、礼服、具有本民族特色的服装以及个人缝制的服装。

小贴士：尽量不穿制服或便装。

（3）休闲场合：舒适自然。

规范的着装：牛仔装、运动装、夹克衫、T恤衫、短袖衬衫、短裤等。

小贴士：不必过于正式。不要穿套装或套裙，也不必穿制服。

2. 应使自己的衣着得体

（1）男性职业服装。

着装必须符合企业内职位的要求。不必总是一身昂贵的名牌西装或引人注目的服饰，着装应与职业相符。

①深蓝色西装。

深蓝色是西装中的经典。没有什么能够比它更好地表现稳重、深邃和威信，在选购时应注意西装的裁剪和做工，看其面料是否在冷暖季节都能穿着。

深蓝色西装的优点在于，它不是特别地引人注目，因此在一周内可以多次穿它，但一定要注意在衬衫和领带的搭配上讲究创意。

比如，穿白衬衫适合配一条传统的古典风格的领带。基本色调为红色的领带显得更有朝气和活力。带条纹的衬衫配深蓝色职业西装的效果更佳。醒目的条纹配以适合的领带，更能增添深蓝色西装的时尚感和卓越品质。

②黑灰色西装。

如果实在不喜欢深蓝色，那么一件黑灰色西装也是必不可少的，它像深蓝色西装一样适用于多种场合。

在穿着这种西装时不必总是选配白色的、完全是冷色调的衬衫，而是可以挑选颜色明快一些，如基本色调为淡蓝、浅紫、橘红和杏黄的衬衫，效果都挺不错。

特别提示：对于黑色西装，人们不会太看重其价格和档次，因此完全可以放心地选购一款中低价位的西装。

③衬衫。

男士需要置备各种颜色的衬衫以便在各种不同的场合使用。白色和淡蓝色是出席正式场合的首选。但也可以选择一些色调淡雅的衬衫。此外，蓝白、绿白或较暗淡的红白条纹衬衫等也是衣柜中必备的基本配置。

除了颜色之外，在选购新衬衫时还应该考虑在什么场合穿着和如何搭配。在购买时还必须确定应选择哪种领式的衬衫。

特别提示：在选购衬衫时除了注意颜色和领子样式之外，一定还要看领子大小是否合适。通常情况下，在扣紧领扣后，在领子和脖子之间还应有能够放下一个手指的空间。

④领带。

领带是男性展现其个性、魅力和风采的重要服装道具之一。在由上装、裤子和衬衫组成的整体搭配组合之中，领带扮演着画龙点睛的关键角色。

衣柜中领带的基本配置包括条纹领带、简洁的圆点和图案装饰的领带等。特别是基本色是暖红色调的领带是绝对必不可少的，因为这种领带可以进行多种搭配。

此外领带的大小和式样还应和自己的外表形象和身份相符合。如果身材较为瘦小，就应该避免选择图案较大和幅度宽的领带。相反，如果身材高大，就可以选择图案更鲜明，幅度更宽大一些的领带。

⑤鞋袜。

如果想从整体上达到良好的效果，还必须注意穿着的鞋袜。在上班时间或其他正式场合，最适合穿黑色或红棕色的鞋子，但现在人们在办公室里不仅可以选择穿传统系带的正装皮鞋，也越来越多地穿更舒适的休闲皮鞋。

在穿黑色鞋时可以选配黑色、酒红色、深灰色和深蓝色的短袜。在穿红棕色鞋时请选择以米棕色为基本色调的袜子。袜子上有简洁、小巧的装饰图案当然是在任何时候都是可以的，但应避免选择过于鲜艳的颜色，如红色、黄色还有白色。

（2）女性的职业装。

作为女性，要赢得他人对您的信心，一方面必须具备相应的专业能力，在工作中展现出优秀才能；另一方面在与他人的具体交往中，也可通过正确的着装和外表形象适当地展现出自信，从直观上感性地影响他人。

①套装。

套装是职业女性衣柜中不可缺少的组成部分，至少要有一套，它是女性展示自我和信心的最理想的着装形式。如果经常出席正式场合或官方活动，建议选择一套深色、中性的套装；如果较少出席正式或官方的场合，可以根据自己的特点和季节选择一套色彩较明快的套装，比如淡雅一些的颜色，但其色调一定应鲜明。

②裙子。

女性衣柜中至少应有三条以上的裙子。在选购时应注意挑选容易搭配的颜色，黑色的裙子是无论如何不可缺少的。

一条裙子要穿起来漂亮好看，其秘诀不外乎两点，一是风格正确，二是大小合身。在选购裙子时不要执着地坚持您所希望（往往也是梦想）要的尺寸，也不要拘泥于衣服上的标牌，而是看自己穿上之后是否合适。

③外套上衣。

女性衣柜里要准备两三件外套上衣。注意尽可能挑选适合长时间（春季、秋季、冬季）穿着的颜色和面料，还要为炎热的夏季准备一件较薄面料的上衣。

④连衣裙。

如果感觉穿连衣裙特别舒适，也可将必备服装的范畴扩展到这个类型。需要指出的是，连衣裙的确是穿起来非常舒适，但并不是任何一位女性都适合穿连衣裙。

⑤衬衫。

衬衫也是女性必备服装的一个重要组成部分。可以根据自己的喜好、颜色和面料随意进行选择。需要注意的是，选购的衬衫最好有较多的搭配可能性。与套装搭配的衬衫应尽量简约和典雅。外形夸张和其他设计上有独特之处的衬衫最好单穿，而不和外套上衣搭配。

⑥鞋。

对女性而言，为正确的着装搭配正确的鞋子尤其重要。鞋不仅在颜色上，而且在格调上也应与其着装和谐一致。很重要的一点是，在选购鞋时一定要注意良好的质量和穿着的舒适性。

高跟轻便的女鞋绝对不适合上班时穿，半高跟鞋已是职业场合中的最高限度。配裤装时可以选择一双款式雅致，比较运动休闲的无带皮鞋。但是，如果穿裤装时选择可与套装搭配的正装皮鞋，则会显得更加典雅大方。

特别提示：请一定要使用鞋楦，这样鞋才可以长时间保存而不走型。

⑦长袜、连裤袜。

长袜或连体袜多种多样，暗色的，醒目的，各种各样颜色和风格的，在现代的职业场合，长袜或连体袜已成为套装搭配的必需品。甚至在炎热的夏季也是如此。

选择长袜时同样需要注重质量。价格便宜的丝袜很容易抽线，抽线非常难看，尤其是黑色的丝袜。在选购连裤袜时应注意其颜色要与自己的服装搭配，因此在基本服装配置中以褐色、青色和黑色为基本色调的连裤袜都必不可少。当然，反过来也可以根据自己袜子的颜色来选购服装。

● 知识链接

男士、女士穿衣搭配注意事项

金正昆告诉大家，穿西装从社交礼仪的角度来讲，最重要的是三色原则。也就是在正式场合，身上的颜色总体控制在三种之内。他说，如果在正规场合，他看一个人的身份和地位主要数其身上的颜色，三种颜色是正规军，身上有四种颜色的是游击队，五种颜色的比较傻，超过五种颜色，傻死了，他一般就不予理睬了。另外，在比较重要的场合，还需特别注意袜子，男士有两种袜子是不该穿的。第一不穿尼龙丝袜，尼龙丝袜不吸湿、不通气，容易产生异味，妨碍交际。第二还有不穿白袜子，皮鞋的颜色和袜子一个颜色最好看，或者裤子的颜色跟袜子一个颜色也比较好看，至少穿深色的，绝不穿白色的。

女同志穿裙子时要避免"三截腿"现象，什么叫三截腿呢？就是穿半截裙子的时候穿半截袜子，袜子和裙子中间露段腿肚子。这个要特别注意，正装出来的话，要穿高筒袜或者连裤袜，或者宁肯光腿。但我们有的女同志是这样想的，光脚丫子不文明，穿高筒袜太热了，整个半截的吧，结果袜子一截、裙子一截、腿肚子一截，这种穿法术语叫恶性分割，比较傻，容易使腿显得粗短，是"乡巴婆"的基本特征。

资料来源：湖畔论坛，http://forum.sipedi.cn/Index/Page/96d460da-fe47-4c11-be18-cfafcf6b17f8

（二）食的礼仪

1. 有关设宴的规范

（1）菜单的选定：不适于宴请外国人的菜肴。

①触犯个人禁忌的菜肴。

②触犯民族禁忌的菜肴。美国人不吃羊肉和大蒜，俄罗斯人不吃海参、海蜇、墨鱼、木耳，英国人不吃狗肉和动物的头、爪，法国人不吃鱼翅和无鳞无鳍的鱼，德国人不吃核桃，日本人不吃皮蛋等。

③触犯宗教禁忌的菜肴。穆斯林忌猪肉、忌饮酒；印度教徒忌食牛肉；犹太教徒忌食动物蹄筋和所谓"奇形怪状"的动物。

（2）适宜宴请外国人的菜肴。

①具有各族特色的菜肴。春卷、元宵、水饺、锅贴、龙须面、扬州炒饭、北京烤鸭、鱼香肉丝、宫保鸡丁、麻婆豆腐、酸辣汤等。

②具有本地风味的菜肴。"南甜、北咸、东辣、西酸。"上海"小绍兴三黄鸡"、天津"狗不理包子"、西安的"酸汤饺子"、成都的"龙抄手""赖汤圆"开封的"灌汤包子"、蒙自的"过桥米线"、西双版纳的"菠萝饭"。

③自己比较拿手的菜肴。

④外宾本人所喜欢的菜肴。

2. 中西餐上菜顺序

（1）中餐的上菜顺序：先上冷菜、饮料及酒，后上热菜，然后上主食，最后上甜食点和水果。宴会上桌数很多时，各桌的每一道菜应同时上。

上菜的方式大体上有以下几种：一是把大盘菜端上，由各人自取；二是由侍者托着菜盘逐一给每位分配；三是用小碟盛放，每人一份。

（2）西餐的上菜顺序：面包黄油→冷菜→汤斗海鲜→主菜→甜点心→咖啡和水果。冷菜、汤，同时就着面包吃。冷菜也叫开胃小菜，作为第一道菜，一般与开胃酒并用。汤分溃汤和奶油浓汤。主菜有鱼、猪肉、牛肉、鸡等。甜食常有冰激淋、布丁等。然后是咖啡或红茶。至于水果，可上可不上。

3. 西餐礼仪

（1）预约的窍门。越高档的饭店越需要事先预约。预约时，不仅要说清人数和时间，也要表明是否要吸烟区或视野良好的座位。如果是生日或其他特别的日子，可以告知宴会的目的和预算。在预定时间内到达，是基本的礼貌。

（2）再昂贵的休闲服，也不能随意穿着上餐厅。

（3）吃饭时穿着得体是欧美人的常识。去高档的餐厅，男士要穿着整洁的上衣和皮鞋；女士要穿套装和有跟的鞋子。如果指定穿正式服装的话，男士必须打领带。

（4）由椅子的左侧入座，最得体的入座方式是从左侧入座。当椅子被拉开后，身体在几乎要碰到桌子的距离站直，领位者会把椅子推进来，腿弯碰到后面的椅子时，就可以坐下来。

（5）用餐时，上臂和背部要靠到椅背，腹部和桌子保持约一个拳头的距离，两脚交叉的坐姿最好避免。

（6）正式的全套餐点上菜顺序是：①菜和汤；②鱼肝油；③水果；④肉类；⑤乳酪；⑥甜点和咖啡；⑦水果还有餐前酒和餐酒。没有必要全部都点，点太多却吃不完反而失礼。稍有水准的餐厅都不欢迎只点前菜的人。前菜、主菜（鱼或肉择其一）加甜点是最恰当的组合。点菜并不是由前菜开始点，而是先选一样最想吃的主菜，再配上适合主菜的汤。

（7）点酒时不要硬装内行。在高级餐厅里，会有精于品酒的调酒师拿酒单来，对酒不大了解的人，最好告诉他自己挑选的菜色、预算、喜爱的酒类口味，请调酒师帮忙挑选。

（8）主菜若是肉类应搭配红酒，鱼类则搭配白酒。上菜之前，不妨来杯香槟、雪利酒或吉尔酒等较淡的酒。

（9）餐巾在用餐前就可以打开。点完菜后，在前菜送来前的这段时间把餐巾打开，往内折三分之一，让三分之二平铺在腿上，盖住膝盖以上的双腿部分。最好不要把餐巾塞入领口。

（10）用三根手指轻握杯脚。酒类服务通常由服务员负责将少量酒倒入酒杯中，让客人鉴别一下品质是否有误。只需把它当成一种形式，喝一小口并回答 Good。接着，侍者会来倒酒，这时，不要动手去拿酒杯，而应把酒杯放在桌上由侍者去倒。正确的握杯姿势是用手指轻握杯脚。为避免手的温度使酒温增高，应用大拇指、中指、食指握住杯脚，小指放在杯子的底台固定。

（11）喝酒的方法。喝酒时绝对不能吸着喝，而是倾斜酒杯，像是将酒放在舌头上似的喝。轻轻摇动酒杯让酒与空气接触以增加酒味的醇香，但不要猛烈摇晃杯子。此外，一饮而尽、边喝边透过酒杯看人，都是失礼的行为。

不要用手指擦杯沿上的口红印，用面巾纸擦较好。

（12）喝汤也不能吸着喝。先用汤匙由后往前将汤舀起，汤匙的底部放在下唇的位置将汤送入口中。汤匙与嘴部呈45度角较好。身体上的半部略微前倾。碗中的汤剩下不多时，可用手指将碗略微抬高。如果汤用有握环的碗装，可直接拿住握环端起来喝。

（13）面包的吃法。先用两手撕成小块，再用左手拿来吃。吃硬面包时，用手撕不但费力而且面包屑会掉满地，此时可用刀先把面包切成两半，再用手撕成块来吃。避免像用锯子似地割面包，应先把刀刺入面包的一半，切时可用手将面包固定，避免发出声响。

（14）鱼的吃法。鱼肉极嫩易碎，因此餐厅常不备餐刀而备专用的汤匙。这种汤匙比一般喝汤用的稍大，不但可切分菜肴，还能将调味汁一起舀起来吃。若要吃其他混合的青菜类食物，还是使用叉子为宜。首先用刀在鱼鳃附近刺一条直线，刀尖不要刺透，刺入一半即可。将鱼的上半身挑开后，从头开始，将刀叉在骨头下方，往鱼尾方向划开，把针骨剔掉并挪到盘子的一角。最后再把鱼尾切掉。由左至右面，边切边吃。

（15）如何使用刀叉。基本原则是右手持刀或汤匙，左手拿叉。若有两把以上，应由最外面的一把依次向内取用。刀叉的拿法是轻握尾端，食指按在柄上。汤匙则用握笔的方式拿即可。如果感觉不方便，可以换右手拿叉，但更换频繁则显得粗野。吃体积较大的蔬菜时，可用刀叉来折叠、分切。较软的食物可放在叉子平面上，用刀子整理一下。

（16）吃鸡时，欧美人多以鸡胸脯肉为贵。吃鸡腿时应先用力将骨去掉，不要用手拿着吃。吃鱼时不要将鱼翻身，要吃完上层后用刀叉将鱼骨剔掉后再吃下层，吃肉时，要切一块吃一块，块不能切得过大，或一次将肉都切成块。

（17）不可在餐桌边化妆或用餐巾擦鼻涕。用餐时打嗝是最大的禁忌，万一发生此种情况，应立即向周围的人道歉。取食时不要站立起来，坐着拿不到的食物应请别人传递。

（18）进餐时，不要解纽扣或当众脱衣。如主人请客人宽衣，男客人可将外衣脱下搭在椅背上，不要将外衣或随身携带的物品放在餐台上。

（19）从左边椅子的左边入座，离座时也要从椅子女子入座时，若是裙装,应用手将裙子稍稍拢一下,不要坐下后再拉拽衣裙,那样不优雅。正式场合一般离开,这是一种礼貌。女士入座尤要娴雅、文静、柔美,两腿并拢,双脚同时向左或向右放,两手叠放于左右腿上。如长时间端坐可将两腿交叉重叠,但要注意上面的腿向回收,脚尖向下,以给人高贵、大方之感。

二、迎宾礼仪

(一)迎宾前的礼仪准备和迎宾时的礼仪操作

1. 确定邀请规格

讲究规格对等:在正式向外国来宾发出邀请时,我方出面进行邀请的人士的职位、地位、身份,应当大体上与被邀请者的职位、地位、身份相仿。

既不必比被邀请者位高,也不应低于被邀请者。

2. 排定礼宾序列

不同国家,排定序列的方法不同。

我国的做法(五种)如下:

(1)依照来宾的具体地位的高低来排列次序(正式的商务、科技、学术、军事交往)。

(2)依照来宾所在国家或地区的名称的拉丁字母的先后顺序来排列次序(大型的国际会议、国际体育比赛)。

(3)依照来宾抵达现场的具体时间的早晚来排列次序(当各国大使同时参加派驻国的某项活动,其他非正式涉外活动)。

(4)依照来宾告知东道主自己决定到访的具体时间的先后顺序来排列次序(大规模的国际性的招商会、展示会、博览会等)。

(5)不排序(以上方法难以应用时用)。

以上五种方法可以交叉使用。

3. 慎重悬挂国旗

以下五种场合允许悬挂或摆放外国国旗:

(1)外国国家元首、政府首脑正式到访。

(2)外国贵宾访问期间我国举行重要的礼仪活动。

(3)国际会议在我国举行。

(4)重大的国际活动在我国举行。

（5）为在我国进行的国际经济的重要项目而举行的庆典或仪式。

我国规定：在我国境内悬挂外国国旗时，必须同时升挂中国国旗，且高度要相等，面积大致相似。

常规要求：

（1）并排升挂两国国旗，以国旗自身面向为准，右为上，左为下。

（2）并排升挂三面或三面以上国旗时，以右为上。依礼宾序列，自右而左，依次升挂（东道国国旗往往居于末，即最左侧。）

4.接待计划

外事接待活动计划，是接待工作的指南和行动纲领。

内容包括：膳宿安排、交通工具、会见会谈、参观访问、文娱活动、异地游览、新闻报道、记者招待会、安全保卫、应付突发事件、礼品准备、人员配备、经费预算等基本内容。

5.掌握人员状况

（1）应对来访者的状况有一定程度的了解。尤其其中主要人物的基本情况尽可能有所了解。

（2）应对我方负责接待工作的人员进行精心的选择。进行专门的业务培训，进行必要的外事纪律和国际礼仪教育。确定专门负责的人员。

接待人员要求：仪表堂堂、身体健康、政治可靠、业务上乘、反应敏捷、善于交际、责任心强。

（二）迎宾时的礼仪操作

（1）举行欢迎仪式。

（2）举办专门宴会。

（3）认真话别送行。

本章小结

本章主要介绍了日常交往礼仪中的涉外礼仪，包括华东、华中、华南、华北、西南、西北、东北民俗礼仪及涉外礼仪。

随着中国对外开放的进一步发展，越来越多的外国人走进中国，越来越多的国人走出国门。了解中国各个地区的风俗礼仪，掌握涉外礼仪中的日常礼仪及迎宾礼仪。对高铁服务行业从业人员有着重要的作用。

思考与练习

一、与同学模拟跟外宾宴请时的情景，讨论模拟情景中有没有不礼貌之处。

二、讨论涉外交往中对穿着的要求。

参考文献

［1］陈萍.最新礼仪规范［M］.北京：线装书局出版社，2004.

［2］金正昆.涉外礼仪教程［M］.北京：中国人民大学出版社，1999.

［3］鄢向荣.国际邮轮服务礼仪［M］.北京：化学工业出版社，2017.

［4］吕璐.高铁乘务人员综合素质的提升路径［J］.科教导刊，2018.

［5］张岩松.实用礼仪教程［M］.北京：中国人民大学出版社，2016.

［6］崔鸿嵘.铁路客运服务礼仪［M］.北京：中国铁道出版社，2016.

［7］刘晓芬.大学生礼仪［M］.北京：北京理工大学出版社，2013.

［8］李荣建.社交礼仪［M］.北京：清华大学出版社，2011.

［9］吴静.社交礼仪实用教材［M］.北京：清华大学出版社，2013.

［10］蓝晓光.铁路客运服务礼仪基础教程［M］.北京：中国铁道版社，2011.

［11］纪亚飞.服务礼仪标准培训［M］.北京：中国纺织出版社，2012.

［12］马兰，梁涛.浅议动车乘务员的综合素质［J］.山西经济管理干部学院学报，2016.

［13］马兰，张彩云，梁涛.现代服务理念视域下高铁乘务员人文素养提升路径探析［J］.淮北职业技术学院学报，2016.